NEW

대표기도 종합핸드북

NEW

성령 충만한 목사와 시인 사모가
영성과 지성으로 함께 쓴

대표기도
종합핸드북

배유달·이다선 함께 씀

엘맨

PROLOGUE

할렐루야
주님께 영광드립니다.

오랜 시간의 산고를 거쳐 이제 다시 한 권의 소중한 대표기도문으로
출간하게 될 목사와 사모가 함께 쓴 《NEW 대표기도 종합핸드북》
의 마지막 원고 검토를 하면서 그 동안 이 한 권의 책을 위해서 많은
수고와 도움을 주신 소중한 분들께 진심으로 감사를 드립니다.

　사람의 생명이 아무리 소중하다 할지라도 호흡이 끊어지면 육신의
생명은 저절로 끊어집니다. 하나님의 사람들에게 기도가 영혼의 호흡
이라고 말한 것은 그만큼 기도의 중요성을 말씀하고 있습니다. 기도
는 우리의 삶 속에 함께하시는 하나님과의 아름다운 대화입니다. 사
람과의 대화를 위해 대화법을 배우고 익히듯 하나님과의 대화를 위
해서 기도문도 읽어보고 자주 기도 훈련도 해야 할 것입니다.

　어떤 사람은 혼자서 개인 기도는 잘 하는데 작은 모임에서 대표기

도를 시키면 더듬거리며 중언부언하는 것을 볼 수 있습니다. 기도를 못하는 것이 아니라 어떤 기도를 해야 하고 어떤 순서로 해야 하며, 어떠한 내용으로 해야 하는 것을 모르기 때문입니다. 그러나 이 시대에 있어 하나님을 사랑하고 교회를 섬기는 주님의 사랑 받는 성도라면 교회 중직자들은 물론 초신자들 까지도 대표기도를 시간과 장소에 구애받지 않고 무난히 할 수 있어야 합니다.

그러기에 십자가를 사랑하고 교회를 섬기는 성도라면 반드시 이 책을 지참하여 필독하기 바랍니다. 이 책은 기도를 드릴 때에 듣는 이에게 은혜를 끼칠 뿐 아니라 주님이 기뻐하시는 은혜로운 기도를 드리도록 여러분을 도와줄 것입니다.

2011년 12월
대구 새동산교회
배유달 목사·이다선 사모

C·O·N·T·E·N·T·S

▶ 주제별 대표기도

C·O·N·T·E·N·T·S

제4장 헌신 예배를 위한 대표기도

제5장 교회 예식 및 행사를 위한 대표기도

제6장 경건회를 위한 대표기도

C·O·N·T·E·N·T·S

제7장 직분 맡은 자를 위한 대표기도

제8장 국가와 사회를 위한 대표기도

제9장 환난 중에 드리는 대표기도

CONTENTS

제10장 심방기도

"내가 너와 함께 하리라.
물 가운데 지날지라도 물이 너를 삼키지 못할 것이요
불 가운데 지날지라도 너를 해하지 못하리라"(사 43:2)

제1장

은혜받고 응답받는 올바른 대표기도

은혜받고 응답받는 올바른 대표기도

마틴 루터(M. Luther)는 "나는 할 일이 너무 많아서 하루에 세 시간 기도하지 않고는 일해 나갈 수 없다"고 말했습니다.

어떤 사람은 너무 바빠서 기도를 못한다고 합니다. 일이 많아서 기도할 시간이 없다고 합니다. 바쁘면 바쁠수록, 일이 많으면 많을수록 꼭 해야 되는 것이 기도라고 생각합니다. 일 중에서 제일 중요하고 큰 일은 기도입니다. 예수님께서는 바쁜 일과 속에서도 시간을 내어 한적한 곳에 가셔서 기도하셨습니다.

사람과 사람 사이에서도 대화하지 않고 살아갈 수 없습니다. 마찬가지로 기도는 하나님과의 대화입니다. 기도할 때 영적인 눈이 뜨이게 되고, 기도할 때에 더 멀리 보게 되고, 기도할 때 더 세밀히 보고, 기도할 때 더 깊고 넓게 보게 되는 것입니다.

기도하지 아니하는 사람은 영적으로 죽은 신자요 소경과 벙어리와 같습니다. 기도하지 아니하면 응답이 없습니다. 기도할 때에 주십니다. "구하라 찾으라 두드리라 부르짖으라"고 하나님은 말씀하십니다.

▶ 첫째, 기도를 분류해 보면
  1) 개인기도
  2) 식사 때 기도
  3) 새벽기도
  4) 철야기도
  5) 금식기도
  6) 합심기도
두세 사람이 모여 주님의 이름으로 기도하면 들어주신다고 하였습니다. 구체적으로, 그렇다면 왜 기도해야 할까요?

▶ 둘째, 기도의 이유(왜 기도해야 하는가?)
하나님은 우리에게 있어야 할 것들이 무엇인지 다 아십니다(사 65:24). 그런데 우리를 사랑하셔서 아들까지 내어 주신 하나님께서 왜 기도하라고 하십니까? 성경은 이렇게 말씀하고 있습니다.

》 "너희는 여호와를 만날 만한 때에 찾으라. 가까이 계실 때에 그를 부르라"(사 55:6)

》 "…그들이 말을 마치기 전에 내가 들을 것이며"(사 65:24)
》 "구하라 그러면 너희에게 주실 것이요 문을 두드리라 그러면 너희에게 열릴 것이니(마 7:7)
》 "기도를 항상 힘쓰고 기도에 감사함으로 깨어 있으라"(골 4:2)

이와 같이 성경에 기록되어 있습니다. 우리는 왜 기도해야 할까요?

1) 기도는 부탁이 아니라 하나님의 명령입니다.
하나님의 명령에 따르면 살고 명령에 따르지 아니하면 죽게 됩니다. 영이 죽게 됩니다. 영이 죽는다는 것은 하나님과의 교제가 단절된다는 것입니다.

2) 기도함으로 하나님의 뜻을 알 수 있기 때문입니다.
내가 이 길로 가야 할 지 말아야 할 지 내가 무엇을 해야 되는지 안해야 되는지 하나님께 물어봐야 합니다.

　여호수아는 거대한 여리고 성은 정복했지만 조그만 아이 성 정복에는 실패하였습니다. 다윗은 하나님이 선택하심 바 많은 복을 누렸지만 자신의 지혜와 힘을 사용하여 인구 조사를 하게 되어 하나님 앞에서 실패하였습니다.
　그들이 왜 실패하였습니까? 그것은 하나님께 기도하지 않았기 때문입니다.

'물어보지 않아도 하나님이 도와주시겠지'

'물어보지 않아도 하나님이 인도해 주시겠지'

'물어보지 않아도 하나님이 축복해 주시겠지'

'어련히 하나님이 알아서 해 주시겠지'라고 생각하는 것은 아주 큰 오해입니다.

내 생각과 하나님의 생각은 다릅니다. 기도는 내 생각대로 하게 해 달라고 조르는 것이 아닙니다. 기도는 하나님의 뜻을 알기를 겸손하게 구하는 것입니다. 기도하지 않는 사람은 하나님의 방법에 대해 신뢰하지 않는 사람입니다. 교만한 사람입니다. 하나님의 뜻을 믿지 않는 사람입니다. 믿음이 없는 사람입니다.

우리는 나의 뜻과 지혜를 내려놓고 오로지 하나님의 생각과 방법이 무엇인지 구하는 자세와 마음을 가져야 합니다.

우리는 왜 기도해야 합니까?

3) 기도함으로 능력을 받기 때문입니다.

"오직 여호와를 앙망하는 자는 새 힘을 얻으리니 독수리의 날개 치며 올라감 같을 것이요 달음박질하여도 곤비치 아니하겠고 걸어가도 피곤치 아니하리로다"(사 40:31)

기도함으로 능력을 받으면 능력도 역사도 일어납니다. 성경에는 기도함으로 인한 능력과 역사에 대해 많이 기록하고 있습니다.

(1) 엘리야는 기도로 하늘에서 불이 떨어지게 했습니다.

"이에 여호와의 불이 내려서…"(왕상 18:38)

3년 6개월 동안 오지 않던 비가 기도했을 때 내렸습니다. 기도로 하늘 문을 열고 닫은 사람입니다.

(2) 히스기야는 죽을 병이 들었지만 기도함으로 15년간 생명이 연장되었습니다.

"…내가 네 기도를 들었고 네 눈물을 보았노라…"(왕하 20:5)

(3) 나의 기도를 통해 타인도 고침 받게 할 수 있습니다.

여호와께서 히스기야의 기도를 들으시고 백성을 고치셨습니다(역하 31:20)

(4) 기도로 하나님의 뜻을 바꿀 수 있습니다.

여호와께서 범죄한 백성을 진멸하시기로 작정하셨다가도 모세의 기도로 돌이키사 용서하셨습니다(출 32:7-14)

(5) 기도로 우리의 소원을 이룰 수 있습니다.

"구하라 그리하면 너희에게 주실 것이요…"(마 7:7)

"…구하라 그리하면 받으리니 너의 기쁨이 충만하리라"(요 16:24)

개인의 소원, 가정의 소원, 교회의 소원을 이룰 수 있습니다.

▶ 셋째, 기도의 시기(언제 기도해야 합니까?)

1) 시간적으로 보면

》 "새벽 오히려 미명에 예수님께서 일어나 한적한 곳으로 가사 거기서 기도하시더니"(막 1:35)

》 "아침에 주께서 나의 소리를 들으시리니"(시 5:3)

》 "정오에 내가 근심하여 탄식하리니 여호와께서 내 소리를 들으시리로다"(시 55:17).

》 "…저물매 거기 혼자 계시더니"(마 14:23)

》 "이 때에 예수께서 기도하시러 산으로 가사 밤이 맞도록 하나님께 기도 하시고"(눅 6:12)

》 "밤중쯤 되어 바울과 실라가 기도하고 하나님을 찬미하매…"(행 16:25)

2) 시기적으로 보면

(1) 어려울 때 기도해야 합니다.

구약에 보면 야곱(창 43:14), 모세(출 32:32), 다윗(삼하 22:7), 히스기야(왕하 19:16)는 어려울 때 기도했습니다.

》 "환난 날에 나를 부르라 내가 너를 건지리니 네가 나를 영화롭게 하리로라"(시 50:15)

》 "이에 베드로는 옥에 갇혔고 교회는 그를 위하여간절히 하나님께 빌더라"(행 12:5)

(2) 중대한 일이 있을 때 기도해야 합니다.

》 "가룟 유다를 대신할 사도를 뽑기 위해 기도하였습니다."

(행 1:24-26).

》 "교회 집사 선택"(행 6:5-6)

》 "바나바와 사울을 파송하기에 앞서 기도하였습니다"(행 13:1-3).

(3) 병든 자가 있을 때 기도해야 합니다.

》 "백부장이 병든 하인을 위해"(눅 7:2-3)

》 "너희 중에 병든 자가 있느냐 저는 교회의 장로들을 청할 것이요 그들은 주의 이름으로 기름을 바르며 위하여 기도할지니라"(약 5:14)

(4) 영혼 구원을 위해 기도해야 합니다(골 4:3).

(5) 부족함을 채우기 위해 기도해야 합니다(요 2:1-11).

(6) 쉬지 말고 기도해야 합니다.

"쉬지 말고 기도하라"(엡 6:18, 눅 21:36, 막 4:38, 살전 5:17).

기도에 시간과 장소라는 것은 없습니다. 시기와 때라는 것도 없습니다. 기도는 우리의 호흡이기 때문에 길을 가다가도 어디에 있든지 하나님과 계속적으로 교제해야 합니다. 이것은 우리의 필요가 아니라 하나님의 필요입니다. 하나님께서 우리와 교제하시기를 원하시는 것입니다. 그러나 궁극적으로 기도는 우리를 위한 것이고 하나님의 우리를 위한 사랑의 증거인 것입니다.

▶ 넷째, 기도의 순서

1) 찬양 (대상 29:10)

찬양은 꼭 부르기보다 입술로 하나님께 영광을 돌리는 것이 찬양입니다. 다시 말하면 하나님의 존재를 높이고, 하나님의 이름을 높이고, 하나님의 성품을 높이는 것이 찬양입니다. 하나님께서 영광받으시고, 찬양 받으시기 합당한 것임을 고백하는 것입니다.

2) 감사(시 50:14)

하나님께서는 감사하지 않는 사람에게 응답을 주시지를 않습니다. 하나님께서는 감사하는 자를 기뻐하십니다.

3) 회개

진정한 회개는 죄에 자리에서 돌아서는 것입니다(행 3:19). 우리가 필요한 것을 구하기 전에 죄를 자백해야 합니다.

만일 우리가 우리의 죄를 자백하면(요일 1:9)

4) 타인을 위한 기도(중보)

》 자기 자신 외에 남을 위한 기도(창 18:16-33)

》 예수님(눅 23:24), 바울(롬 8:26-27)

5) 간구(마 7:7-8)

간구는 자신의 소망에 대해 하나님께 이야기하는 것입니다.

▶ 마지막으로 응답받는 기도는 어떤 기도입니까?

1) 주님 안에 있어야 합니다.

"너희가 내 안에 거하고 내 말이 너희 안에 거하면 무엇이든지 원하는 대로 구하라 그리하면 이루리라"(요 15:7)

2) 하나님의 뜻대로 기도를 해야 합니다.

"그의 뜻대로 무엇을 구하면 들으심이라"(요일 5:14)

3) 겸손해야 기도를 들어 주십니다.

"여호와여 주는 겸손한 자의 소원을 들으셨으니 저희 마음을 예비하시며 귀를 기울여 들으시고"(시 10:17)

4) 전심으로 찾아야 합니다.

"너희가 전심으로 나를 찾고 찾으면 나를 만나리라"(렘 29:13)

5) 순종할 때(요 2:29) 응답하십니다.

6) 포기하지 않는 자에게 응답하십니다.

"무엇이든지 기도하고 구하는 것은 받은 줄로 믿으라 그리하면 너희에게 그대로 되리라"(막 11:24)

7) 회개함으로 드리는 기도(대하 7:14)이어야 합니다.

8) 예물을 드리며 기도할 때 응답하십니다. - 나겸일 목사님

기도는 하나님과의 교제이며 대화입니다. 하지만 우리는 기도를 하면서 하나님의 뜻을 기다리는 겸손과 인내를 배우게 됩니다. 하나님의 뜻을 기다리기를 배운 만큼 우리는 기도의 능력을 경험하게 됩니다. 이러한 겸손한 마음으로 그분을 기다리며 하나님의 계획에 순종할 때 비로소 실로 우리 삶에서 일하시는 하나님을 만나게 될 것입니다. 예수 그리스도의 이름으로 하는 우리의 기도에는 능력이 있습니다. 말씀 속에서 단단한 믿음을 가지고 기도의 능력을 체험하시기 간절히 바랍니다. 기도가 우리의 삶을 바꿀 것입니다.

제2장

주일 예배 대표기도

주일 낮 예배 월별 대표기도

전능하신 하나님 아버지!

말씀 한 마디로 천지를 창조하시고 하늘의 해와 달과 온 우주를 주관하시는 하나님의 놀라우신 권능과 은총을 생각할 때에 진심으로 감사를 드립니다.

지난 한 주간 동안도 저희들이 입술로나 맘으로 알게 모르게 지은 많은 죄를 용서하여 주심을 감사드리며 또한 지금까지 지내온 것 오직 주님 은혜임을 깨달아 더욱더 감사하옵고 또한 국내외적으로 그 어느 것 하나라도 뒤돌아보니 하나님의 은총 아닌 것이 없음을 깨달아 오직 경배와 찬양을 전능하신 하나님께 드립니다.

지나간 한해 동안 수없이 많은 어려움들 중에서도 순간순간 주님의 보호하심 가운데 한해를 보내고 이렇게 새해 신년 첫 주일예배를 은혜 가운데 드리게 됨을 생각할 때에 얼마나 감사한 지 진심으로 오직 감격과 감사의 찬양을 드리며 주님께 영광 돌릴 뿐입니다.

또한 이 시간도 신령과 진정으로 참 예배를 사모하지만 이렇듯 좋은 환경 속에서 하나님께 경배드릴 수 없는 저 북한 동포들과 또한 어려운 국가들의 환경을 생각하니 저희들의 이 평안한 예배 환경이 얼마나 감사한지요! 이런 좋은 환경 속에서도 뒤돌아보니 늘 주님 위해 최선을 다해 봉사하고 서로 섬김의 삶을 산다 하였지만 그렇게 살지 못한 것을 깨달아 회개하오니 용서하여 주시고 이제부터는 진정으로 믿음의 아름다운 행실과 성령의 열매로 주님을 기쁘시게 하는 성도의 삶을 살도록 붙들어 주시길 간구 드립니다.

권능이 크신 하나님 아버지!

무엇보다도 이 새로운 한해는 새로운 용기와 희망을 가지고, 믿음과 순종의 자세로 승리할 수 있도록 성령님께서 역사하여 주시길 간구합니다.

지금까지도 하루하루 건강으로 생명을 부지하며 살아오게 된 것 모두 다 주님의 은혜인 줄 아오니 앞으로 더욱더 감사로 살아갈 수 있도록 함께 하여 주옵소서, 특별히 국내외적으로 경제가 안정되게 하여 주옵시고, 어려운 시대의 위기 속에서 산출된 연약한 독거노인들과 흔들리는 가정의 해체로 아픔을 당하고 있는 결손 아동들에게 긍휼을 베푸소서.

또한 이 어려운 정치적 혼동의 시기에 나라의 대통령 이하 모든 위정자들을 주님께서 굳건히 붙들어 주옵시고, 특별히 시대적 지역정책과 어려운 교육정책 문제들도 국내외 모든 전문인들이 한마음으로 지혜와 능력을 발휘하여 시원스레 극복케하여 주옵소서. 무엇보다도 하나님의 지혜로 온 세계가 다 함께 경제를 누리며 잘 살 수 있도록 함께하여 주시옵소서.

사랑의 아버지 하나님!

이 시간도 극한 고통과 어려움 가운데 처하여 눈물로 부르짖는 모든 기업인들과 실직자들의 애타는 기도에 속히 응답하여 주시며 어려운 경제로 인하여 방황하는 이 나라 이 민족의 깊은 상처가 속히 회복되고 다시는 이 땅에 어려운 경제 난국의 고통이 없이 오직 전능하신 여호와 하나님께만 영광 돌리며 세계 만방으로 복음을 증거하며 살아가는 행복한 주님의 백성들이 되게 하여 주시옵소서.

만복의 근원이신 하나님 아버지!

새해 일년이란 소중한 시간을 다시 우리들에게 섬김의 기회로 허락해 주신 하나님 앞에서 우리들은 진정한 기도와 겸허한 섬김의 모습으로 주님 앞에서 낮아지고 말씀으로 바로 세워지는 아름다운 역사가 있기를 소원합니다.

무엇보다 우리 교회의 각 기관과 성도들의 가정의 행복과 각 개인들의 믿음의 향상이 있기를 간절히 바라오며 새해에는 시대적으로 어려운 경제 중에서라도 더욱더 복음전도의 선교지가 확장되어 가도록 함께하여 주시옵소서.

사랑의 하나님 아버지!
교회의 머리되시는 전능하신 하나님의 능력으로 이 한해는 우리 한국 교회가 더욱더 말씀으로 돌아가서 새로워지고 변화되는 축복을 허락하여 주시옵소서.

만사에 때와 기한을 정하시고 하나님의 때를 따라 일하시는 하나님 아버지의 그 큰 계획하심 가운데 올해는 더욱더 교회가 질적으로 양적으로 배가 부흥하는 축복이 있기를 간절히 소원하오니 저희들에게 전도의 열심과 섬김의 열정을 더하여 주시고 각 개인적으로도 이 한해는 성경을 많이 상고하여 새 신자들을 사랑으로 잘 가르치고 양육하는 은총도 베풀어주시옵소서.

거룩하신 하나님 아버지!
이제 오늘 이 해의 첫 주일예배를 드리는 중에 저희들에게 귀한 말씀을 증거해 주실 목사님께 더 큰 권능을 입혀주시고 그 가정과 자녀들에게도 크신 축복을 베풀어주시옵소서. 또한 예배 순서를 따라 돕는 찬양대와 모든 예배위원들에게도 크신 은총으로 함께하여 주시어 다 함께 은혜를 입는 귀한 시간이 되기를 간구드립니다. 이 모든 말씀을 주 예수 그리스도 이름으로 기도드리옵나이다. 아멘.

생명의 원천이신 하나님 아버지!

생명의 말씀 한 마디로 온 우주와 천지만물을 창조하시고 섭리하시며 우리의 생사화복을 주관하시는 거룩하신 하나님 아버지! 이렇게 축복의 새해를 저희들에게 허락하시고 이 거룩한 주일 예배를 드리는 축복을 주심을 진심으로 감사와 찬양을 드립니다.

"회개하라 천국이 가까웠느니라"고 복음을 전파해 주시던 주님의 뜻처럼 하나님의 나라가 우리 심령과 가정과 교회와 우리나라에 이루어지기를 기도하오니, 우리의 심령과 가정과 교회와 우리나라에 의와 평강과 희락이 항상 샘솟게 하시고 우리 삶 속에 하나님의 섬세한 간섭하심과 성령의 온전한 통치를 받으며 살게 하시기를 간절히 원하옵니다.

사랑의 하나님 아버지!

거룩하신 하나님의 뜻이 하늘에서 이루어진 것같이 우리들을 통하여 이 땅에서 이루어지게 하옵시고 지난 한해도 주님의 돌보심 가운데 지금까지 지켜 주시고 인도하여 주심을 감사드리오며 앞으로도 더욱 더 우리 성도들의 삶 속에 영적으로 육적으로 여러 가지 일들을 경험하여 깨닫게 하시고, 하나님이 함께 하여 주셔서 새해에는 더 많은 성령의 열매들을 주렁주렁 맺어 드리는 은총을 베풀어 주실 줄 믿고 감사를 드립니다.

우리에게 때마다 일용할 양식을 주시고 필요한 것들을 공급해 주시사 세상 사람들은 새해를 맞이하여 경제적인 온갖 지표들이 부정적일지라도 우리에게는 주님이 함께 하시므로 분명 기회가 됨을 믿사오니 애굽 땅에 흉년이 들어도 하나님의 백성이 거하는 고센 땅에는 넘치는 풍년의 축복이 있었사오니 오늘날 저희들에게도 이와 같이 세상 가운데서 구별된 고센의 축복을 허락하여 주시고, 우리들의 마음에 희망과 용기와 도전이 가득하게 하시고, 온전히 주님의 십자가를 바라보며 승리하는 삶을 살게 하소서.

날마다 구원의 감격 속에서 우리 심령이 부흥하게 하시고 우리 가정이 행복한 가정이 되게 하시고, 우리 교회가 날로 부흥 성장하며 기쁨과 희락이 샘솟는 행복한 교회 되게 하옵소서. 우리나라가 법과 질서가 존중되고 경제가 성장되어 실업자가 없는 나라로 세워지며 만민이 법 앞에 평등하며 약한 자가 보호받고 정치인과 부자들이 존경받는 그런 살기 좋은 나라, 행복한 나라가 되게 하옵소서.

사랑의 하나님 아버지!

오늘도 우리에게 상처를 주었던 다른 사람들의 죄를 용서합니다. 우리에게 말로 상처를 주고 힘들게 했던 사람과 나라들을 용서하고 축복합니다. 예수님의 이름으로 용서하고 선포합니다.

그리고 그들이 하나님을 경외하고 복 받기를 기도합니다. 하나님! 다른 사람의 죄를 용서해 준 것같이 우리의 죄를 사하여 주옵소서. 우리 또한 다른 사람에게 아무렇지 않게 상처 주는 일들을 하였음을 고백합니다. 용서하여 주옵소서.

하나님! 우리가 시험에 들지 않도록 인도하시고 악에서 구해주옵소서. 정치인들로부터, 신앙생활로부터, 언행일치가 되지 않는 믿음의 선배들로부터 시험에 들지 않게 하옵시고 우리가 그들을 미워하는 악을 범하지 않게 하시옵소서. 지난 한해도 저희들의 가정과 교회와 이 나라를 지켜주셨으니 올 한해에도 주님의 한없는 은혜로 저희들의 가정과 교회와 나라를 지켜주시옵소서.

십자가 보혈의 희생으로 사랑과 희생과 섬김의 본을 보여 주신 주님의 한없는 사랑 안에서 반세기 만에 우여곡절 끝에 회복된 남북관계가 지금에 이르게 됨을 회개하오니 주여, 우리나라를 불쌍히 여겨주시고 추위와 굶주림과 압제에 신음하는 북한 동포들의 신음소리를 들으시옵소서. 오직 주님만이 저들의 구원자가 됨을 믿사오니 주님께서 저들을 속히 해방시켜 주시옵시고 복음으로 하나 되는 축복의 그날을 속히 보게 하옵소서.

우리의 예배를 기뻐 받으시는 거룩하신 하나님 아버지!

이 시간 우리의 온 몸과 마음과 뜻과 정성을 다하여 드리는 예배가 되게 하시고, 사탄이 틈타지 못하도록 주의 성령께서 보호하시며 단 위에 세우신 담임목사님을 귀하게 사용하시옵소서. 목사님 가정과 건강을 붙들어 주시고 강건케 하시고 능력 주시어 이 근동의 하나님을 알지 못하는 많은 영혼들이 목사님의 말씀을 듣고 전하는 저들의 입술의 증거를 통하여 구원받게 하시고 우리 교회가 우리나라와 민족을 구원하는 구원의 방주가 되게 하옵소서.

이름 없이 빛도 없이 수고하는 교사선생님들을 기억하시옵소서. 저들의 수고를 통하여 어린 새싹들이 귀한 천국 백성으로 아름답고 바르게 자라게 하옵소서. 예배를 도와 수고하는 예배위원들의 수고를 기억하시고, 성가대의 아름다운 찬양과 헌신을 기뻐 받으시옵소서. 하나님의 나라와 권세와 영광이 영원히 하나님 아버지께 있사오며, 예수님의 이름으로 기도합니다. 아멘.

영광과 존귀와 경배를 받으시기에 합당하신 하나님 아버지!

이 시간도 영광과 경배를 받으시옵소서. 저희들을 지난 한 주간 동안
도 죄악 속에 빠져 있던 우리 영혼들에게 가없는 사랑과 한량없는 은
혜를 주시사 이 시간까지 생명을 연장시켜 주심을 생각할 때에 진심
으로 감사를 드립니다.

　오늘도 거룩한 주님의 날을 맞아 이렇듯 좋은 일기를 허락하시고
주님께 엎드려 경배와 찬양을 드릴 수 있는 건강의 은혜 주심에 감사
드립니다.

　그러나 특별히 주님의 자녀인 우리는 주님의 말씀과 성령의 향기로
세상을 살며 빛과 소금의 역할을 해야 하건만 주님의 사랑을 잊은 채
정욕과 물욕에 빠져 세상과 타협하며 한 주간을 지내왔음을 자복하

고 회개하오니 아버지여, 이 시간 십자가 보혈로 우리 죄를 사하여 주시고 어리석음과 벌레만도 못한 언행심사를 용서하여 주시며 이 시간 예배를 통하여 우리의 심령이 회복되는 귀한 시간이 될 수 있도록 도와주옵소서.

하나님 아버지! 지금 이 시간도 병마와 싸우며 고통 속에 있는 환우들을 만병의 의사이신 아버지께서 그들을 위로하시고 친히 고치시사 속히 자리에서 일어나 건강한 삶으로 회복되는 지체들이 되게 하여 주옵소서.

사랑의 하나님 아버지!

이제 주님의 뜻하신 가운데 믿음의 장로님을 대통령으로 세우시고 기도하는 많은 성도들의 기대감 속에 믿음의 정부가 들어섰는데, 주님께서 친히 나라를 통치하시사 대통령에게 솔로몬에게 주신 지혜보다 갑절의 지혜를 주시고 기도로서 나라를 이끄는 겸손한 국가의 수장이 되도록 인도하옵소서.

또한 북한의 지하교회에서 목숨을 걸고 신앙을 사수하는 형제들을 통하여 공산주의가 무너지며 자유를 찾을 수 있도록 주님께서 성령으로 역사하여 주옵소서.

무엇보다 올해 우리 교회 안의 지체들은 갑절의 축복으로 주님의 축복을 받아 나누는 한해가 될 수 있도록 은혜를 주옵소서.

전능하신 하나님 아버지!

이 시간 특별히 단상에 세우신 담임목사님께 성령의 두루마기를 입히시고 입술에는 능력의 파수꾼을 세우시사 살아있는 말씀을 선포할 때 듣는 이들의 심령 골수가 쪼개지며 한길로 들어온 마귀는 열 길로 도망가도록 역사하옵소서. 그러므로 한 영혼도 그저 왔다가 그저 가는 일이 없도록 은혜 내려 주옵소서. 또한 예배를 돕고 있는 많은 성가대원들에게도 가없는 축복을 내려주옵시고, 또한 이름 없이 빛도 없이 교회의 부서에 소속하여 섬기시는 많은 이들과 예배를 섬기는 자들에게도 은총을 베풀어주옵소서.

이 모든 말씀 우리 죄를 대속하신 예수님의 이름으로 기도하옵나이다. 아멘.

2月

대표기도 1

사랑과 은혜가 충만하신 하나님 아버지!

하나님께서 바로 지금 이 시간 저희를 위하여 여기에 계심을 믿사오며, 저희를 위하여 어제도 계셨고 오늘도 그리고 영원히 여기에 계심을 믿고 감사드립니다.

올해의 2월 첫 주일을 맞이하였습니다. 여전히 이곳에 저희와 함께 하시는 사랑의 하나님이 말없이 동행하시며 저희를 지켜주시고 계셨음을 고백하나이다. 우리의 마음에 죄의 습관을 버리도록 인도하시고 새롭게 하시는 성령님께서 저희를 온전히 다스릴 수 있도록 저희의 심령이 주님의 뜻에 굴복하기를 소원합니다. 저희를 눈동자처럼 날마다 보호하시는 하나님의 역사에 감사하오며, 우리의 삶이 오직 하나님의 영광을 위한 삶이 되도록 도와주옵소서. 오직 하나님의 자녀가

된 축복을 믿지 않는 이웃에게 복음으로 전할 수 있는 저희가 되기를 소원하오며, 하나님이 저희를 붙들어 주시면 강하고 담대해져서 영적인 전쟁에서 승리하는 줄 믿습니다. 저희를 죄에서 해방시키신 주님의 사랑을 온누리에 전하도록 저희에게 사역자의 일을 허락하시고 그것을 감당할 수 있도록 날마다 새 힘을 허락하여 주옵소서. 우리를 인도하시는 주님의 길이 진리와 생명의 길임을 고백하고 확신하오니 주님께서 저희에게 주신 사명을 잘 감당하여 새롭게 성장하고 승리하는 삶으로 나아가기를 원합니다.

이 나라와 민족을 위하여 주님의 복음을 전하는 증인이 되고 싶습니다. 교회의 머리가 되시는 주여! 저희 교회가 말씀을 사모하고, 기도에 힘씀으로 하나님을 경외하는 데 부족함이 없는 교회가 되게 하시고, 저희에게 맡기신 것들을 사용하여 전도에 열심을 내며, 주님 안에서 은혜로운 성도의 교제를 나눌 수 있도록 도와주옵소서.

빛되신 주님!

우리 교회가 성령님의 역사하심을 온전히 순종함으로 세상에 빛을 비취는 등대가 될 수 있도록 축복하시고, 주님 홀로 영광 받으시옵소서. 예배자 한 사람 한 사람이 진실하신 주님을 닮아갈 수 있도록 도와주시옵소서. 이 예배의 시종을 주님께 의탁하오며 예수 그리스도의 이름으로 기도드립니다. 아멘.

2月
대표기도 2

전능하시고 살아 계신 하나님 아버지!

오늘 하루도 저희 모두를 이렇게 건강한 모습으로 주님의 성전에 올라와 감사와 찬양으로 예배드리게 하여 주시니 진심으로 감사드립니다.

이 하루도 영과 진리로 온전한 예배를 드리게 하여 주시고 주님이 받으실만한 향기로운 회개의 제물로 하나님 주님 기쁘시게 해 드리는 귀한 성일 되길 기도합니다.

좋으신 하나님 아버지!

또한 무엇보다도 먼저 이 나라와 민족을 위하여 기도합니다. 정치를 하시는 많은 위정자들에게 주님의 마음으로 채우셔서 나라를 바로 세우게 하시고 또한 복음으로 하나 되는 평화로운 태평성대를 주옵시고 교회와 학교와 가정들이 화평케 하여 주시옵소서. 또한 교회 각 기관들을 주님께서 축복하여 주사 사랑과 봉사가 넘치는 공동체가 되게 하여 주옵소서.

사랑과 생명이 되시는 하나님 아버지!

이 세상을 사는 동안 상처 입은 심령으로 주님 앞에 나아와 엎드려 회개하오니 용서하여 주시고 주님의 보혈의 손길로 저희의 심령들을 정결케 하여 주시어 항상 성령께서 임재하시어 저희들을 인도하여 주시며 지금 이 자리에 엎드려 경배드리는 성도들의 간구를 열납하여 주시옵소서.

능력의 하나님 아버지!

이 시간도 원치 않는 질병으로 고통 받고 있는 많은 성도들이 있습니다. 하나님께서 사정을 잘 아실 줄 믿고 하나님의 뜻을 저희들은 알 수 없지만 안타까운 마음으로 간구하오니 그들의 마음을 성령의 불길로 질병과 함께 태우시사 새로운 심령과 건강으로 거듭나게 하여 주시옵고 맑고 건강한 심령과 육신으로 주님을 찬양하며 충성하는 즐거운 삶을 허락하여 주시옵소서.

또한 주님의 이름으로 나누어 주고 꾸어 주며 주님의 사랑을 나타내어야 할 성도들이 물질의 어려움으로 고통 받고 있으면 물질도 넘치도록 채워 주시사 하나님의 몸된 교회를 위하여 물질로 봉사할 수 있도록 사업장이 풀리고 열리는 축복을 주시옵소서.

그 외 저희들은 성도들의 사정을 일일이 다 알 수 없지만 하나님께서 아실 줄 믿습니다. 또한 오늘 하루도 몸된 전에 나오지 못한 어려운 형편의 성도들을 주님 기억하시고 도와주시옵소서. 지금은 어렵더라도 하나님께서 더 큰 것으로 주시기 위한 연단으로 생각하고 항상 기뻐하고 범사에 감사하고 쉬지 말고 기도하는 저희 성도들이 되게 하여 주시옵소서. 저희들 주위에는 절망에 빠져 몸부림치는 불쌍한 심령들이 많이 있습니다.

이들을 위해 저희 선택받은 성도들이 항상 기도하고 전도하여 구원받게 하는 사명을 잘 감당케 하여 주시옵소서. 또한 이국 멀리 외로운 선교지에서 복음을 증거하시는 선교사님들을 기억하여 주시옵소서.

이 시간에 주님의 성전에 모여 경배 드리는 사랑하는 목사님과 성도들의 기도를 열납하여 주시고 저희들을 통하여 이 주위에 주님의 복음이 확산되어 많은 심령들이 구원받는 크신 역사가 일어나게 하여 주시옵소서.

금년 한해 주님의 몸된 교회를 위하여 세워주신 직분자들에게 영육으로 건강을 허락하여 주시어 한해를 마무리하는 시점에서 "잘했다. 충성된 종아!"라고 칭찬받는 직분자들이 되게 하여 주시옵소서.

무엇보다도 주님의 몸된 교회를 위해 수고하시는 귀하신 목사님께 이 시간도 힘과 능력을 주시어 저희 교회 양떼들을 푸른 초장으로 인도하는 훌륭한 목자가 되게 하여 주시옵기를 바라옵고 또한 예배를

돕는 찬양대 위에도 함께 하여 주옵소서. 이 모든 것을 예수님의 이름

받들어 기도드리옵나이다. 아멘.

2月

대표기도 3

우리의 구원이시며 피난처시요 영원한 반석 되시는 아버지 하나님!
주님의 은혜와 사랑을 진심으로 감사드립니다. 하나님께서 인간을
모든 피조물 중에서도 가장 뛰어나게 창조하셨지만 인류 첫 사람인
아담과 하와의 범죄로 인하여 인간은 죄 중에서 태어나게 되었고 죄
를 짓지 않을 수 없는 저희들이 오늘도 구속의 주님 앞에 고개 숙이
며 회개의 기도를 드리옵니다.

사랑의 주님!
건강의 축복을 주셔서 평안 가운데 은혜 주시고 기쁨으로 함께 하여
주신 하나님께 감사드립니다. 이 시간에도 은혜로 충만하게 하시고
성령을 부어 주시옵소서. 하나님의 은혜가 없이는 하루도 살 수 없는

나약한 우리들임을 진심으로 고백하오니 늘 믿음 안에서 감사하는 삶을 살게 하여 주시고 소망 중에서 주의 이름을 증거 하는 증인의 삶을 살도록 성령으로 충만케 하여 주시옵소서. 날마다 복음 증거의 삶을 방해하고 우리들의 맘을 흐트러지게 하는 악한 영들의 방해를 물리치게 하시고 승리케 하여 주옵소서. 우리의 싸움은 혈과 육에 관한 싸움이 아니라 악한 사탄과의 영적 싸움이오니 오직 성령의 검으로 십자가의 보혈로 싸워 승리케 하옵소서.

전능하신 주님!

저희가 먼저 말씀으로 무장되지 않고서는 세상과 마귀를 이길 수 없습니다. 말씀과 성령의 능력으로 어두운 세력들을 물리치게 하시고 강하고 담대한 마음을 주옵소서. 하나님의 말씀을 들을 때마다 날마다 은혜로 깨닫게 하시고 말씀 따라 살도록 삶의 변화를 주옵소서.

내가 곧 길이요 진리요 생명이라고 말씀하신 주님을 따라 가도록 이 시간도 우리에게 새 힘을 주시옵소서. 날마다 나 자신을 쳐서 말씀에 복종케 하시고 날마다 주님 앞에 부끄럼 없는 아름다운 성도의 삶의 행실로 하나님의 영광이 나타나는 큰 뜻을 이루어지게 하옵소서.

주님의 보혈로 구원의 기쁨을 누리며 항상 기뻐하게 하시고 쉬지 말고 기도하게 하소서. 범사에 감사하게 하소서. 가정에서는 부부가 화목하므로 자녀들에게 본이 되게 하시고, 교회에서는 성도들에게 화평하므로 교회가 아름답게 성장케 하옵소서.

존귀하신 주님!
이 시간 특별히 목사님의 말씀을 통하여 온 교회 성도들의 영육이 살아나게 하시고 성령 충만케 하여 주소서. 말씀을 듣는 데 그치는 것이 아니라 말씀대로 살아서 30배, 60배, 100배 축복의 주인공들이 되게 하여 주옵소서. 이 시간 예배 마치는 시간까지 오직 주님이 영광 받으시기를 간절히 바라오며 다시 오실 예수 그리스도 이름으로 기도드리옵나이다. 아멘.

찬양과 경배를 받으시기에 합당하신 하나님 아버지!

국가의 흥망성쇠와 우리들의 생사화복을 주관하시는 거룩하신 하나님 아버지의 이름이 십자가의 피로써 구속 받은 우리 성도들을 모습을 통하여 온전히 거룩히 여김을 받으시기를 바라오며 지난 한 주간 동안도 지상의 수많은 사건 사고 가운데서도 이렇게 생명을 지켜주시고 또한 이렇게 건강한 모습으로 예배드리는 축복을 주신 하나님께 감사를 드립니다.

  하나님의 나라가 우리나라와 교회와 온 성도들의 심령에 이루어지게 하시고, 하나님께서 우리의 삶을 주관하셔서 사랑과 희락과 행복이 샘솟는 활기차고 행복한 우리 모두가 되게 하시고, 주님의 영으로 우리나라를 통치하셔서 하나님의 말씀대로 세워져 하나님께서 기뻐하는 나라와 백성들이 되게 하옵소서.

살아계신 하나님!

"고난당한 것이 내게 유익이라 이로 인하여 내가 주의 율례를 배우게 되었나이다"라고 노래하는 시편기자 말씀처럼 어려움이 있을 때마다 인간의 지식을 의지하지 않고, 하나님께 기도하며 하나님의 뜻을 구하여 이 세계적인 경제위기를 국력부강의 전화위복의 기회로 만들 수 있는 지혜로운 대통령이 되게 하옵소서.

자비하신 하나님 아버지!

하나님의 뜻이 하늘에서 이루어진 것같이 땅에서 교회를 통하여 이루어지기를 기도하오니, 더욱 성숙한 모습으로 주님을 섬기는 아름다운 성도들의 모습이 되도록 성령으로 함께 하여 주시옵소서.

특별히 담임목사님을 주님의 강한 손으로 붙드시옵소서. 영육 간에 강건케 하시고 주의 성령께서 함께 하시어, 말씀이 증거될 때마다 죽었던 심령이 소생하는 놀라운 능력의 사자로 사용하여 주옵소서. 목사님을 통하여 우리 교회가 이 지역의 하나님을 알지 못하는 많은 죽어가는 영혼들을 구원하는 구원의 방주가 되게 하시옵소서.

우리 교회 성도들이 하나님을 잘 섬기고 복 받는 성도들이 되게 하시고, 우리 교회의 재정이 차고 넘치어 많은 이웃들을 돕는 교회가 되게 하시옵소서.

용서해 주시는 하나님!

다른 사람의 죄를 용서해 주시옵소서. 우리 교회와 성도들에게 상처를 주고 힘들게 했던 사람들을 용서해 주옵소서. 하나님! 다른 사람들의 죄를 용서해 준 것같이 우리 교회와 성도들의 죄를 사하여 주옵소서.

하나님의 계획과 뜻을 벌레만도 못한 우리 인간의 잣대로 재고 비판하지 않았는지 회개하오니 저희들의 죄를 용서하여 주옵소서. 오직 하나님의 뜻을 구하며 하나님의 법칙에 따라 사는 귀한 성도들이 되게 하옵소서.

하나님 아버지!

우리 교회와 우리 성도들이 시험에 들지 않기를 기원합니다. 세상으로부터 시험당하지 않게 하시고, 신앙생활에 시험 들지 않게 하시옵소서. 교회생활에 시험 들지 않게 하시고, 물질로 시험당하지 않게 하시며, 사람들로 인하여 시험 들지 않게 하시옵소서. 천군 천사로 우리 교회와 성도들을 지켜주옵소서.

이름 없이 수고하는 주일학교 선생님들도 기억하시옵소서. 저들의 수고를 통하여 어린 새싹들이 귀한 천국 백성으로 아름답고 바르게 자라게 하옵소서. 예배를 도와 수고하는 예배위원들의 수고를 기억하시고, 예수사랑 성가대의 아름다운 찬양과 헌신을 기뻐 받으시옵소서. 하나님의 나라와 권세와 영광이 영원히 하나님 아버지께 있사오며, 예수님의 이름으로 기도합니다. 아멘.

3月

대표기도 2

영원히 찬송 받으시기에 합당하신 거룩하신 하나님 아버지!

오늘도 이렇게 건강한 모습으로 주님의 성전에 올라와서 사랑하는 성도들과 함께 기쁨으로 하나님께 찬양 드리며 행복한 예배를 드리게 됨을 진심으로 감사드립니다.

늘 우리를 지키시며 도우시는 살아 계시는 하나님 아버지의 놀라우신 사랑을 생각할 때에 진심으로 감사드리지 않을 수 없습니다. 저희들은 한순간도 주님의 보호하심 아니면 결코 온전할 수 없음을 고백하오며 또한 지금껏 지켜 주심도 오직 주님의 은총임을 고백합니다.

살아계신 하나님 아버지!

무엇보다 이 한 주간도 하나님의 말씀 속에서 온전히 의를 이루며 성령의 열매 맺지 못한 채 부족한 모습으로 살아온 것을 회개하고 자백하오니, 용서하여 주시고 주님의 십자가 보혈로 덮어 주시길 간절히 기도합니다.

날마다 점점 더 사악해져 가는 세상 속에서 하나님 말씀을 지키며 살아 보려 몸부림치고 발버둥치지만 늘 자주 넘어지고 흔들리는 나약한 모습들을 내어 놓고 주님께 도움을 구하오니, 주님 이 시간도 성령으로 붙드시고 도와주시옵소서.

사랑의 하나님 아버지!

주님께서 마음이 청결한 자들이 하나님을 볼 수 있다고 말씀하신 것처럼 저희들도 우리 맘속에 더러운 모든 생각들을 주님 앞에 드러내 놓고 진정으로 회개하고 자복하여 주님의 보혈로 성결케 되어 오직 그리스도의 복음을 힘있게 증거하게 하시옵소서.

저희들이 아무리 선하게 살았다 할지라도 주님 앞에서는 정결하다고 자랑치 못할 것이오니, 정녕 삶을 돌아보면 언제나 하나님 말씀을 외면한 채 저희들의 생각대로 행하고 살아온 적이 많았기에 이 시간 주님 앞에 용서를 빕니다.

전지전능하신 하나님 아버지!

이 시간 간구하옵기는 먼저 이 나라 이 민족을 위하여 기도하오니 하나님께서 세우신 위정자들에게 먼저 은혜를 입혀 주시어서 하나님의 지혜로 정치를 할 수 있도록 함께 하여 주시고, 대통령 이하 모든 국정을 돌보시는 국회의원들에게도 하나님의 뜻을 받들어 나라를 이끌어 가는 지혜를 허락하여 주시옵소서.

하나님의 백성들이 어디서든 하나님을 믿는 믿음의 본으로 빛과 소금의 역할을 감당할 수 있도록 이 나라의 모든 믿음의 공무원들에게도 함께하여 주시옵소서.

하나님 아버지!

감사드립니다. 이 시간도 이렇게 평안한 모습으로 예배 가운데 하나님께서 기름 부어 세우신 귀한 목사님을 통하여 능력의 말씀을 받게 하심을 감사드립니다.

남은 시간도 말씀을 통하여 저희들을 깨우쳐 주시고, 또한 깊은 영감을 주시어 결단하게 하시어 또한 생활 속에서 많은 변화가 일어나도록 새로운 능력을 부어주시고, 또한 세우신 귀하신 목사님의 건강과 가정을 평안을 지켜주시길 간구드립니다.

아버지!

세상 속에서 지쳐 쓰러져가는 많은 주님의 백성들을 주님께서 능력으로 지켜주시어서 말씀을 통하여, 기도를 통하여, 찬양을 통하여 날마다 하늘의 신령한 양식을 공급받으며 또한 성령 안에서 강한 주님의 도구가 되도록 역사하여 주시옵소서.

이 한 주 동안도 질병으로 고통당하는 많은 이들과 또한 사업의 어려움으로 힘겨워 하는 많은 주님의 백성들을 주님의 성령께서 위로

하여 주시기를 간구드립니다.

하나님 아버지!

오늘도 이렇게 주님의 귀한 백성들이 하나님의 성전에서 각자 믿음의 분량을 따라 섬기는 귀한 모습들로 세워 주심을 감사드립니다. 이제 예배를 돕는 찬양대와 많은 반주자들과 또한 보이지 않는 많은 곳에서 이름 없이 빛도 없이 희생으로 봉사하는 많은 주님의 백성들까지도 주님께서 다 기억하시고 축복하여 주실 줄 믿습니다.

남은 시간도 오직 우리 주 하나님 아버지께서 홀로 영광 받아 주실 줄 믿고, 거룩하신 우리 주 예수 그리스도 이름으로 간절히 기도드리옵나이다. 아멘.

대표기도 3

전능하신 하나님 아버지!

죽을 수밖에 없는 저희들을 사랑하시어 구원의 은혜를 베풀어 주시고 아바 아버지라고 고백하게 하심을 감사드립니다.

오늘 귀한 주님의 날 거룩한 성전에 머물게 하시고 이 예배를 찬양과 경배로 하나님께 영광 돌립니다. 매순간마다 닥쳐오는 어려운 시험과 환난 가운데 성도로서의 삶을 살아가지 못하고 지은 모든 허물과 죄악들을 이 시간 하나님께 고백하며 회개하오니, 용서하여 주옵소서.

이 나라와 민족을 사랑하여 주시고 복음으로 통일이 되어 구원 받지 못한 북한 동포들을 긍휼히 여기사 남북이 하나되어 하나님을 경배하게 하시고, 귀하고 소중한 주님의 말씀을 땅 끝까지 전하게 하옵소서.

사랑이 가득한 이 하나님의 귀한 교회를 통하여 간구하는 우리 기도가 응답되게 하옵소서. 세우신 모든 기관을 통하여 택하신 백성들이 각자의 자리에서 최선을 다하는 모습으로 교회가 성장하는 밑거름이 되게 하시고 부르짖는 우리의 기도로 삼십 배, 육십 배, 백 배의 열매를 맺게 하시며 마지막 심판의 순간에 착하고 충성된 종이라 칭함을 얻어 영광의 면류관을 쓰게 하옵소서.

날마다 주님의 말씀을 전하시는 목사님에게 권능을 더하시어 듣는 저희들에게 믿음을 더하게 하시며, 언제나 건강하신 모습으로 맡은 소명 감당하시는 하나님의 사자로 저희 양떼들을 푸른 초장으로 인도하게 하소서. 어두워진 이 세상 가운데서 교회로 모이기를 힘쓰며, 기도하기를 쉬지 않고 귀한 말씀을 묵상하며, 성령의 충만함으로 빛과 소금이 되게 하소서.

사랑하는 성도들의 가정을 축복해 주시고 온 가족이 함께 하나님을 경외함으로 작은 천국을 이루게 하사 기쁨이 넘치게 하소서. 다가오는 한 주간도 주님의 말씀을 의지하고 살아가기를 원하오며 이 모든 간구를 우리 주님 예수 그리스도의 이름으로 기도드립니다. 아멘.

4月

대표기도 1

부활주일

죽음을 이기고 부활하신 영광의 주님을 구주로 믿는 저희들이 이 거룩한 성전에 모여 찬송하며 예배드리게 하심을 감사드립니다. 이 자리에 모인 저희들 모두가 주님의 승리를 진정으로 기뻐합니다. 온 세계 만민들도 주님의 부활하심을 기뻐합니다. 죄와 죽음을 이기신 주님의 능력이 분명한 역사적 사건임을 믿습니다. 이 시간 저희들 모두가 환희에 찬 감정을 가지고 소망에 찬 눈망울로 주님을 찬양하게 하시옵소서.

부활의 주님! 돌이켜 보건대 저희들은 너무 겁쟁이었습니다. 죽음을 이기시고 다시 사신 부활의 주님이 저희와 함께 하심에도 불구하고 저희들은 죽음이 어떤 모양으로 저희에게 다가올 것인지를 생각하면

잠시도 평안함을 얻지 못하고 괴로움에 시달릴 때가 많았습니다. 주님이 영생의 소망을 저희에게 주셨는데도 사망의 두려움을 아직도 없애 버리지 못한 채 괴로워하고 있는 연약한 존재들로 살아온 나약한 존재들이 바로 저희들입니다.

그러나 주님께서 저희 믿음이 부족한 것을 불쌍히 여겨주시옵소서. 부활의 확신으로 말미암아 이 모든 문제를 해결할 수 있게 하시옵소서. 이제 저희 모두 일어나 의심과 괴로움을 떨쳐버리고 부활의 증거자로 나설 수 있게 하시옵소서. 그 어떤 희생이 뒤따른다할지라도 죽음의 권세를 이기시고 승리하신 주님을 생각하며 초지일관 믿음으로 살게 하시옵소서.

자비로우신 주님!

주님의 부활의 터 위에 세우신 교회도 부활하신 주님의 권능을 온 세상에 증거할 수 있게 하시옵소서. 죽음과 질병과 공포와 절망으로 살아가는 심령들에게 부활의 주님을 모시고 찾아가서 위로해 주고, 악한 세력들을 깨뜨려 주는 교회가 되게 하시고, 저들이 교회를 찾아왔을 때도 부활의 주님을 뵈옵고 새로운 소망과 용기가 넘쳐나게 하시옵소서.

이 민족 이 백성도 부활의 주님을 만나게 하시고 부활의 주님을 바라볼 수 있는 눈을 열어 주시옵소서. 이 백성이 부활의 신앙으로 바로 설 때 하나가 될 수 있다는 것을 깨닫게 하시고 신실한 일꾼들이 넘쳐나고 정직이 강같이 흐르는 민족이 될 수 있다는 것을 깨닫게 하시옵소서. 이 땅의 백성들이 진정으로 주님을 의지함으로 주님의 복을 받아 누리는 삶을 살게 하시옵소서.

교회에 세우신 각 기관과 모든 직분을 맡은 자들에게도 함께 하시기를 원합니다. 부활의 산 신앙을 갖고 능력 있게 맡은 역할을 잘 감당할 수 있게 하시며, 맡은 자에게 구할 것은 오직 충성밖에 없음을 기억하게 하시옵소서.

부활의 복된 소식을 대언하기 위하여 강단 위에 세운 설교자를 성령 하나님께서 친히 붙드시고, 권세 있는 말씀으로 저희 예배자 온 심령을 채울 수 있게 하시옵소서. 찬양으로 부활의 주님을 높이는 찬양대와 예배를 위해 돕는 모든 봉사자들을 주님의 크신 은혜와 복으로 채워주시옵소서.

예배의 시종을 주님께 의탁하오며, 부활하시어 저희들에게 산 소망이 되시는 예수 그리스도의 이름으로 기도합니다. 아멘.

하늘과 땅의 모든 권세를 가지신 전능하신 하나님 아버지!

오늘 거룩한 주일을 맞이할 수 있도록 저희들에게 건강과 생명을 허락하신 은혜를 진심으로 감사드리며 영광과 존귀를 주님께 드립니다.

이 시간도 많은 사연들로 주님 앞에 나오지 못하는 수많은 사람들이 있을 것인데 저희들에게 이렇게 건강을 주시고 또한 좋은 환경들을 주시어서 이렇게 성스런 예배당에서 주님을 찬양할 수 있도록 축복하여 주심을 감사드립니다. 하나님 앞에 모여서 예배드리고 싶어도 숨어서 예배드리는 저 북녘 땅의 많은 성도들도 있는데 저희들은 이렇게 편한 모습으로 자유롭게 예배드릴 수 있는 축복을 주심을 감사드립니다.

우리의 죄와 허물 때문에 예수님께서 십자가에 속죄의 피를 흘리심으로 저희들에게 영원한 구원을 주심을 진심으로 감사드립니다. 오늘도 이 시간 죄를 자백합니다.

죄의 노예로 마귀의 종노릇하면서 살지는 않았는지 자신을 돌아보며 깨끗하게 해 주시고 하나님 말씀대로 살지 못한 저들의 죄를 용서하여 주옵소서. 이 시간 예수님의 보혈로써 깨끗하게 씻어 주셔서 깨끗한 마음으로 예배드릴 수 있도록 성령님께서 역사하여 주옵소서. 우리의 싸움은 혈과 육이 아니요 공중의 권세 잡은 악의 영들이라 하였사오니 하나님의 전신갑주를 입어 늘 승리의 삶을 살아가도록 성령님께서 도와주옵소서.

전능하신 하나님 아버지!

이 나라 이 민족을 불쌍히 여겨주시고 대통령과 모든 정치인들과 공무원, 노동자들, 실업자들을 도와주시고 특별히 이 시간도 고통 중에 부르짖고 있을 북한 동포들에게 은총을 베풀어주시고 배고픔과 흉년도 주님의 은총으로 극복하게 하여 주옵소서.

그리고 나라와 민족을 위하여 기도하는 많은 주의 백성들에게 새 힘을 주시고, 저들의 기도를 들으시고 이 나라 이 민족이 속히 주님 앞으로 돌아와 함께 주님께 예배드리게 하여 주시고, 또한 모든 교회들이 말씀으로 돌아가 새롭게 일어나는 새 역사를 허락하여 주시고, 세계 각처에 많은 선교사님들이 파송되어 온 세계가 복음으로 하나 되는 축복을 허락하여 주옵소서.

살아계신 아버지 하나님!

주님의 귀한 보혈을 흘리심으로 세워주신 저희 교회를 주님의 강한 손으로 붙들어 주시고, 무엇보다 이 교회를 이끌어 가시는 귀하신 목사님의 건강과 가정을 주님께서 강건하게 붙들어 주시어 어느 것 하나 부족함 없이 채워 주시길 간절히 기도드립니다.

이 시간도 예배를 돕는 찬양대와 또한 반주자들에게도 함께 하여 주시길 간구하며 무엇보다도 말씀을 선포하시는 귀한 목사님을 붙들어 주셔서 저희들이 말씀을 받을 때에 겸손한 마음으로 받아 생활 속에서 잘 실천하여 많은 삶의 열매들로 주님을 기쁘시게 하도록 도와주시길 원합니다.

예배가 끝나는 시간까지 일절 원수마귀 틈 못 타게 하시고 오직 성삼위 하나님께서 주장하여 주시옵기를 바라며, 이 모든 기도를 예수님의 이름으로 기도드립니다. 아멘.

은혜로우신 하나님 아버지!

곳곳마다 아름다운 꽃들을 피우시고 그 향기로 주님을 찬양토록 창조하신 전능하신 주님! 감사합니다.

교만한 자를 대적하시고 겸손한 자에게 은혜를 주시는 자비로우신 하나님 아버지께서 이토록 크신 은혜 주심을 생각할 때 감사드리지 않을 수 없습니다.

온갖 우상에 빠져 살던 저희들을 하나님의 사랑으로 불러주셔서 믿음으로 하나님의 자녀로 삼아 주신 그 은혜와 사랑을 다시 한 번 더 찬양으로 영광 돌려 드리며 진심으로 감사를 드립니다.

사랑하는 주님!

광야와 같은 이 세상에서 사랑하는 성도들이 길이 어렵다고 원망하지 않게 하시고 배고플 때 만나를 주시고 목이 마를 때 반석을 쪼개어서 목마름을 해갈하신 하나님의 능력으로 날마다 새로운 축복의 길로 인도하여 주실 줄 믿습니다.

우리들의 삶이 때로는 홍해 앞에서 이스라엘 백성과 같이 진퇴양난에 처할 때가 많습니다. 그때마다 어떻게 해야 할 바를 몰라 성급하게 행동하지 않게 하시고, 하나님의 깊은 섭리를 바라보며 인내하게 하옵소서. 홍해를 가르신 하나님의 능력을 체험하게 하옵소서.

살아계신 하나님!

저희들은 주님의 일을 하므로 기뻐하기 보다는 내 자식 내 가정의 형통을 보며 기뻐하였던 적이 더 많았던 것을 생각하니 부끄럽고 죄송합니다.

"나를 인하여 너희를 욕하고 핍박하고 거짓으로 거슬러 모든 악한 말을 할 때에는 너희에게 복이 있나니 기뻐하고 즐거워하라. 하늘의 상이 큼이니라"고 하셨지만 나에게 욕하는 자를 미워하고 미워하는 자를 미워하고 핍박받을 때 낙심한 언약한 저희들이었사오니 저희들의 나약함과 부족함을 용서하여 주시옵소서.

주님을 위하여 핍박을 기뻐하기보다는 도리어 슬퍼하며 괴로워한 얕은 믿음의 소유자가 아니였던가, 뒤돌아보니 참으로 주님 앞에 부끄럽고 송구스러운 맘 금할 길 없습니다.

하나님 아버지!

오늘도 바쁜 모든 일정과 힘겨운 삶의 모든 터전을 멈추고 주님의 존전에서 귀한 예배에 참석한 사랑하는 성도들에게 큰 믿음을 주시길 기도합니다. 큰 능력을 주시길 기도합니다. 성령으로 충만하여 세상을 이기고 사단을 정복하고 귀신을 쫓아내며 복음의 증인으로 당당하게 살아가게 하시옵소서.

이 시간도 말씀을 통하여 큰 은혜 받고 저희들이 그 은혜를 힘입어서 남을 섬기는 사람으로 남에게 베풀어 주는 삶으로 살아가게 하여 주시옵소서. 진심으로 천하보다 소중한 한 영혼을 구원하기 위하여 희생하고 시간과 물질까지도 아끼지 않게 하옵소서.

이 시간 귀하신 목사님의 말씀을 통하여 새 힘과 능력을 주시고, 영과 육이 치유받게 하여 주시고, 생각이 변화되고 행동이 변화되고 삶이 변하게 하여 주시고, 특별히 복음의 증인으로서 사명을 다하게 하시고 믿지 않는 영혼들과 믿다가 낙심한 자들이 저희들의 손길을 통해서 회개하고 돌아오게 하옵소서.

이 시간도 주님의 성령이 온전히 이곳에 기름 부으심으로 예배를 마치는 시간까지 은혜로 붙들어 주시고 크신 영광 나타나도록 인도하여 주시옵소서. 예수님의 이름으로 기도드립니다. 아멘.

생명의 근원이신 하나님 아버지!

말씀으로 천지를 창조하시고 오늘도 살아계셔서 영원토록 존귀와 영광을 받으실 아버지 하나님께 찬송과 경배를 드립니다.

저희들에게 건강과 생명을 주셔서 오늘 거룩한 주일 예배로 영광을 돌리게 하시고, 기쁨으로 찬양을 드리며 주님께 예배드리게 됨을 감사드립니다.

죄 가운데 죽었던 저희들에게 십자가 보혈을 통하여서 영원한 생명을 주시고 또한 영원토록 찬양드리게 하심을 감사드립니다. 죄와 허물로 영원히 죽었던 저희들을 위하여 십자가 위에서 피 흘리시고 구원해 주신 그 은혜를 생각하면 저희들은 주님 앞에 감사와 찬양을 드리지 않을 수 없습니다.

지나간 한 주도 말씀대로 살기에 힘썼지만 연약한 인간이기에 또 넘어지고 쓰러지고 죄를 지은 모습으로 아버지 앞에 와서 회개하오니 용서하여 주시옵소서. 아버지께서는 의인을 부르러 온 것이 아니라 죄인을 불러 회개시키러 왔노라고 말씀하셨습니다. 그 말씀을 의지하여 이 시간 부족한 저희들이 기도하오니 우리의 죄를 깨끗하게 씻어주시고 정결한 마음으로 정성을 다하여 예배드릴 수 있도록 성령 하나님께서 역사하여 주시옵소서. 성령 안에서 새 힘을 주시옵소서.

하나님 아버지!

저희 교회를 오늘날까지 사랑하시고 복을 주심을 진심으로 감사를 드립니다. 하나님의 교회가 날마다 질적으로 양적으로 부흥하는 축복을 주시기를 간구드리며, 또한 날마다 선교의 지경이 확장되는 축복을 주실 줄 믿습니다. 주님께서 성도들의 가정과 직장과 사업장마다 큰 복을 주시고 믿음으로 승리케 하여 주옵소서.

그리고 성도들의 영혼이 말씀으로 변화되고 평안 가운데 날마다 복음이 증거되어지는 축복을 허락하여 주시옵소서. 환란에 처한 성도들이 바울과 실라처럼 기도와 찬양으로 빌립보 감옥 같은 고난과 어려움들을 이기고 빛과 소금으로서의 사명을 감당하도록 능력을 주시옵소서.

이 나라 이 민족을 이끌어 가시는 많은 위정자들이 주님의 능력으로 이 나라 국정을 이끌어 가실 수 있도록 솔로몬의 지혜를 베풀어 주시고, 또한 넘치는 주님의 은혜를 베풀어 주시사 날마다 나라가 평안으로 찬양케 하여 주시옵소서.

전능하신 하나님 아버지!
이 시간도 말씀을 증거하실 담임 목사님을 위하여 기도하오니 주님 능력의 손길로 함께하여 주시고 그 말씀이 모든 성도들의 심령과 골수를 찔러 쪼개는 능력의 말씀이 되게 하옵소서. 이 시간도 말씀을 통하여 모든 성도들이 다 함께 은혜 충만하게 하셔서 말씀이 우리들의 길과 생명이 되게 하시고 또한 소망이 되게 하여 주시옵소서.

　이 시간 이 거룩한 예배 가운데 사탄이 틈타지 못하게 성령 하나님 함께하시고 예배 마치는 시간까지 오직 성삼위 하나님께서 영광을 받아주시옵소서. 예수님의 이름으로 기도드립니다. 아멘.

모든 것이 합력하여 선을 이루게 하시는 하나님 아버지!

오늘도 세상과 벗하며 죄 중에 살던 저희들을 주의 거룩한 성전으로
불러주셔서 찬양과 감사와 존귀를 주님께 돌리게 됨을 진심으로 감
사를 드립니다.

이 시간까지 크신 주님의 은혜 가운데로 인도해 주심을 또한 감사
드리며 이 시간 예배를 통하여 주님의 은혜와 평강이 넘치게 하옵소
서. 내 힘이 아닌 성령님의 능력으로 살아갈 수 있도록 인도해주시옵
소서. 주님을 향한 뜨거운 신앙의 고백이 넘치는 성도들의 삶이 되게
하여 주시옵소서.

주님! 저희들에게 믿음 안에서 넘치는 용기와 성령의 힘과 능력을
주시어서 말씀에 어긋난 것들은 단호히 거절하며 하나님의 말씀에 합

당한 것만을 따라 살게 하여 주시옵소서.

지금 이 세상은 소돔과 고모라 시대처럼 죄악된 세상입니다. 사람들이 먹고 마시고 시집가고 장가가고 쾌락을 즐기고 있으면서 홍수가 나서 다 멸하기까지 깨닫지 못했던 노아 홍수 시대 전같은 죄악의 세상이오니, 택함 받은 사랑하는 성도들에게 깨어 기도하는 삶으로 영적으로 살아 있는 능력의 성도가 되게 하옵소서. 이렇게 날마다 급한 밀물처럼 몰려오는 죄악의 물결들을 거슬러 믿음으로 승리케 하옵소서.

전능하신 하나님 아버지!
세계적으로 경제가 어려움 가운데 처하여 있사오니 불경기 가운데서도 사랑하는 성도들의 사업장과 가정은 호경기를 누릴 수 있도록 구별하여 주시고, 우리나라의 모든 정치인들과 경제인들을 축복하여 주시옵소서. 지체치 마시고 속히 이 나라와 민족을 복음화하여 주옵소서.

우리의 마음을 주님의 보혈로 정하게 하시고 우리의 입술로 찬양하는 것이 날마다 주님 앞에 진실되게 하시어서 우리의 눈을 열어 주의 신령한 세계를 보게 하옵소서.

무에서 유를 창조하시는 하나님 아버지!
하나님의 크신 능력을 믿습니다. 이 산을 들어서 바다로 옮기라 하시며 믿음으로 기도하면 그대로 이루어 주신다고 하셨사오니 그 말씀에 의지하여 믿음으로 기도하오니 기적의 역사들이 날마다 교회와 성도들의 가정에 나타내 주시옵소서.

모든 성도들이 말씀으로 은혜를 받는 것에 그치는 것이 아니라 삶이 변화되고 전도의 삶으로, 섬김의 삶으로 주님의 교회를 위하여 충성하는 성도들이 되게 하옵소서. 받은 은혜를 감사하여 말없이 봉사하는 삶이 되게 하여 주옵소서. 행여라도 주님을 이용하려 드는 어리석은 삶이 아니라 주님을 위하여 드려지는 아름다운 삶이 되게 하여 주옵소서.

이 시간 말씀을 증거하실 귀하신 목사님께 주님의 크신 은혜와 강한 기름 부으심으로 성도들의 심령을 찔러 쪼개는 성령의 역사를 허락하여 주시옵소서. 말씀을 통하여 신령한 주님의 세계를 보게 하시고 주님의 음성을 듣게 하옵시며, 영안을 열어 주를 보게 하옵소서.

남은 시간도 오직 성령 하나님께서 인도하여 주실 줄 믿고 주 예수 그리스도 이름으로 기도드리옵나이다. 아멘.

사랑과 은혜와 능력이 무한하신 하나님 아버지!

주님의 백성들을 특별히 사랑하여 주시어서 이 거룩한 날을 구별하여 성일로 정하시고 하나님을 찬양하고 경배하게 하시니 진심으로 감사 드립니다.

날마다 주님 앞에서 온전한 헌신을 다짐하며 기쁨으로 예배드리길 기뻐하는 저희들의 믿음을 귀하게 여겨 주시사 믿음으로 말씀을 받게 하여 주시옵소서. 기도드릴 때마다 우리가 세상에서 지은 모든 더러운 죄를 생각나게 하시고 회개케 하시어 주 예수의 보혈로써, 십자가에서 흘리신 보배 피로써 깨끗하게 하여 주시옵소서. 우리의 연약함을 굽어 살피시고, 긍휼히 여겨주시고, 아버지의 인자하심과 자비하심으로 우리를 불쌍히 여기시옵소서.

하나님은 영이시라 하셨사오니 저희들이 신령한 영으로 예배하게 하여 주시고, 진리로 예배하게 하여 주시고, 존귀와 영광 받으시고, 성령의 충만함으로 임하여 주시옵소서. 이 시간에 지혜와 계시의 영으로 말씀을 비춰주시고 깨닫게 하시며 하나님을 알게 하시고, 이 세대를 본받지 말고 하나님의 선하시고 기뻐하시고 온전하신 뜻이 무엇인지 알게 하여 주시고, 받은 은혜대로 주의 뜻을 행하는 사람이 되어 살게 하시고, 세상에 나가서 진리의 말씀을 증거하는 삶을 살게 하소서. 복음을 증거할 때에 믿음의 증거가 나타나는 삶이 되게 하옵소서.

성령께서 우리 영 속에 충만히 임하셔서 우리 마음을 부드러움으로 감동하여 주시고 우리의 삶을 온전히 섬김의 삶으로 드릴 것을 다짐하고 결심하는 복된 시간 되게 하소서. 특별히 이 오후 시간에 말씀을 전하시는 목사님께도 성령의 두루마기 입혀주셔서 능력의 말씀 증거게 하시고 듣는 저희들은 하나님의 은혜를 다시금 깨닫게 하셔서 성령의 충만함을 허락하옵소서.

저희 교회가 이 지역에 죽어가는 많은 영혼들을 구원하는 구원의 방주가 되게 하옵소서. 진리의 등대, 생명수의 근원이 되어 하나님의 신령한 역사가 나타나는 교회가 되게 하옵소서. 전도 특공대의 말씀 전파가 열매 맺게 하시고 밤마다 새벽마다 기도하는 성도들의 기도를 들어주옵소서. 우리의 지경이 넓어지게 하셔서 우리가 밟는 이 땅이 우리와 우리 자손에게 영원한 영적 기업이 되게 하옵소서.

우리들의 삶의 터전 속에서 축복을 가로막고 있는 사악한 영들이 물러가게 하시고, 이곳에 견고한 진을 친 악한 영들의 머리를 밟게 하옵소서. 그들의 상한 뼈가 부러지게 하옵소서. 그들의 전략과 궤계가 말씀과 성령으로 충만한 저희들로 인하여 무너지게 하옵소서.

특별히 하나님의 성전에 큰 일을 맡아 수고하시는 당회와 제직회와 각 부의 모든 임원들을 기억하시옵소서. 맡겨 주신 사명을 감당하도록 힘을 주시옵소서. 성령을 주시옵소서. 오직 믿음으로 하나님을 기쁘시게 하는 자들 되어 살게 하옵소서. 쉬지 않고 주의 교회를 위하여 눈물로 기도하는 충성된 직분자들이 되게 하옵소서.

또한 성전 가까이에서 주의 몸된 교회를 섬길 수 있는 축복을 주시옵소서. 하나님의 말씀을 듣는 것이 수양의 기름보다 낫고 말씀에 순종하는 것이 제사보다 낫다고 말씀하신 하나님 아버지!

우리의 가진 재물과 처음 소산물로 하나님을 영화롭게 하는 자들 되게 하옵소서. 하나님께 올바른 순종함으로 아름답게 섬기며, 하나님의 인도하심 가운데 신령한 삶을 사는 성도들이 되게 하옵소서. 오늘 이 시간을 복되게 하시고, 주의 성령의 능력을 체험케 하옵소서. 성령의 감동하심이 이곳에 가득하고 충만케 하옵소서.

십자가에서 죽으심으로 우리를 구원하시고 부활 승천하시어서 다시 오실 주 예수 그리스도의 이름으로 기도하옵나이다. 아멘.

6月

대표기도 1

오늘도 살아서 역사하시는 전능하신 하나님 아버지!

때를 따라 돕는 은혜를 베푸시며 독수리가 날개 치며 올라가듯이 항상 저희들에게 새 힘과 능력을 부어주시는 좋으신 하나님 아버지의 크신 은혜를 생각할 때 저희들 감히 감사와 찬양을 드리지 않을 수 없음을 깨달아 이 하루도 주의 전에 나와서 진심으로 감사를 드립니다.

험한 세상 속 수많은 사람들의 수많은 사건사고 소식 가운데서도 우리를 이렇게 건강한 모습으로 오늘도 복되고 거룩한 날에 주의 전으로 불러주시어 이 예배 시간에 찬양예배로 영광을 돌리게 됨을 감사드립니다.

세상 일로 고달픔에 지친 저희들을 위로하여 주시고 성령의 능력으로 덧입혀 주옵소서. 죄악의 거센 파도를 헤쳐 나갈 수 있도록 성령으로 충만하게 하시옵소서.

우리 인간의 힘으로는 자신과 세상과 사탄을 정복할 수 없습니다. 하나님의 능력으로 가능하오니 이 시간 하늘의 새 힘을 얻게 하옵소서. 주님의 몸된 지체들에게 각자에게 필요한 각양 은사들을 주셔서 우리에게 맡겨진 사명들을 감당하게 하시고 날마다 교회가 질적으로나 양적으로 성장케 하옵소서.

우리는 주님의 영광을 위하여 산다고 하였지만 실제로 나 자신과 내 가족만을 위하여 살아 온 부끄러운 성도의 삶은 아니었는지 주의 궁정에서 한 날이 다른 곳에서 천 날보다 낫다고 하였사오니 주님의 교회를 위해 많은 시간을 예배드리며 기도하며 충성하며 성도들을 섬기는 삶을 살게 하여 주시옵소서

남의 허물을 볼 때마다 내 허물을 뒤돌아보며 회개하게 하시고'날마다 나는 주 안에서 말씀을 수종하기 위해 죽는다'고 고백한 바울처럼 내 자아가 죽어지게 하시고 겸손한 자가 되게 하옵소서.

전능하신 주님!

우리가 잠시 머물 이 세상에서 영원한 그 나라를 바라보며 성도들이 전도 생활과 섬김의 사람으로 거듭나게 하시고 이웃을 돌아보며 사랑을 실천하고 다시 오실 주님을 증거하게 하옵소서. 교회가 빛을 잃어간다고 한탄하기보다는 내 자신이 빛이 되게 하시고, 맛을 잃은 소금이라고 성도들을 비난하기보다는 내가 먼저 소금이 되게 하여 주시

옵소서.

이 시간 귀한 말씀을 증거하실 목사님께 영감의 갑절을 주시사 말씀이 선포될 때 영육 간에 치유의 역사가 있게 하시고, 또한 개인의 믿음이 회복되게 하시어 가정이 회복되고 자녀들이 형통하는 야베스의 축복으로 함께하여 주시옵소서. 이 시간 이 모든 기도를 우리를 죄에서 구원하시고 영원한 생명으로 인도하실 우리 주 예수 그리스도 이름으로 간절히 기도드립니다. 아멘.

영광과 존귀와 찬양 받으실 하나님 아버지!

하늘의 영광 보좌를 버리시고 낮고 천한 이 땅위에 오시어서 저들의 죄를 사하시러 십자가 위에서 고통 받으시고 보배로운 피를 흘려 주신 하나님의 크신 은혜를 진심으로 감사함을 드립니다.

지난 한 주간에도 주님의 은혜 가운데 살아온 저희들이지만 삶을 생각해 볼 때 감사하며 살지 못하고, 불신하며 원망하고 불평하며, 육신의 질병으로 고통 중에 근심하고 한숨 쉬며, 세상 쾌락에 빠져 주님 품 밖에서 방황하던 저희들의 삶을 이 시간 주님 앞에 고백하오니 불쌍히 여기시사 용서하여 주시기를 간절히 빕니다.

오늘 거룩하고 복된 주님의 날을 허락하여 주시고, 원근 각처에서 흩어져 생활하던 사랑하는 성도들 마음을 주관하여 주시사 주님의 교회에 모여 하나님 앞에 예배를 드릴 수 있도록 인도하여 주셨사오니, 이 시간에도 주님께서 함께하여 주시사 신령과 진정으로 몸과 마음을 바쳐 거룩한 산제사로 영적 예배를 드림으로 하나님 앞에 영광 돌려 드릴 수 있도록 인도하여 주시기를 간절히 빌고 소원함을 드립니다.

사랑의 하나님 아버지!

죄악된 세상 속에서 아직도 복음을 듣지 못한 채 방황하고 사단의 지배 하에 살아가는 많은 영혼들이 있기에 사랑의 하나님의 뜻을 이루시고자 이렇게 이 동산에 주님의 교회를 세워주시고 은혜 가운데 부흥 발전시켜 주시며, 많은 영혼들 구원하여 주심을 진심으로 감사드립니다.

앞으로도 주의 제단을 사랑하여 주시되, 끝까지 사랑하사 하나님의 영광이 드러나게 하시고 또한 삶의 무거운 짐을 지고 갈 길을 몰라 방황하는 많은 영혼들에게 우리 교회가 영적인 쉼터가 되어 하나님의 영광을 드러내게 하여 주시고 영혼구원을 향하신 거룩하신 하나님 뜻이 이루어지게 하옵소서.

더욱더 많은 영혼을 구원시키는 구원의 방주가 되게 하여 주시옵소서. 주님이 말씀하시기를 "너희에게 성령이 임하면 너희가 권능을 받고 예루살렘과 유대와 사마리아와 땅 끝까지 이르러 내 증인이 되리라." 하신 그 말씀 믿고 주의 제자들과 많은 무리들이 기도에 힘쓸 때 베드로에게 성령 하나님이 임하신 것처럼, 많은 무리들 앞에서 주의 복음을 전한 역사가 임하게 하여 주시옵소서.

특별히 이전에 하나님을 믿다가 낙심한 형제들이 구원의 확신을 갖게 하여 주시옵소서. 우리의 이웃 중에 택한 백성들이고 다 주의 전에 나와 구원받게 하여 주시옵소서. 이 시간도 복음 전도를 위하여 힘쓰고 애쓰는 성도들에게 새 힘을 주시고 보이지 않는 많은 곳에서 성도를 섬기고 교회를 위해 희생하시는 각 기관의 직분자들과 교회를 위해 늘 수고의 땀을 흘리시며 양떼를 위하여 귀한 말씀을 준비하시는 본 교회 목사님을 능력으로 지켜주시옵소서.

주님께서 이 시간도 성령으로 말씀을 선포하시는 귀한 목사님을 설교자를 세우셨사오니 강한 성령님의 두루마기를 덧입혀 주시사 생명의 말씀으로 증거할 수 있도록 인도하여 주시며, 그 말씀이 한 말씀도 땅에 떨어지지 아니하고 온 회중의 마음 밭에 새겨져 세상에 나가 말씀으로 무기 삼아 승리하는 삶을 살 수 있도록 축복하여 주옵소서.

사랑의 하나님 아버지!
이 시간도 찬양대가 하나님 앞에 찬양을 드리기를 원하오니 찬양 대원들의 성대를 지켜 주시사, 아름다운 찬양으로 하나님께 영광이 되고 저희들에게 기쁨으로 감사케 하여 주소서. 찬양을 부르는 대원들이나 예배자들이 한 가지로 은혜받게 하여 주옵소서. 이 시간 예배의 모든 순서를 주님께 부탁드리오며, 주 예수 그리스도 이름으로 간절히 기도드리옵나이다. 아멘.

6月

대표기도 3

만왕의 왕이시요 만주의 주이신 하나님 아버지!

영원히 죄와 허물 속에서 죽었던 저희들을 사랑하셔서 날마다 선한 길로 인도하여 주시고 또한 이렇게 구별하여 주사 저희들에게 축복으로 거룩한 성일을 허락하셔서 영과 진지로 예배드릴 수 있게 하심을 감사드립니다.

무엇보다도 간절히 기도하오니 이 시간 우리들이 하나님과 신령한 깊은 교제를 갖게 하시고, 거짓 없이 진실 된 하나님의 마음으로 영과 진리로 예배하게 하여 주시옵소서.

사랑의 하나님 아버지!

이제까지는 우리는 하나님 앞에서 교만하여 스스로 판단자가 되었고 입술로만 주님을 잘 섬긴다고 했던 허물들을 범하였사오니 주님께서 은총을 베풀어 주시사 이제는 남을 격려하며 행함으로 섬기는 우리 모두가 되게 하여 주옵소서. 어려움 속에 빠져 있는 이 나라 이 민족을 불쌍히 여기시고 긍휼이 여겨주시옵소서.

내 생각만 올바르다는 교만을 용서하여 주시옵소서. 남을 용서하고 이해해 주며 허물을 같이 기도하며 사랑으로 감싸주는 우리 모두가 되게 하시고, 실패했어도 좌절하지 않으며 패자부활전에서 승리하는 삶이 되도록 도와주옵소서.

영원히 살아계신 하나님 아버지!
저희 교회를 이 자리에 세워주시고 이제까지 사랑하시고 날마다 우리의 계획보다 넘치도록 채워주신 주님! 올 한해의 간절한 비전에도 놀라운 축복의 은혜로 채워 주시사 근심없는 야베스의 축복으로 넘치게 하여 주시옵소서.

무엇보다도 이렇게 다윗의 일천번제처럼 정성을 다하여 천 일 동안이나 변함없이 새벽이나 밤이나 날마다 작정 기도회를 이끌어 가시며, 귀하신 담임목사님께 영력을 더하여 주시고 건강을 붙들어 주시기를 기도드립니다.

온전히 남은 기도 시간들도 오직 주님의 성령이 이끄시는 방향으로 이끌어 가게 하시고, 참석하여 기도하는 많은 성도들이 한 가지로 모두 다 응답받는 기적의 시간들이 되게 하여 주시옵소서.

특별히 주님이 주신 지혜로 교회를 이끌어 가실 때 온 교우들이 온전히 순종하고 기도하며 나아갈 수 있도록 인도하여 주옵소서.

사랑의 하나님 아버지!
온 천하보다도 한 생명을 귀하게 여기시는 주님! 올해는 한 사람이 한 영혼을 주님 앞으로 전도하여 하나님의 나라가 놀라운 부흥이 일어나게 하시고, 가정들마다 부부가 하나되고 가족들이 하나되어 온전히 믿음의 가정들로 세워지게 하여 주시옵소서.

좋으신 하나님 아버지!
이 시간도 귀한 말씀을 선포하실 담임목사님에게 신령한 능력과 권세로 함께 하시고 온전히 능력의 말씀이 선포되어 주님의 영광을 드러나게 하시옵소서.

들는 모든 성도들은 성령이 충만하게 하시고 권능의 말씀을 듣고 성령의 감동을 받아 사람을 낚는 어부로, 축복의 사명자로 전도를 향해 걸어가는 평화의 사람이 되게 하옵소서.

매주 예배 시간마다 많은 분들이 특송으로 영광을 돌리오니 주님 영광 받아주시기를 바라옵고 살아계신 우리 구주 예수 그리스도의 이름으로 기도합니다. 아멘.

거룩하신 하나님 아버지!

이레 중 첫 날을 구별하셔서 거룩하고 복된 성일을 맞이하게 하시고 삼위신의 임재하심 앞에 사랑하는 성도들이 모여 마음과 뜻을 모아 아버지를 예배하게 하심을 감사드립니다.

원하옵기는 이 시간이 가장 엄숙한 시간이 되게 하시며 이 성전이 땅 위에서 가장 존귀한 장소가 되게 하시고 이 자리가 얍복 강가가 되게 하시고 우리가 야곱이 되어 축복을 간구하게 하시고 또한 이 예배가 영적 예배가 되며 우리 모두 산 제물이 되게 하여 주옵소서.

성령의 하나님! 이제 이 성회 가운데 더욱 충만하게 강림하셔서 성령의 충만한 은혜로 침체된 우리의 생명이 크게 소생함을 받아 영육 간에 새 생명을 회복하게 하소서.

아버지 하나님! 구하옵기는 모든 병자와 영혼에 고통 받는 성도들을 굽어 살피사 그들을 사랑으로 감싸주시고 고통 가운데서도 주의 살아 계심을 깨닫고 믿음을 지키게 하옵소서. 주님! 저들에게 영육 간에 새 건강을 허락해 주시기를 기도합니다.

평화의 주님!

나라와 민족을 위하여 기도합니다. 이 나라를 고난의 위기에서 건져주시고 백성들로 하여금 사신 우상을 버리고 하나님께로 돌아와 당신만을 의지하게 하시며 그리스도를 믿음으로 조국의 통일과 평화를 위해 기도하게 하여 주소서.

하나님! 주의 사자를 세워주셨으니 영역을 칠 배나 더하여 주시고 이 성전에 들어올 때와 이 예배를 마치고 나갈 때에 성도들의 심령이 확실히 달라짐을 기대하며 체험하게 하옵소서.

예수님의 이름으로 간구하옵나니다. 아멘.

7月

대표기도 2

찬양과 경배를 받으시기에 합당하신 하나님 아버지!

지난 한 주간 동안 죄악 속에 빠져 있던 우리 영혼들에게 값없는 사랑과 한량없는 은혜를 베풀어 주시어서 이렇게 건강한 모습으로 이 시간까지 생명을 연장시켜 주신 하나님 아버지께 진심으로 감사를 드립니다.

오늘 이렇게 거룩한 주님의 날을 맞이하여 좋은 일기를 허락하시고 주님께 엎드려 경배와 찬양을 드릴 수 있는 크신 은혜를 주심에 감사 드립니다.

사랑의 하나님 아버지!

주신 은총이 한없이 크고 소중한 데도 주님의 자녀인 우리는 주님의 말씀과 성령의 향기로 세상을 살며 빛과 소금의 역할을 해야 하건만 주님의 사랑을 잊은 채 정욕과 물욕에 빠져 세상과 타협하며 한 주간을 지내왔음을 자복하고 회개하오니 아버지여! 이 시간 갈보리 십자가 보혈의 공로로 우리들의 죄를 사하여 주시고 우리들의 어리석음과 벌레만도 못한 언행심사를 용서하여 주시옵소서.

좋으신 하나님 아버지!

이 시간도 게으르고 해이해진 우리의 심령이 회복되는 시간이 될 수 있도록 도와주시고 이 시간도 병마와 싸우며 고통 속에 있는 성도들을 만왕의 왕이시며 만병의 의사이신 아버지께서 그들을 위로하시고 친히 고치시사 속히 자리에서 일어나 건강한 삶으로 회복되는 지체들이 되게 하여 주옵소서.

이제 주님의 뜻하신 가운데 새 정부가 들어섰는지 일 년이 넘었는데 주님께서 친히 이 나라를 통치하시사 주님 기름 부으시고 세우신 이명박 대통령에게 솔로몬에게 주신 지혜보다 갑절의 지혜를 주시고 기도로써 나라를 이끄는 겸손한 국가의 수장이 되도록 인도하옵소서.

북한의 지하교회에서 목숨을 걸고 신앙을 사수하는 형제들을 통하여 공산주의가 무너지며 자유를 찾을 수 있도록 주님께서 역사하여 주옵소서. 무엇보다도 올해 우리 교회 지체들은 야베스의 근심 없는 축복으로, 이삭의 갑절의 축복으로 주님의 축복을 받는 한 해가 될 수 있도록 은혜를 주옵소서.

전능하신 하나님 아버지!

오늘 오후 예배 후에 있을 중·고등부와 청년 예배를 기억하사 주 안에서 영과 진리로 참 예배를 드리며 또한 주님을 영광스럽게 하는 아름다운 성도의 교제의 시간이 되게 하시고 오직 주님께 영광 돌리는 기쁨의 시간이 되게 하옵소서. 무엇보다도 이 시간 단상에 세우신 목사님께 성령의 두루마기를 입히시고 입술에는 말씀의 강한 파수꾼을 세우시사 살아있는 말씀을 선포할 때 골수가 쪼개지며 한 길로 들어온 마귀는 열 길로 도망가도록 역사하옵소서.

그러므로 이 시간 한 영혼도 그저 왔다가 그저 가는 일이 없도록 은혜 내려 주옵소서. 성령의 강한 임재가 흐르는 은혜의 시간이 되게 하여 주시옵소서.

이 모든 말씀을 십자가에 죽으시고 부활하셔서 영원히 우리와 함께하시는 예수님의 이름으로 기도하옵나이다. 아멘.

7月
대표기도 3

알파와 오메가 되시는 전능하신 하나님 아버지!

오늘도 하나님의 은혜를 사모하여 주님의 몸된 제단에 나와서 예배를 드리는 구별된 축복을 주신 하나님의 크신 은혜를 진심으로 감사드립니다. 하나님의 궁전에서 하루가 세상의 천 날보다 낫고 세상 임금에 자리에 있을지라도 주님 모르는 자리라면 기뻐하지 않고 오히려 하나님의 나라의 문지기를 기뻐할 수 있길 원하오니 주님! 저희들에게 그러한 넘치는 은총을 채워주시옵소서.

하나님 아버지!

많은 사람들이 주일이 되면 들로 산으로 바다로 자신들의 휴식을 찾아 떠나가는 데 이 시간도 주님의 피로 구속받은 사랑하는 주의 백성들이 이렇게 주의 궁전에서 온 종일토록 찬양과 경배로 주님을 영화롭게 하길 원하오니 주님! 붙들어 주시고 함께하여 주시옵소서. 신앙의 횟수가 더해 갈수록 우리의 믿음의 모습도 날로 성숙해 가도록 날마다 강권하여 주시옵소서. 겉모습만 변화되는 듯한 포장된 신앙의 모습들이 아니라 진심으로 내면이 변화되고 알차게 성숙해지는 아름다운 그리스도인의 모습으로 주님께 영광을 드리는 삶이 되게 하시옵소서.

사랑의 하나님 아버지!
이 시간 특별히 간구 하기옵기는 성령 안에서 무시로 기도하게 하시고 성도들의 교제가 끝없이 이어지게 하여 주시옵소서. 마음이 정결한 자에게 함께 하시는 주님의 은총이 이 시간 예수의 피로 정결해진 우리들의 마음속에 충만히 오시어서 깊이 만나 주시옵시고 주님이 동행하시므로 심령 깊은 곳에 감사와 구원의 감격이 넘치게 하여 주시옵소서.

　진정한 감사 속에서 세상 욕심을 버리게 하시고 또한 다시 오실 예수님을 맞이할 준비를 하도록 역사하여 주시옵소서. 주님 오실 때에 기름 없는 다섯 처녀 중에 서 있지 않고 밤이 늦도록 기다릴지라도 끝가지 믿음을 지키고 깨어서 기름을 준비하여 신랑되신 우리 주님을 맞을 수 있도록 역사하여 주시옵고 붙들어 주시옵소서.

영원히 우리와 함께 동행하시는 좋으신 하나님 아버지!

이 시간은 특별히 세우신 귀한 목사님을 위하여 기도드립니다. 일 년을 하루 같이 매일 밤 기도회를 이끌어 가시는 귀하신 목사님의 건강을 붙들어 주시옵고 그 가정을 지켜 주시오며 또한 그 자녀들을 어디에 있든지 항상 동행하여 주시옵소서.

목사님이 말씀을 외치실 때에 날마다 말씀의 능력으로 함께하여 주시옵고 듣는 많은 이들의 심령에 큰 변화가 일어나게 하여 주시옵소서. 말씀을 듣고 깨달은 심령들이 해이해진 믿음의 영혼들이 더 뜨겁게 열심을 내어 전도하고 봉사하고 기도하고 섬기는 모습으로 변화되게 하여 주시옵소서.

사랑의 하나님 아버지!

이 예배 시간에 참여한 많은 성도들이 다 함께 은혜받길 원합니다. 마른 땅에 이른 비와 늦은 비로 적셔 주시는 주님의 넘치는 능력으로 이 시간도 심령 가득히 채워주시옵소서. 험한 세상 속에서 강퍅해진 성도들의 영혼을 성령의 단비로 촉촉이 적셔주시옵소서. 이웃을 돌아보고 힘든 영혼들을 서로 세워 줄 수 있는 아름다운 믿음들을 주시옵소서.

영존하시는 주님의 은총이 이 시간도 영원히 우리 속에 능력으로 임재하시기를 간구드리오며, 남은 시간도 오직 주님께 영광 돌리는 귀한 시간이 되시기를 간구드리옵고 예수님의 이름으로 기도드리옵나이다. 아멘.

사랑의 하나님 아버지!

은혜를 감사드립니다. 죄와 허물로 인하여 영원히 죽었던 우리를 예수 그리스도 안에서 살려주시고 영원한 생명을 주신 주님을 찬양하며 영광과 존귀와 감사를 돌립니다. 십자가의 피로써 죄사함 받고 용서받아 정결케 된 주의 자녀들이 청결한 마음으로 주님을 의지하며 주님 보좌 앞에 나아가오니 기쁨으로 받아주시옵소서. 찬양과 경배를 드리며 정성을 다하여 영으로 맘으로 영과 진리로 드리는 우리의 예배를 받아주옵소서.

하나님 아버지!

우리 교회를 축복해 주심을 감사드립니다. 사랑하는 자녀들이 주님의 몸인 이 교회에 등록하여 세례받고 각종 훈련으로 성장하며, 주님의 말씀에 순종하여 거룩하게 주일을 지키며, 우리의 모든 것이 주님이 주신 것임을 인정하여 십일조와 각종 헌물을 드리며, 주님이 나를 위해 죽으심을 고백하며 주님의 거룩한 성찬예식에 참여하여 주님의 고통을 참여하고 또한 주님의 살과 피를 먹고 마시는 놀라운 은총을 주심을 감사드립니다. 참여하는 심령마다 성령의 임재가 넘치게 하시고 천국에 대한 소망으로 가득차게 하옵소서.

하나님 아버지!
우리 모두는 주님의 몸인 교회에 붙어 있는 가지인 것을 믿습니다. 교회에 붙어 있는 가지마다 많은 열매를 맺으며, 주님의 제자가 되며, 우리의 소원을 들어주시겠다고 약속하신 주님! 주신 말씀에 순종함으로 복에 복을 주시고 우리의 기도의 소원이 응답받는 놀라운 기도의 기간들이 되게 하시며, 새롭게 비상할 수 있는 힘과 능력을 허락해 주옵소서.

또한 특별히 이 나라와 민족을 위하여 기도하오니 주님께서 대통령과 정계에 종사 하시는 많은 위정자들에게 놀라운 지혜와 사랑과 은총을 더하여 주옵시사 기름부음 받은 장로님이 대통령으로 임직하시는 동안 나라가 태평하고 평안으로 축복받는 귀한 세월 되게 하옵소서. 비록 지금은 이렇게 경제 위기로 많은 어려움을 겪고 있지만 주님의 축복으로 많은 축복을 주실 줄 믿습니다.

하나님 아버지!

이 자리에 가난과 질병과 환란 중에 고통받고 있는 주의 자녀들이 있습니다. 주님을 간절히 사모하며 주님만을 의지하는 이들의 간절한 소원을 들어주시고 응답하여 주옵소서. 특별히 말씀을 증거하실 귀하신 목사님을 축복하시어 날마다 성령이 이끌어가는 우리 교회가 되게 하심을 감사합니다.

오늘 강단에서 말씀을 증거하실 때에도 말씀을 증거 하시는 목사님의 입술에 성령의 기름을 강하게 부어 주사 말씀의 지혜와 말씀의 권능이 넘치는, 하늘의 메시지가 선포되는 귀한 시간 되게 하옵시고 이 시간 또한 주님 앞에 아름다운 찬양을 드리는 할렐루야 성가대의 찬양과 우리의 마음과 정성을 다해 드리는 헌물을 받아주시고 흠향하여 주옵소서.

이제 남은 예배 시간도 온전히 성삼위 하나님께서 영광을 받아주실 줄 믿사옵고 이 모든 말씀을 우리 주 예수 그리스도 이름으로 기도드리옵나이다. 아멘.

8月

대표기도 2

자비하신 하나님 아버지

저희를 당신의 형상대로 지으시고 지혜와 능력과 자비가 가득하신 거룩하시며 위대하신 아버지께 찬양과 감사와 영광을 드립니다.

저희들은 주님의 백성이라 부를 가치도 없는 죄인들이었지만 주님께서는 저희들을 사랑해 주시고 독생자 예수 그리스도를 통하여 보혈의 피로써 저희를 깨끗케 하시는 주님의 은혜에 감사드립니다.

주예 거룩한 성일을 맞아 주님의 은혜와 사랑을 사모하며 더럽혀진 심령을 씻음받고 상한 심령을 위로 받고자 찾아온 불쌍한 심령들을 주님의 따뜻한 손으로 어루만져 주시사 자비를 베풀어 주시옵소서.

주님! 주님의 고귀한 피로 사신 저희 교회를 성별하여 주셔서 주님의 크신 일을 감당하는 교회로 삼아주시고 저희 교회에 믿음과 소망이 샘솟고 예수님의 사랑으로 모든 성도가 서로 사랑하고 교제하는 교회로서 부족함이 없게 하옵소서. 저희 교회 위에 하늘의 영광과 베푸신 축복이 넘치게 하시어 온전히 하나님의 영광을 드러내는 교회가 되게 하옵소서.

사랑의 주님!

친히 주께서 기름부어 세워 주신 당회 위에 함께하시어 당회가 교회를 위해 섬기는 종의 자세로 교회를 치리하고 믿음의 본을 보이게 하옵시며, 또한 교회의 각 기관들도 유명무실한 기관이 되지 말게 하시고 주님께서 주관하셔서 생동하는 기관들이 되게 하시옵소서.

저희들이 몸과 맘을 다하여 드리는 이 예배가 주님께 열납되기를 바라옵고 이 예배를 통하여 주님의 은총 속에 주님과 만나는 시간이 되게 하옵시고 이 예배에 동참한 온 성도들이 은혜의 단비, 사랑의 단비, 소망의 단비, 진리의 말씀의 단비를 흡족히 받아 마시게 하옵소서.

이 시간 단상에 세우신 목사님께 성령이 임하셔서 증거하시는 말씀마다 저희 심령 골수를 쪼개고도 남음이 있게 하시고 그 말씀의 진리가 심령 깊이 박힌 못이 되게 하옵소서. 또한 찬양으로 예배를 돕는 성가대 위에도 축복하여 주옵소서. 그들이 드리는 찬양이 입술로만의 찬양이 아닌 진정으로 드리는 찬양이 되게 하옵소서. 이 모든 말씀을 우리 주 예수님의 이름으로 기도드립니다. 아멘.

8月

대표기도 3

사랑의 하나님 아버지!

사람을 사랑하시되 끝까지 사랑하시고 영원한 영생으로 인도해 주신
사랑의 하나님 아버지! 오늘은 특별히 이렇게 주님의 거룩한 성일을
맞이하여 이른 아침부터 설레이는 마음으로 예배를 준비함을 진심으
로 감사드립니다.

전지전능하신 능력의 하나님 아버지!

오늘 하루도 온전한 성수주일로 주님을 영화롭게 할 수 있도록 독
수리가 날개 치듯 새 힘을 주시고 새로운 은혜의 말씀으로 큰 변화
를 얻게 하여 주시옵시며 또한 한 주간 동안의 모든 잘잘못들을 주
님 앞에 내려놓고 눈물로 회개하는 저희들의 메마른 심령에 크신 평
안과 은총으로 함께하여 주시옵소서.

사랑이 많으신 아버지 하나님!

주님께서는 저희들이 완악한 진토임을 먼저 아시고 저희들의 행위대로 갖지 아니하시고 오직 주님의 보혈로써 용서하심을 감사를 드립니다.

능력이 크신 하나님 아버지, 저녁에는 울음이 있을지라도 아침에는 기쁨이 오게 해 주리라 하신 주님의 말씀 안에서 오늘도 이렇게 큰 기쁨으로 예배를 드리오니 함께하여 주시옵시고 예배를 흠향하여 주시옵소서.

천지를 창조하신 하나님 아버지!

이 하루도 온전한 봉사와 섬김의 자세로 만나는 사람마다 주님의 사랑으로 대하게 하시고 진정한 삶의 제물로 주님께 드리는 귀한 하루가 되게 축복하여 주시옵소서. 예수님의 이름으로 기도드립니다. 아멘.

거룩하시고 사랑이 많으신 하나님 아버지!

오늘도 이렇게 건강한 모습으로 거룩한 성일을 맞이하여 하나님의 거룩한 존전에서 예배로 영광 돌리게 됨을 진심으로 감사드리오니 이 예배를 받아주시옵소서.

아버지 하나님!

이제 뜨겁던 더위도 한풀 꺾이고 기도와 말씀 읽기에 좋은 계절이 왔사오니 저희들은 더욱더 기도와 전도와 봉사에 전력을 기울이도록 새 힘을 주시옵소서.

　주님을 더욱더 열심히 섬기고 싶고 또한 사랑하며 더 많은 봉사와 구제도 하고 싶어 하오니 긍휼히 여기사 이 예배를 받아주시옵시며 또한 크신 은혜를 베풀어 주시옵시고 또한 저희들 비록 사마리아와 유대 땅 끝까지 복음을 증거하는 삶이 되지 못할지라도 이웃과 친척들에게 빛과 소금의 진실한 사랑으로써 전도하는 삶이 되게 하옵소서.

특별히 이 시간 기도드리옵기는 이 나라와 민족의 앞날을 위하여 기도하오니 더욱더 믿음 안에서 하나님의 지혜와 깊은 기도 속 성령의 이끄심으로 귀한 정부를 이끌어 가시도록 주님께서 새로운 힘을 주시옵시고 또한 국회에서도 믿음의 장부들이 오직 하나님의 기뻐하시는 자랑스러운 한국이 되도록 많은 기도로 대통령의 정치를 도우는 은총을 주시옵소서.

살아계신 하나님 아버지!
이 시간에도 병으로 고통 받는 많은 환우들과 또한 아직도 복음을 듣지 못한 채 생을 마감하는 그들의 아픔을 기억하사 저희들이 나가서 속히 복음의 증거자로 많은 이들에게 복음을 증거케 하여 주옵소서.

또한 이 시간 간절히 바라옵기는 저희 교회의 세우신 모든 기관들을 굳건히 붙들어 주셔서 서로 협력하고 사랑하는 아름다운 성도의 교제가 되게 하옵소서. 봉사와 전도와 구제의 역할을 원활하게 담당하는 온전한 공동체가 되게 하여 주시며 또한 이 시간에도 말씀을 증거하실 목사님께 크신 권능과 성령의 역사로 함께해 주시옵소서. 또한 각양 은사와 주어진 여러 가지 달란트로 예배를 돕는 찬양대와 많은 봉사자들에게 넘치는 성령의 기쁨과 평안으로 함께하여 주옵시며 남은 시간도 주님 홀로 영광을 받아주옵소서. 예수님 이름으로 기도드립니다. 아멘.

우리의 모든 삶을 주관하시며 사랑하시는 주님!

복있는 사람은 악인의 꾀를 좇지 아니하며 죄인의 길에 서지 아니하며 오만한 자의 자리에 앉지 아니한다 하였사오니 그 말씀을 따라 오늘은 이렇게 온전히 교회에서 오전예배와 오후예배를 드리게 됨을 진심으로 감사하여 감사와 찬양과 영광을 주님께 돌립니다.

그러나 뒤돌아보니 한 주 동안도 세상에 살면서 저희들의 아집과 고집으로 말씀대로 순종하지 못하였음을 깨닫고 회개하오니, 주님! 이 시간 우리의 모든 죄를 주님의 보혈로 정결케 하옵소서.

왕 중의 왕이신 하나님 아버지!

이 시간 특별히 이 나라와 민족을 위하여 기도하오니 주님께서 이 나라와 민족을 긍휼히 여기사 특별히 대통령을 비롯하여 모든 위정자들이 하나님을 두려워하게 하시고 하나님의 말씀으로 바로 서게 하시며 지혜롭게 하셔서 모든 난관을 잘 극복해 나갈 수 있도록 하옵소서.

주님께서 사랑하시는 성도들이 이제 새로운 희망을 가지고 주님을 향하는 놀라운 복음의 비전을 꿈꾸게 하시고 소망을 가지게 하여 주시옵소서.

또한 교회의 모든 기도 제목들이 하루 속히 아름답게 이루어지게 하시어 주님이 원하시는 더 큰 사역들을 능히 감당하기에 부족함이 없게 하옵소서.

특별히 세우신 귀한 목사님을 위해 기도합니다. 변함없이 늘 신원을 강건케 하시고 말씀을 선포하실 때마다 성령의 능력과 담대함으로 증거할 수 있도록 주님의 오른팔로 강권적으로 붙잡아 주옵소서.

또한 목사님께서 다윗의 일 천 번제를 본받아 시작한 천 일 작정 기도회를 인도하실 때에도 성령님 함께 하시어 많은 은혜가 넘치게 하시고 날마다 심령들이 변화받고 기도가 응답되는 놀라운 은혜의 나날로 이끌어 주시기를 간구드립니다.

이 기도회를 통하여 이 지역의 영혼들이 더욱 성시화가 되게 하시고 이 도시가 더욱더 거룩한 도시가 되게 하옵소서. 또한 남은 목회 사역 위에도 날마다 능력의 역사가 나타나는 축복의 목양이 되도록 함께 하셔서 성령 충만케 하시고 기도회가 날마다 은혜롭게 진행되게 하시고 모든 성도들이 새 비전과 새 힘을 얻어 찬송케 하옵시고 또한 교회를 섬기는 많은 귀한 직분자들을 주님이 붙들어 주시길 기도드립니다.

사랑의 주님!

이 시간도 우리가 말씀을 들을 때에 온전한 종의 낮아진 모습으로 겸손히 말씀을 받아 삶 속에 실천하여 축복의 열매를 맺게 하시고 날마다 심령의 밭이 옥토로 변화되어 아름다운 사랑의 꽃들을 피우고 성령의 열매들을 주렁주렁 맺게 하여 주시기를 간구드리오며 이 시간 예배의 모든 절차를 주님께 의탁하옵고 우리 주 예수 그리스도의 이름으로 기도드리옵나이다. 아멘.

빛이신 하나님 아버지!

영 죽을 수밖에 없는 우리 인간의 생명이시며 신실한 자들의 빛 되시는 거룩하신 주 하나님 아버지! 당신의 크신 영광에 대하여 감사와 찬송을 드립니다.

저희들에게 복된 날을 허락해 주셔서 하나님을 찬양하며 예배하게 하시오니 무한 감사합니다. 이 저녁에 드리는 저희 예배가 영과 진리로 드릴 수 있게 하시고 당신의 자비하신 구원의 은혜를 저희들에게 흡족하게 내려주시옵소서.

인자하신 주님!

이제 저희들이 지은 모든 죄를 자복하고 회개하오니 용서하여 주시옵소서. 주여, 저희를 용서하시고 주님의 긍휼 안에서 소망을 가지게 하시며 주님의 선하심 안에서 힘을 얻고 살아가게 인도해주옵소서. 그리고 주님을 믿는 성도로서 본분을 다할 수 있는 귀한 믿음을 허락하시옵소서.

이 시간 예배를 드리오니 주님께서 기뻐 받아 주시고 이 찬양을 통하여 저희들이 마음을 밝게 하시고 저희들이 이웃과 형제들에게 이 밝음을 전하기에 부족함 없게 하시옵소서.

전능하신 하나님 아버지!

이 시간 예배드리는 모든 성도들에게 함께하셔서 믿음이 연약한 심령들에게는 강하고 담대한 믿음을 허락하시고 말씀에 갈급하고 굶주린 심령들에게 말씀의 충만을 허락하옵소서. 여러 가지로 세상에 시달리며 고민과 근심에 빠져있는 성도들이 있사오니 그들의 무거운 짐을 주님께서 대신 맡아 주시옵기를 바라옵니다.

또한 물심양면으로 헌신 봉사하는 장로님과 권사님, 집사님, 여러 제직들의 손길을 기쁘게 받아주시고 한없는 은혜로 그들을 축복해 주시고 앞으로도 더욱더 주님께 헌신 봉사하여 자칫 나태해지기 쉬운 신앙생활에 박차를 가하여 이 교회가 날로 날로 부흥 발전케 인도하시옵소서.

하나님 아버지!

저희 교회 목사님을 축복해 주옵소서. 저희 교회를 위해 기도로 준비하고 저희를 믿음으로 무장시키고 말씀따라 저희를 붙드셔서 목사님의 필요에 따라 영육 간에 부족함이 없게 채워주시옵소서.

이 예배를 위해 수고하는 성가대 위에도 함께하시사 축복하시고 그들이 드리는 찬양을 기쁨으로 받아주옵소서.

주께서 이 예배 시종을 주관하시고 계획과 순서를 지켜 주실 줄 믿사옵고 우리를 구원해 주신 예수 그리스도의 이름 받들어 기도드립니다. 아멘.

만복의 근원이신 하나님 아버지!

감사와 찬송과 영광을 하나님께 돌려 드립니다. 오늘 복된 거룩한 주일을 맞이할 수 있도록 건강과 생명을 지켜 주신 아버지 하나님께 진심으로 감사를 드립니다.

높고 귀하신 하늘 보좌를 떠나서 저희들의 죄와 허물 때문에 십자가에서 죽으시고 피흘려 주셔서 영원한 속죄를 허락하신 주님께 경배를 드리오며 세상 끝날까지 늘 함께해 주시겠다고 약속하신 보혜사 성령님! 지금 이 시간 갈한 우리 영혼 속으로 환영하여 모셔 들입니다.

이 시간 모든 영광을 성삼위 하나님께 드리오니 받아주시고 죄많은 저희들 불쌍히 여기사 하나님 자녀로 삼아 주신 하나님께 감사하는 자세로 하나님 자녀답게 살아가게 하시고 또한 그렇게 거룩한 모습으로 살지 못하였음을 이 시간 회개하오니 용서하여 주시기 원합니다. 이제는 모든 무거운 죄 짐을 다 주님 앞에 내려놓고 평안한 마음으로 주님께 찬양드리며 살아갈 수 있도록 성령님께서 도와주소서.

감사를 받으시기에 합당하신 하나님의 축복으로 이제는 그 찌를 듯 뜨겁던 무더위도 거의 다 지나가고 결실의 계절 가을을 맞이하게 되어서 더욱더 감사를 드립니다. 이 아름다운 계절의 풍성함처럼 우리의 신앙도 충실한 알곡의 결실을 맺도록 성령님의 도우심을 이 시간 기도드리오니 주님 앞에 설 때에 부끄럽지 않도록 아름다운 믿음의 열매들이 주렁주렁 맺게 하여 주시길 간절히 바라옵니다.

살아계신 하나님 아버지!

주님의 십자가 그 귀한 보배 피로 세우신 이 지상의 수많은 교회들을 주님께서 붙들어 주시고 그 중에서도 특별히 저희 교회를 사랑하여 주시고 날마다 강건하게 세워지는 부흥의 축복을 허락하여 주시며 성도들의 가정 가정을 섬세하게 간섭하시고 축복하여 주시기를 간절히 소원합니다.

무엇보다도 온 세상에 날마다 끝없이 전해지는 전쟁과 기근과 많은 사건 사고들 속에서도 우리 많은 성도들의 가정들을 무사히 지켜 주신 하나님께 감사드리오며, 또한 이 시간에도 복음 전도의 사명을 감당하시는 목사님 가정과 자녀들을 축복하시어 어느 것 하나 부족함 없도록 채워주시고 또한 온 교회가 기도의 불이 확산되어 성령의 능력을 체험하며 어려운 경제 중에도 축복의 통로가 되는 기적을 체험케 하여 주시기를 바라옵니다.

하나님 아버지!
특별히 하나님께서 세워 주신 대통령과 함께하셔서 국정 운영에 지혜를 주시고 주님이 기름 부으신 장로님으로서 하나님의 영광을 드러내는 귀한 정치를 하시도록 성령으로 강하게 붙들어 주시옵소서.

  또한 이 시간 말씀을 증거하시는 목사님께 큰 능력을 부어주셔서 완전하신 주의 복음이 능력으로 나타나게 하여 주시고, 예배를 돕는 찬양대의 찬양으로 영광을 받아주시며 예배를 방해하는 악한 영들은 결박하여 주시고 온전히 시종을 주님께서 주장하여 주시옵기를 간절히 바라오며 거룩하신 예수님의 이름으로 기도드립니다. 아멘.

10月
대표기도 2

찬양을 받으시기에 합당하신 하나님 아버지!

마른 땅 위에 이른 비와 늦은 비로, 뜨거운 날씨로 온갖 오곡백과가 성장하여 그 열매가 무르익을 수 있도록 도우시는 하나님 아버지께 감사를 드립니다. 이 나라와 성도들을 통하여 거룩히 여김을 받으시기를 원합니다. 장차 머지않은 날에 우리 민족의 가슴마다 하나님의 나라가 이루어지게 하시고 사랑과 희락과 행복이 샘솟는 활기찬 나라, 행복한 교회가 되어 이 나라의 모든 성도들이 행복한 예배를 드릴 수 있음을 믿고 감사를 드립니다.

우리나라를 지금까지 지켜 주신 하나님 아버지! 무엇보다도 이 어려운 경제 속에서도 국회의원들이 서로 합심하지 못한 채 서로 당파싸움에 휘말린 듯 안타까운 모습으로 세월을 보내고 있음을 보며 마음이 아파옵니다. 이제는 저들이 속히 하나님의 뜻을 받들어 민족의 뜻을 받들어 당리당략을 위한 정치에서 벗어나 대화와 타협으로 국가와 민족을 위한 정치를 하게 하시고, 특별히 대통령과 함께하여 주시어 겸허한 마음으로 기도하는 대통령이 되게 하시고, 진실로 국민을 섬기는 대통령이 되게 하여 주시옵소서.

자비하신 하나님 아버지!

하나님의 뜻이 하늘에서 이루어진 것같이 땅에서 우리 교회를 통하여서도 이루어지기를 간절히 기도합니다. 이웃을 사랑하고, 섬기고, 봉사하고, 헌신하므로 빛과 소금의 역할을 다하게 하시어 우리 교회를 통하여 하나님의 나라가 이웃과 지역사회와 세상 모든 사람들에게 전파되기를 기도드리며 또 우리 교회가 하나님의 뜻을 알고 이루어 드리게 하옵소서.

말씀을 읽고 듣고 배워서 하나님의 참 뜻을 깨우쳐 알아 성장하고 성숙한 성도들이 다 되게 하시고, 기도하고 구하고 행하며 전도하고 선교하는 일에 최선을 다하게 하시어, 하나님의 뜻이 우리 교회를 통하여 이 세상 모든 민족에게 증거되게 하옵소서.

특별히 무더위 속에서나 추위 속에서나 변함없이 전도를 떠나는 전도대원들을 기억하여 주시고 저들의 아름다운 마음과 봉사와 헌신을 통하여 주님을 모르는 많은 사람들이 주님을 알게 하시고 속히 주님 곁으로 돌아오는 놀라운 은혜를 주시옵소서.

저들이 복음을 들고 먼 길을 오갈 때 안전하게 하시고 다치거나 아프거나 시험에 들지 않도록 지켜주옵소서.

사랑하는 주님!

특별히 이 시간 단 위에 세우신 목사님을 지켜주옵시고 영육 간에 강건케 하시고 주의 성령께서 늘 함께하시어, 말씀이 증거될 때마다 죽었던 심령이 소생하는 놀라운 능력의 사자로 사용하여 주옵소서.

또한 지난 날 우리 교회와 성도들에게 상처를 주고 힘들게 했던 사람들을 용서해주옵소서. 그리고 그들을 축복해주옵소서. 하나님! 이미 다른 사람들의 죄를 용서해 준 것같이 우리들의 죄를 사하여 주시고 우리가 알지 못하는 죄까지도 용서하여 주시옵소서.

하나님! 우리 교회와 우리 성도들이 시험에 들지 않도록 동행하시옵소서. 마귀에게 시험당하지 않게 하시옵소서. 세상으로부터 시험당하지 않게 하시옵소서. 신앙생활에 시험 들지 않게 하시옵소서. 교회생활에 시험 들지 않게 하시옵소서. 물질로 시험당하지 않게 하시옵소서.

사람들로 인하여 시험 들지 않게 하시고 한 세상 힘겨운 삶에 지치거나 아프지 않도록 천군 천사로 우리 성도들을 지켜주시고 천사도 부러워 하는 귀한 교사의 사명을 주시어 맡겨진 어린 심령들을 위하여 기도하며 수고하는 귀한 교사들을 기억하여 주시사 크신 축복으로 베풀어주시옵소서. 저들의 수고를 통하여 어린 새싹들이 귀한 천국 백성으로 아름답게 자라게 하시고 저들의 희생과 사랑으로 하나님의 나라가 확장되게 하옵소서.

이 시간 말씀을 증거하실 귀한 목사님께 주님의 기름 부으심이 강하게 임재하시기를 간구드립니다. 특별히 예배를 도와 수고하는 예배위원들의 수고를 기억하시고, 성가대의 아름다운 찬양을 기뻐 받으시옵소서. 세세 무궁토록 존귀와 찬양과 경배를 받으시기에 합당하신 예수 그리스도 이름으로 간절히 기도드리옵나이다. 아멘.

10月

대표기도 3

천지의 대주재시며 언제나 우리와 임마누엘 함께하시는 하나님 아버지!

거룩하신 하나님 앞에 예배드리기에 너무나 부족한 우리들을 불러 주셔서 거룩한 이 예배의 자리에서 기도하게 하여 주시니 너무도 감사하여 영광과 존귀를 주님께 돌리옵니다.

이 시간도 주님 앞에 간절히 간구하옵기는 우리들이 드리는 이 예배가 한 주간마다 형식적으로 모여서 드리는 예배와 기도가 되지 않게 하옵시고, 오직 예수님께서 십자가를 지심으로 우리가 얻은 구원의 감격과 기쁨으로 온 마음을 다하여 진정으로 드리는 영적 예배가 될 수 있도록 인도하여 주시옵기를 간절히 기도드립니다.

어느덧 가을도 이제 깊어 가는 아름다운 10월의 마지막 주일입니다. 한해를 시작하며 맘을 다져 먹던 시점이 엊그제 같은데 벌써 이렇게 가을이 깊어 가고 또한 다음 주일이면 어느덧 11월이 됩니다.

새해에 결심했던 많은 것들이 아직도 못 다 이룬 것들이 너무 많은데 벌써 이렇게 시간이 흘러갔습니다. 세월을 아끼라고 말씀하신 주님의 말씀을 다시 한 번 더 되새김질 하면서 이제 다시 새롭게 다가올 내년 새해를 준비하길 원합니다.

우리가 거룩하신 하나님의 몸된 교회의 한 지체로서 감당하여야 할 많은 것들을 과연 감당하였는지, 또 새해에는 무엇을 감당하여야 하겠는지 기도하면서 준비할 수 있길 원합니다.

사랑하는 주님!
우매하고 미련한 우리에게 하나님께서 성령의 지혜를 채워 주시사 알게 하여 주시옵소서. 비록 지금은 우리가 세상에 속하여 살아가고 있으나 세상을 따라가지 아니하고 몸은 죽일 수 있으나 영을 죽일 수 없는 나약한 사람의 힘을 의지하지 아니하고 오로지 주님의 능력만을 구하는 우리 교회 성도들이 될 수 있도록 이끌어주시옵소서.

오늘도 살아서 각 사람의 맘 속에 성령으로 역사하시는 전능하신 주님!
무엇보다도 우리나라의 정치와 기독교 지도자들을 위하여 기도합니다. 주님께서 세워 주신 대통령과 많은 위정자들에게 성령의 인도하심으로 북한과의 정치도 잘 이끌어 가도록 많은 지혜를 주옵시고, 또한

북한도 핵무기로 우리나라를 겁박하지 않고 오직 복음으로 통일이
되는 평화로운 날을 주시기를 기도합니다.

간절히 기도하오니 이제 우리나라에 다시는 IMF 때처럼 극심한 경제
전쟁으로 인하여 혼란한 시대가 오지 않도록 미리미리 준비하는 지혜
도 주시옵소서.

　세상에 가난을 원하는 국민이 어디 있겠습니까? 그러나 가난을 두
려워만 해서는 가난을 막을 수 없을 줄 압니다. "누구든지 제 목숨을
구원코자 하면 잃을 것이요 누구든지 나를 위하여 제 목숨을 잃으면
구원하리라"고 말씀하신 주님, 죽고자 하는 자가 살 줄로 믿습니다.
부와 가난도 하나님께 있음을 믿습니다.

이 나라의 많은 위정자들이 개인의 영광과 당파를 초월하여 애국 애
족하는 순전한 마음으로 죽으면 죽으리라 하는 각오로 나간다면
온 국민이 하나되어 모든 역경들도 담대히 대처해 나갈 수 있을 줄 믿
습니다.

　우리에게 하나님께서 기뻐하실 만한 정치, 경제, 사회 각 분야와 특
별히 교회에 참된 주님의 종들을 붙여주시옵소서. 또한 하나님 앞에
서 오로지 진리의 말씀만을 붙잡고 하나님의 사랑과 공의와 복음만
을 전할 주님의 충성된 종들을 일으키시옵소서.

하나님께서는 악한 아합 왕 시대에서도 하나님을 경외하는 자들을 항상 남겨 놓으신 것을 기억합니다. 이제 이 혼란한 나라와 교회에도 그들을 일으키시옵소서. 세워 바로잡아주시옵소서.

그들로 혼란에 빠진 나라를 건지는 종들로 사용하옵시고, 제 역할을 하지 못하고 있는 교회들을 새롭게 또 새롭게 주님의 뜻에 합당한 교회로 빛과 소금의 직분을 감당하는 교회로 세워주시옵소서.

우리가 하나님의 말씀을 들을 때에 우리로 하여금 우리의 부족하고 연약한 것들이 발견되게 하시옵소서. 우리의 죄악된 모습들이 드러나게 하시옵소서. 살아 계신 말씀의 능력으로 드러난 죄악을 이기는 이 시간이 되도록 역사하여 주시옵소서.

예수님의 십자가 보혈로 말미암아 사망에서 생명으로 옮긴 바 된 우리들의 생명이 다시는 흔들리고 넘어지지 않도록 꼭 붙들어 주시옵소서.

주님의 크신 은혜를 듬뿍 받아 기쁨과 감사가 충만한 이 시간이 되도록 축복하여 주시옵소서. 이 예배를 드리는 우리 모두에게 거룩하신 하나님의 평강이 충만하게 임재하여 주시옵소서.

우리 영의 평강이 혼과 육에까지 끼치어져서 육체를 입고 사는 우리 모두가 하나님께서 주시는 평강으로 항상 하나님과 동행하며, 항상 기뻐하며, 항상 감사하며 살아갈 수 있도록 인도하여 주시옵소서. 또한 우리가 설혹 힘들고 어렵더라도 오직 주님으로 만족하며 기뻐할 수 있는 평강을 허락하여 주시옵소서.

거룩하신 주님!

이 시간도 예배를 돕고 있는 많은 성가대원 위에도 함께하여 주시옵고 또한 주님께서 주시는 은혜로 기쁨을 누리게 하여 주옵시며 무엇보다도 말씀을 증거하시는 귀한 목사님의 건강과 그 가정을 지켜주시옵소서. 이 시간 우리 모두가 감사로 드리는 이 예배를 주님 기쁘게 받아주시옵소서. 예수님 이름으로 기도드립니다. 아멘.

은혜와 사랑이 풍성하신 여호와 우리들의 아버지 하나님이시여!

오늘은 거룩하고 복된 주님의 날입니다. 시간마다 저희들로 하여금 경건되게 예배하게 하시고 하늘에서 영혼의 만나를 적절하게 내려 주시니 진실로 감사합니다.

인류의 역사는 에덴에서 시작하여 현재에 이르기까지 하나님께 영광을 돌리기 보다는 범죄의 연속이었습니다. 주께서 저희를 참아 주셔서 더럽고 무거운 죄의 짐을 진 채로 감히 이 예배의 자리에 나아와 머리를 숙였습니다. 저희들이 겨자씨보다 작은 믿음이기 때문에 세상에서 사는 동안 피 흘리기까지 싸우지 못하였습니다. 힘을 다하여 사탄의 유혹을 극복하려고 했지만 믿음의 흰 세마포가 더러워졌습니다. 주님의 찢기시고 얼룩지신 상처를 안고 주님 앞에 나아왔습니다. 예수님의 피로 눈과 같이 희게 씻어주시고 아픔을 싸매어 주시옵소서.

주님의 거룩한 날, 신령한 젖을 먹게 하옵소서. 또 한 주간 세상에서 일하며 살아갈 때 주님의 은혜로 영육이 강건하여 보람되고 승리하는 삶이 되게 하옵소서. 세상에서 죽어가는 불쌍한 영혼들을 구원하시는 하나님의 일꾼이 되게 하옵소서. 주님을 위해서라면 고난도 피하지 않게 하옵소서.

예배 시간은 저희들의 삶에서 가장 존귀한 때입니다. 마음을 열고 겸손한 자세로 말씀을 듣게 하옵소서. 그 말씀이 저희 발에 등이요 저희 길에 빛이 되게 하소서. 이 예배가 처음부터 마지막까지 성령의 감동으로 영과 진리 그리고 경건한 순종의 시간이 되게 하옵소서.

지난 한 주간 동안도 알게 모르게 지은 모든 죄들을 귀하신 보혈로 씻으시고 용서하여 주심에 감사와 찬양을 드립니다.

사랑의 하나님 아버지!

간절히 구하옵기는 점점 추워져가는 계절 속에서 소외당하고 결식하는 많은 독거노인들과 노숙자들을 위하여 기도하오니 그들에게 더 나은 환경들을 열어주시옵소서. 스스로 고난을 이겨내고 일어나는 특별한 능력들을 부어주시옵소서.

전능하신 하나님 아버지!

이 시간에 예배를 돕는 많은 사역자들과 세우신 귀한 성가대원들을 위하여 기도하오니 주님께서 크신 은총으로 함께하여 주옵시고 또한 이름 없이 빛도 없이 주님의 몸된 전을 섬기는 이들의 영혼 속에 크신 평강으로 임하여 주시옵기를 구하옵나이다.

저희들이 연초에는 뜨거웠던 믿음의 열정들이 이제 많이들 식어지고 나태해진 듯하오니 다시금 새롭게 맘을 추스르고 믿음의 끈을 동이는 은총을 베풀어주시옵소서.

특별히 매 주일마다 단상에서 귀한 말씀의 선포로 주님의 귀한 양떼들을 먹이시는 목사님의 건강과 가정을 붙들어 주시옵시고 날마다 필요한 모든 것들이 넘쳐 나는 은총을 베풀어 주시옵기를 구하옵나이다. 그 말씀을 듣는 저희들의 영혼 속에도 날마다 새로운 능력의 말씀이 귀하게 깨달아지게 하옵시고 그 말씀을 실천하여 승리할 수 있는 능력을 주시옵소서.

이 시간도 이 예배 가운데 충만하게 임재하신 좋으신 하나님 아버지 홀로 큰 영광 받으시옵길 비오며 우리 죄를 사하여 주시기 위하여 십자가 위에서 피 흘려주신 좋으신 우리 구주 예수님의 이름으로 기도하옵나이다. 아멘.

생명의 원천이신 하나님 아버지!

말씀으로 천지를 창조하시고 오늘도 살아 계셔서 영원토록 존귀와 영광을 받으실 아버지 하나님께 찬송과 경배를 드립니다.

저희들에게 건강과 생명을 주셔서 오늘 거룩한 예배로 영광 돌리게 하시고 오늘도 이렇게 기쁨으로 찬양드리며 주님께 예배드리게 됨을 감사드립니다.

죄 가운데 죽었던 저희들에게 십자가 보혈을 통하여서 영원한 생명을 주시고 또한 영원토록 찬양드리게 하심을 감사드립니다. 죄와 허물로 영원히 죽었던 저희들을 십자가 위에서 피 흘리시고 구원해 주신 그 은혜를 생각하면 저희들은 주님 앞에 감사와 찬양을 드리지 않을 수 없습니다.

한 주간 동안도 말씀대로 살기에 힘썼지만 연약한 인간이기에 또 넘어지고 쓰러지고 죄를 지은 모습으로 아버지 앞에 와서 자백하오니 용서하여 주시옵소서.

아버지께서는 "의인을 부르러 온 것이 아니라 죄인을 불러 회개시키러 왔노라"고 말씀하셨습니다. 그 말씀을 의지하여 이 시간 기도하오니 우리의 죄를 깨끗하게 씻어 주시고 정결한 마음으로 정성을 다하여 예배드릴 수 있도록 성령 하나님께서 역사하여 주시옵소서. 성령 안에서 새 힘을 주시옵소서.

하나님 아버지!

저희 교회를 오늘 날까지 사랑하시고 복을 주심을 진심으로 감사를 드립니다. 하나님의 교회가 날마다 질적으로 양적으로 부흥하는 축복을 주시기를 간구드리오며 또한 날마다 선교의 지경이 확장되는 축복을 주실 줄 믿습니다. 주님께서 성도들의 가정과 직장과 사업장마다 큰 복을 주시고 믿음으로 승리케 하여 주시옵소서.

그리고 성도들의 영혼이 말씀으로 변화되고 평안 가운데 날마다 복음이 증거되는 축복을 허락하여 주시옵소서. 환란에 처한 성도들이 바울과 실라처럼 기도와 찬양으로 빌립보 감옥 같은 고난과 어려움들을 이기고 빛과 소금으로서의 사명을 감당하도록 능력을 주시옵소서.

이 나라 이 민족을 이끌어 가시는 많은 위정자들이 주님의 능력으로 이 나라 국정을 이끌어 갈 수 있도록 솔로몬의 지혜를 베풀어 주시고 또한 넘치는 주님의 은혜를 베풀어 주시사 날마다 나라가 평안으로 찬양케 하여 주시옵소서.

전능하신 하나님 아버지!

이 시간도 말씀을 증거하실 목사님을 위하여 기도하오니 주님 능력의 손길로 함께하여 주시고, 그 말씀이 듣는 모든 성도들의 심령 골수를 찔러 쪼개는 능력의 말씀이 되게 하옵소서.

이 시간도 말씀을 통하여 모든 성도들이 다 함께 은혜 충만하게 하옵시사 이 말씀이 우리들의 길이 되게 하시고, 우리의 생명이 되게 하시고, 또한 우리들의 소망이 되게 하여 주시옵소서.

이 시간 이 거룩한 예배 가운데 사탄이 틈타지 못하게 성령 하나님 함께하시고 예배를 마치는 시간까지 오직 성삼위 하나님께서 영광을 받아주시옵소서. 예수님의 이름으로 기도드립니다. 아멘.

추수감사주일

말씀으로 천지를 창조하시고 만물을 다스리시는 하나님 아버지!

주님의 은혜로 이 하루도 오직 감사와 찬미로 예배드리게 됨을 진심으로 감사드립니다. 주님의 측량할 수 없는 광대하심과 놀라우신 능력을 찬양드리오며 한량없는 사랑과 자비로우심으로 독생자 예수님을 통하여 우리 죄를 용서 받았음을 또한 감사드립니다.

영원히 죄로 인하여 죽었던 우리들을 이렇게 구원하실 뿐만이 아니라 하나님의 자녀로서 특권을 누리며 살게 됨을 진심으로 감사를 드립니다.

뒤돌아보니 저희들의 모습이 거룩하지 않고 죄인의 모습을 따라 살아갈 때가 너무나도 많지만 그래도 끝까지 낙심치 않고 감사함으로 기도하는 삶으로 주께 나아감은 예수님의 보혈의 공로에 의지함이니 저희들의 허물과 죄악된 모습을 용서하여 주시고, 성령의 충만한 은혜로 말미암아 하나님을 경외하는 아름다운 믿음의 삶을 살아갈 수 있도록 능력을 더하여 주시옵소서.

죄인된 우리 자신에게는 하나님의 사랑을 받을 만한 선함이 없음에도 하나님의 무한한 사랑이 저희들을 감싸고 계심을 감사드립니다. 성령님! 이 시간도 저희 안에 충만히 임재하셔서 하늘 축복의 실체를 맛보게 하시옵시고, 그로 인해 저희들 안에 하나님의 사랑이 넘쳐 흘러 겸손한 삶으로 선한 일들을 찾아 행하게 하시고, 이 땅에 살면서도 항상 영원한 생명을 은총을 누리게 하옵시고 날마다 찬양하는 삶을 살게 하옵소서.

사랑하는 하나님 아버지!

오늘 이 시간에도 예배 가운데 말씀의 감동과 성도 간의 교제가 뜨거워지게 하시며 성령 안에서 풍성한 주님의 사랑을 체험케 하시옵소서.

살아 있는 영으로 드리는 아름다운 찬양과 기도로써 주님을 대할 때 저희들의 마음이 오직 주님만을 바라보게 하여 주시고, 예배 가운데 선포되는 주의 귀한 말씀을 통해 저희들이 미처 깨닫지 못했던 과오들을 생각나게 하셔서 회개하여 주님 보시기에 합당한 열매를 맺는 삶을 살 수 있도록 도와주시옵소서.

그리고 특별히 단상에 세우신 귀한 목사님과 함께하셔서 성령 충만의 준비된 말씀이 명확하게 전달되게 하여 주시옵소서.

오늘은 추수감사절로 특별히 감사와 찬양으로 예배를 드리게 됨을 더욱더 감사드리오며, 올 한해 뿐만 아니라 지금까지 살아오는 동안 저희들이 주를 알게 하시고 믿음의 백성으로 변화시켜 주시고 바른 말씀을 통해 성장케 하심을 감사드립니다.

특별히 오늘은 저희들이 한해 동안도 축복해 주신 좋으신 하나님 앞에 작은 정성을 모아 주님께 예물을 드리며 헌신하는 마음으로 예배를 드리니 받아 주시고 앞으로 남은 이 땅에서의 삶 역시도 은혜의 축복 속에 평안을 누리며 주님과의 바른 관계를 이어나가는 삶을 살도록 지켜주시옵소서.

또한 오늘 오후에는 찬양 간증예배로 드리게 되오니 많은 이들의 감사와 고백이 주님께 더 큰 영광을 드리길 원합니다. 이곳에 주님의 은혜로 이렇게 서로를 아끼며 서로 섬겨 나가는 믿음의 공동체를 허락해 주신 하나님께서 새로운 지체들이 등록될 때마다 새롭게 헌신을 다짐하며 함께 나아가고자 결심하게 하옵시고, 이들을 축복하여 주시사 각 구역과 소속기관에서 잘 적응할 수 있는 능력을 주시옵소서.

살아계신 하나님 아버지!

이 시간 간절히 기도드리옵기는 교회 안의 작은 목장들이 한국교회의 진정한 부흥의 근원지가 되기를 기도합니다. 아직은 작지만 성도 간의 사랑의 교제가 끊이지 않게 하시고, 말씀을 이해하고 가르치는 은사가 넘치고, 지역의 어려운 문제에 함께 참여하는 깨어 있는 교회가 되게 하시옵소서.

이 교회를 이끌어 가시는 목사님과 세우신 귀한 직분자들을 주님께서 붙드시고 성령께서 인도하셔서 정말로 하나님이 원하시는 참다운 교회의 모습을 이루는 데 헌신할 수 있도록 도와주시기를 원합니다.

저희 교회 안에 각종 질병과 마음의 연약함으로 어려워하는 여러 지체들을 하나님께서 말씀과 성령으로 직접 어루만져 주셔서 하나님의 사랑 가운데 회복시켜 주시는 은혜를 내려주시옵소서.

또 앞으로 이 사회를 이끌어 나갈 주님의 귀한 청년들에게도 귀한 소명의 비전을 허락하셔서 낙심이 아닌 꿈을 갖게 하여 주시고, 자라나는 어린이들과 유아에게는 주님의 명철과 지혜를 허락하셔서 하나님의 사랑 가운데 자라가는 주의 종이 되도록 은혜 내려주시옵소서.

멀리 이국 땅에서 오로지 복음 전파를 위하여 자신의 삶을 헌신하고 계시는 선교사님이 끝까지 주님을 향한 순수한 복음의 열정적인 마음을 잃어버리지 않고 사역에 매진하도록 성령으로 이끌어주시옵소서.

적게나마 저희 교회에서 후원하는 작은 교회들을 주님께서 축복하여 주시옵소서. 비록 작은 정성이지만 서로가 사랑과 기도의 끈으로 지속적으로 관계를 유지하며 세계 복음화에 관심을 가지며 선교의 꿈을 품도록 인도하시옵소서.

우리나라에서 연일 발생하고 있는 경제적, 정치적 어려움들로 인한 갈등과 미움들이 주님의 사랑으로 회복될 수 있도록 권력이나 경제력을 가지고 있는 자들에게 겸손한 마음을 부어주셔서 소외되어 있고 지쳐 있는 사람들에게 유익이 되는 정책과 펼칠 수 있도록 정치하는 많은 위정자들의 마음을 움직여주시기를 원합니다.

그 누구보다도 이렇게 믿음의 대통령을 세워 주신 좋으신 하나님의 특별한 뜻 안에서 기도하시는 신실한 기도의 종들이 이 세상을 조금이나마 변화시킬 수 있도록 은사를 발휘하게 하여 주시옵소서.

벌써 가을이 지나가고 겨울이 오고 있습니다. 환절기로 인한 감기나 경제적인 곤경 가운데 있는 지체들이 있다면 주님의 은혜로 회복될 수 있도록 인도하여 주시고, 오늘 이 예배가 하나님의 성령이 충만히 임재하심으로 말미암아 은혜가 넘치는 예배가 되도록 주께서 함께 하시옵소서.

저희들이 드린 간구 이상으로 더 좋은 것들을 예비하시고 허락하실 것을 믿으며 이 모든 말씀을 예수님의 이름으로 기도드렸습니다. 아멘.

12月

대표기도 1

오늘 거룩한 주일을 허락하여 주시고 거룩하신 아버지 앞에 예배를 드릴 수 있도록 건강과 생명과 구원함을 주심을 감사드립니다.

한 주 동안도 말씀대로 살지 못하고 죄악된 세상과 타협하며 헛된 것을 추구하며 방탕하며 신령한 것을 구하기보다는 썩어져 없어질 것을 구하여 찾으며 살아왔던 저희들의 부족한 모습을 아버지는 다 아시오니 용서하여 주시고, 저희들의 죄악된 모습들도 용서하여 주시기를 간절히 기도합니다.

또한 이 시간 십자가의 흘린 피로써 저희 마음들을 깨끗하게 씻어주셔서 정결한 마음으로 아버지 앞에 예배드릴 수 있도록 성령님의 도우심을 간절히 원하옵니다.

이 시간 모든 영광이 아버지께만 드릴 수 있도록 성령님의 도우심을 간절히 원하옵니다. 이제 올해도 얼마 남지 않는 이 때에 저희들 어떤 열매를 맺기를 드려야 될 지 정말 주님 앞에 죄송스러운 것밖에 없습니다. 주님께서는 아름다운 열매를 맺기를 원하시지만 저희들은 아직까지도 그렇지 못하고 있으니 지금부터라도 좋은 나무로서 아름다운 성령의 열매를 맺기를 원하오니 성령님 도와주시옵소서. 하나님을 기쁘시게 할 수 있는 믿음을 허락하여 주시옵소서.

이 나라 이 민족을 사랑하시고 복을 주심을 감사드립니다. 대통령과 모든 정치인들에게 하나님을 두려워하므로 이 나라를 잘 다스릴 수 있도록 성령께서 역사하여 주옵소서. 한국교회를 붙들어 주시고 복음을 온 세계에 전할 수 있도록 신령한 복과 경제의 축복을 허락하여 주시고 영성을 더욱더 깊게 허락하여 주옵소서.

사랑하는 주님께서 "말세에 내가 세상에 올 때에 믿음을 보겠느냐"라고 말씀하신 것처럼 오늘날 우리들의 믿음은 말세에 모이기를 폐하는 어떤 이들의 모습처럼 날마다 게으르고 나태해져 가고 있사오니 저희들에게 열심을 더하여 주셔서 성령 충만한 믿음생활이 되게 하여 주시옵기를 간절히 바라옵나니다. 특별히 하나님께서 세워주신 우리 교회가 주님의 축복으로 날마다 선교지가 확장되게 하시고 빛과 소금의 역할을 감당케 하여 주시옵소서.

무엇보다도 말세지말인 지금 이 시점에 저희 교회가 성령 충만함으로 기적의 나날이 되게 하여 주시기를 기도드립니다.

이 시간 특별히 기도하기는 교회를 담임하시는 목사님을 위하여 기도 드리오니, 주님께서 목사님의 건강과 가정을 지켜주시고 무엇보다도 말씀을 외치실 때마다 많은 영혼들이 깨우침을 받아 주님께로 돌아 오는 역사가 있게 하여 주시옵소서.

또한 예배를 돕는 성가대와 반주자들에게도 은혜를 베풀어 주시고 이 시간 이후의 예배 시간을 일절 사단 마귀 틈 못 타게 하시며 말씀을 선포하실 때 성령의 강한 임재로 우리 각 사람에게 필요를 따라 큰 능력이 임하게 하여 주실 줄 믿사오며 이 모든 말씀을 주 예수 그리스도 이름으로 기도드립니다. 아멘.

살아계신 하나님 아버지!

오늘도 주의 사랑하는 백성들에게 거룩한 성일을 허락하시어 이 저녁까지 예배드리게 하여 주시고 주의 구원을 사모하는 백성들을 인도하사 경배와 찬양으로 예배하게 하심을 참으로 감사드립니다.

날마다 주님의 은총 안에서 주의 거룩하심을 묵상하며, 오늘도 죽을 수밖에 없었던 죄인을 십자가 보혈의 공로로 살려 주심을 감사하여 찬양을 경배를 드리오며 또한 한 주간도 잘못 살아 온 모든 것들을 주님 앞에 고백하여 회개합니다.

주님의 보혈로 우리의 죄를 용서하여 주옵시고 다시는 죄의 길에 서지 아니하는 복 있는 사람으로 살아가는 믿음의 사람이 되게 하여 주시옵소서.

살아계신 하나님 아버지!

우리에게는 많은 기도의 제목들이 있사오니 들어 응답하여 주시옵소서. 복음 증거의 사명을 주시며 세우신 주의 몸된 교회를 목사님을 비롯한 모든 성도들의 피와 땀으로 먹이고 입혀 위대한 부흥을 맛보게 하여 주시길 원합니다.

또한 어두워져 가는 세상 속에서 어린 심령들을 주의 법을 통하여 올바로 양육할 수 있기를 간절히 원하오니, 기쁨으로 하나님을 찬양할 수 있도록 성가대와 찬양단을 함께하여 주시고 방송선교를 위한 영상과 여러 시스템이 있지만 때에 따라 물심으로 풍성하여지길 원합니다. 복음 전도를 위한 많은 달란트를 가진 많은 사람들이 두 손을 들고 주께 헌신할 수 있기를 원합니다.

사랑하는 주님!

특별히 성도들 가운데 병중으로 육신이 괴로워 외치는 자들의 소리를 들어주옵소서. 남들에게 말 못할 마음의 문제로 심히 갈등하며 메말라가는 영혼들의 아픔을 굽어 살펴 주옵소서. 믿음의 형제자매들의 공동체인 가정들이 이제 복음으로 무장되어 회복하는 은총을 베풀어 주시고 나라의 부름을 받고 가 있는 많은 군인청년들의 삶을 보살펴 주사 저들이 군에서 믿음이 떨어지지 않고 더욱더 기도와 간구로 무장되는 은총을 주시옵소서.

사랑의 주님!

특히 주의 이름으로 전국 방방곡곡, 전 세계 각지로 나가있는 선교사님들을 주의 펴신 팔과 피 묻은 옷자락에 흐르는 능력을 부여잡고 일어서게 하여 주옵소서. 모든 성도들이 저 북녘의 동족들을 위하여 고사리 같은 손을 모으게 하여 주시어서 주의 나라 대한민국이 주의 날개 아래 복음으로 우뚝 서게 하여 주시옵소서.

전능하신 하나님 아버지!

주의 능력 의지하여, 주의 성령 임재하시는 지금 이곳에 주의 때에 거룩하게 이루어 주시길 소망하는 우리 성도님들의 많은 외침이 있습니다. 이 영혼들의 간구를 들어 열납하여 주시고 말할 수 없는 갈급함들이 주의 복음으로 새롭게 옷 입게 하여 주옵소서. 주님을 찬양하는 가운데, 주의 살아 운동력 있는 말씀에 감동하여 하나님을 볼 수 있는 눈을 열게 하시며, 들을 수 있는 귀를 허락하여 주시어서 육신보다는 영혼의 참 자유를 주 안에서 누릴 수 있게 하여 주시옵소서.

거룩하신 하나님!

이 예배를 위하여 수고하시는 손길들이 있습니다. 주님의 마음을 주시어서 예배 가운데 주의 능력이 나타나게 하여 주시고 주의 은혜의 단비가 우리의 영혼을 촉촉히 적시게 하여 주시옵소서. 말씀을 선포하시는 목사님의 건강과 가정을 붙들어 주시옵기를 기도드립니다. 다시 오실 주님이시여, 온 세상 우릴 버려도 절대로 버리지 아니하시는 주님, 항상 믿고 감사드리오며 주님 오시는 그 날까지 변치 않고 손

을 들어 주를 찬송하게 하여 주시옵소서. 이 모든 말씀 우리를 구원
하여 주신 예수 그리스도의 이름으로 기도하였사옵나이다. 아멘.

존귀와 찬양과 영광을 받으시기에 합당하신 하나님 아버지!

새해 첫 날 예배를 드렸던 기억이 엊그제 같은데 벌써 일 년이 되어 오늘 또 이렇게 건강한 모습으로 감사하는 마음으로 이 해의 마지막 주일예배를 드리게 됨을 진심으로 감사를 드리며 이 해의 마지막 주일 낮 예배를 드리오니 감사와 찬양과 영광을 받으시옵소서.

　뒤돌아보니 지난 한 해 동안도 참으로 다사다난 했던 한해였던 것 같습니다. 국가적으로도 촛불 시위와 연예인들의 자살 사건과 세계적으로 경제 난국에 도래하여 또한 전쟁과 사건 사고로 인하여 수많은 인명피해가 일어났었고 또한 교계와 교회적으로도 참으로 많은 일들이 있었습니다. 각 가정과 개인들도 무수한 사연 가운데 기도하며 지나온 한해였습니다.

하지만 그 와중에서도 많은 성도들이 큰 요동없이 온전히 하나님을 의지하는 믿음으로 잘 이겨내고 변함없는 신앙인의 모습으로 이렇게 주님 앞에 예배드리는 기쁨을 주시니 진심으로 감사드립니다.

사랑의 하나님 아버지!

이 시간 뒤돌아보니 한해 동안 살아오면서 주님 앞에 잘못 살아온 우리들의 부족한 모습들과 신년에 주님 앞에서 다짐했었던 많은 약속들을 다 이행치 못한 과오들을 용서를 빕니다. 때로는 힘겨운 고난 앞에서 감사보다 오히려 원망과 불평으로 주님의 마음을 아프게 해 드린 어리석은 시간들도 있었습니다. 전능하신 하나님, 이 시간 다 내어 놓고 용서를 바라오니 우리들의 허물을 용서하여 주시옵소서.

주님 앞에서 날마다 회개하고 돌이키면서도 또다시 넘어지고 흔들리고 눈물로 되돌아서는 우리들의 부끄러운 지난 일 년 동안의 모습을 되돌아보니 주님 앞에 용서를 구하기조차도 부끄럽지만 그래도 날마다 크신 사랑으로 함께하시고 일으켜 세워주시는 주님의 크신 능력의 손으로 저희들을 또다시 잡아주시기를 간구하옵니다.

또한 지난 한해 동안도 우리들의 실수로 인하여 행여 상처 받은 자들이 있는지 돌아보게 하시고 무엇보다도 나 자신 또한 나에게 서운하게 대한 자들에게서 상처를 받지는 않았는지 이 시간 모두 철저하게 내려놓고 돌아보며 이제 이 마지막 주일예배를 드리면서 다 용서하고 회개하고 새롭게 주님 앞에 서길 원하오니 주님, 저희들의 마음을 받아주시옵소서.

주님 앞에서 간절히 원하오니 저희들 무엇보다도 첫 은혜의 감격을 회복하길 원하오니 날마다 말씀 가운데 저희들 깨닫게 하시고 또 다시 뜨거운 믿음으로 새롭게 거듭 나도록 역사하여 주시옵소서. 날마다 주님의 거룩하신 품성으로 닮아가게 함께하여 주옵소서.

　세상에 나아가 빛과 소금의 역할을 감당하도록 새 힘을 허락하여 주옵소서. 주님의 말씀으로 저희들의 삶이 날마다 물이 포도주로 변하는 새로운 기적의 변화의 역사가 있게 하옵시며 온전히 순종의 삶이 되도록 축복하여 주시옵소서.

이 한 시간도 말씀을 들을 수 있는 축복을 주심을 감사드립니다. 이 한해를 이렇게 건강한 모습으로 축복해 주신 하나님 아버지, 오늘 이 시간에도 하나님의 귀한 말씀을 들고 서신 귀하신 목사님을 더 큰 능력으로 붙들어 주시옵소서. 말씀을 듣는 저희들 귀가 열리고 또한 심령에 변화가 일어나는 귀한 시간이 될 줄로 믿습니다. 지금까지도 건강하신 모습으로 늘 겸손하신 모습으로 하나님의 말씀 선포 사역을 감당하시는 귀하신 목사님 가정과 가족들을 주님께서 붙들어 주시길 간구드립니다.

　이제 주님께 예배드리는 이 시간 예배를 도우며 주님께 영광 돌려드리는 할렐루야 찬양대 위에 주님 함께하여 주시옵소서. 매 주일 마다 정성스레 찬양을 준비하여 드리는 찬양대원들 개인의 심령 위에도 늘 성령으로 충만케 하옵시며 이 시간도 이 예배 가운데 주님 의 영광으로 임재하실 줄 믿습니다.

남은 시간도 온전히 성삼위 하나님께서 영광 받아주실 줄 믿사옵고 귀하신 우리 주 예수 그리스도 이름으로 기도드립니다. 아멘.

오 주님,
저에게 당신의 은혜를 베푸시어
참된 것을 알게 하시며
참된 것을 사랑하게 하시며
당신을 가장 즐겁게 할 수 있는
찬양을 드리게 하시며
당신께 귀중한 것이
또한 저에게도 존귀케 하시며
당신이 보시기에 불결한 것은
저로 하여금 증오케 하여 주소서.
또한 원하옵는 것은
당신의 그 훌륭한 뜻을
항상 찾게 하여 주시기 원합니다.
우리 주 예수 그리스도의 이름으로 기원합니다. 아멘.

-토마스 아 켐피스-

주일 오후 예배 대표기도

주일 오후 예배

대표기도 1

만물을 창조하신 하나님 아버지!

말씀으로 천지를 창조하시고 오늘도 살아 계셔서 영원토록 존귀와 영광을 받으실 아버지 하나님께 찬송과 경배를 드립니다. 저희들에게 건강과 생명을 주셔서 오늘 거룩한 주일 낮 예배로 영광 돌리게 하시고 오늘 오후 시간에도 이렇게 기쁨으로 찬양드리며 주님께 예배드리게 됨을 감사드립니다.

죄 가운데 죽었던 저희들에게 십자가 보혈을 통하여서 영원한 생명을 주시고 또한 영원토록 찬양드리게 하심을 감사드립니다. 죄와 허물로 영원히 죽었던 저희들을 십자가 위에서 피 흘리시고 구원해 주신 그 은혜를 생각하면 저희들 주님 앞에 감사와 찬양을 드리지 않을 수 없습니다.

한 주간 동안도 말씀대로 살기에 힘썼지만 연약한 인간이기에 또 넘어지고 쓰러지고 죄를 지은 모습으로 아버지 앞에 와서 회개하오니 용서하여 주시옵소서.

아버지께서는 의인을 부르러 온 것이 아니라 죄인을 불러 회개시키러 왔노라고 말씀하셨습니다. 그 말씀을 의지하여 이 시간 부족한 죄인들이 기도하오니 우리의 죄를 깨끗하게 씻어 주시고 정결한 마음으로 정성을 다하여 예배드릴 수 있도록 성령 하나님께서 역사하여 주시옵소서. 성령 안에서 새 힘을 주시옵소서.

하나님 아버지!

저희 교회를 오늘날까지 사랑하시고 복을 주심을 진심으로 감사를 드립니다. 하나님의 교회가 날마다 질적으로 양적으로 부흥하는 축복을 주시기를 간구드리오며, 또한 날마다 선교의 지경이 확장되는 축복을 주실 줄 믿습니다.

주님께서 성도들의 가정과 직장과 사업장마다 큰 복을 주시옵시며 믿음으로 승리케 하여 주옵소서. 그리고 성도들의 영혼이 말씀으로 변화되고 평안 가운데 날마다 복음이 증거되는 축복을 허락하여 주시옵소서.

환란에 처한 성도들이 바울과 실라처럼 기도와 찬양으로 빌립보 감옥 같은 고난과 어려움들을 이기고 빛과 소금으로서의 사명을 감당하도록 능력을 주시옵소서.

이 나라 이 민족을 이끌어 가시는 많은 정계의 위정자들이 주님의 능력으로 이 나라 국정을 이끌어 가실 수 있도록 솔로몬의 지혜를 베풀어주시옵시고 또한 넘치는 주님의 은혜를 베풀어주시옵시사 날마다 나라가 평안으로 찬양케 하여 주시옵소서.

전능하신 하나님 아버지!

이 시간도 말씀을 증거하실 본 교회 담임 목사님을 위하여 기도하오니 주님 능력의 손길로 함께하여 주시옵시며 그 말씀이 듣는 모든 성도들의 심령 골수를 찔러 쪼개는 능력의 말씀이 되게 하시옵소서.

이 시간도 말씀을 통하여 모든 성도들이 다 함께 은혜 충만하게 하옵소서. 이 말씀이 우리들의 길이 되게 하시고 우리의 생명이 되게 하시고 또한 우리들의 소망이 되게 하여 주시옵소서.

이 시간 이 거룩한 예배 가운데 사탄이 틈타지 못하게 성령 하나님 함께하시고 예배를 마치는 시간까지 오직 성삼위 하나님께서 영광을 받아주시옵소서.

예수님의 이름으로 기도드립니다. 아멘.

주일 오후 예배
대표기도 2

살아계신 하나님 아버지!

오늘도 주의 사랑하는 백성들에게 거룩한 성일을 허락하시어 이 저녁까지 예배드리게 하여 주시고 주의 구원을 사모하는 백성들을 인도하사 경배와 찬양으로 예배하게 하심을 참으로 감사드립니다. 날마다 주님의 은총 안에서 주의 거룩하심을 묵상하며, 오늘도 죽을 수밖에 없었던 죄인을 십자가 보혈의 공로로 살려 주심을 감사하여 찬양을 경배를 드리오며 또한 한 주간도 잘못 살아 온 모든 것들을 주님 앞에 고백하여 회개합니다.

  주님의 보혈로 우리의 죄를 용서하여 주옵시고 다시는 죄의 길에 서지 아니하는 복 있는 사람으로 살아가는 믿음의 사람이 되게 하여 주시옵소서.

살아계신 하나님 아버지!

우리에게는 많은 기도의 제목들이 있사오니 들어 응답하여 주시옵소
서. 복음 증거의 사명을 주시며 세우신 주의 몸된 교회를 목사님을 비
롯한 모든 성도들의 피와 땀으로 먹이고 입혀 위대한 부흥을 맛보게
하여 주시길 원합니다.

또한 어두워져 가는 세상 속에서 어린 심령들을 주의 법을 통하여
올바로 양육할 수 있기를 간절히 원하오니, 기쁨으로 하나님을 찬양
할 수 있도록 성가대와 찬양단을 함께하여 주시옵시고 방송선교를
위한 영상과 여러 시스템이 있지만 때에 따라 물심으로 풍성하여지길
원합니다. 복음 전도를 위한 많은 달란트를 가진 많은 사람들이 두
손을 들고 주께 헌신할 수 있기를 원합니다.

사랑하는 주님 특별히 성도들 가운데 병중으로 육신이 괴로워 외치
는 자들의 소리를 들어주옵소서. 남들에게 말 못할 마음의 문제로 심
히 갈등하며 메말라가는 영혼들의 아픔을 굽어 살펴주옵소서. 믿음
의 형제자매들의 공동체인 가정들이 이제 복음으로 무장되어 회복하
는 은총을 베풀어 주시옵소서. 나라의 부름을 받고 가 있는 많은 군
인청년들의 삶을 보살펴 주옵시며 저들이 군에서 믿음이 떨어지지 않
고 더욱더 기도와 간구로 무장 되는 은총을 주시옵소서.

사랑의 주님!

특히 주의 이름으로 전국 방방곡곡, 전 세계 각지로 나가 있는 선교
사님들을 주의 펴신 팔과 피 묻은 옷자락에 흐르는 능력을 부여잡고

일어서게 하여 주옵소서. 모든 성도들이 저 북녘의 동족들을 위하여 고사리 같은 손을 모으게 하여 주시어서 주의 나라 대한민국이 주의 날개 아래 복음으로 우뚝 서게 하여 주시옵소서.

전능하신 하나님 아버지!

주의 성령 임재하시는 지금 이곳에, 주의 때에 거룩하게 이루어 주시길 소망하는 우리 성도님들의 많은 외침이 있습니다. 이 영혼들의 간구를 들어 열납하여 주시고 말할 수 없는 갈급함들이 주의 복음으로 새롭게 옷 입게 하여 주옵소서. 주님을 찬양하는 가운데, 주의 살아 운동력 있는 말씀에 감동하여 하나님을 볼 수 있는 눈을 열게 하시며, 들을 수 있는 귀를 허락하여 주시어서 육신보다는 영혼의 참 자유를 주 안에서 누릴 수 있게 하여 주시옵소서.

거룩하신 하나님!

이 예배를 위하여 수고하시는 손길들이 있습니다. 주님의 마음을 주시어서 예배 가운데 주의 능력 나타나게 하여 주시고 주의 은혜의 단비가 우리의 영혼을 촉촉히 적시게 하여 주시옵소서. 말씀을 선포하시는 목사님 건강과 가정을 붙들어 주시옵기를 기도드리오며 다시 오실 주님이시여 온 세상 우릴 버려도 절대로 버리지 아니하시는 주님, 항상 믿고 감사드리오니 주님 오시는 그날까지 변치 않고 손을 들어 주를 찬송하게 하여 주시옵소서. 이 모든 말씀 우리를 구원하여 주신 예수 그리스도의 이름으로 기도드립니다. 아멘.

150

주일 오후 예배

대표기도 3

우리의 구원이시며 피난처시요 영원한 반석되시는 아버지 하나님!

하나님의 은혜와 사랑을 진심으로 감사를 드립니다. 하나님께서는 인간을 모든 피조물 중에서도 가장 뛰어나게 창조하셨지만 인류 첫 사람인 아담과 하와의 범죄로 인하여 인간은 죄 중에서 태어나게 되었고 죄를 짓지 않을 수 없는 저희들이 오늘도 구속의 주님 앞에 고개 숙이며 회개 기도를 드리옵니다.

주님! 이 복되고 거룩한 날에 건강의 축복을 주셔서 새벽부터 이 시간까지 평안 가운데 은혜 주시고 기쁨으로 함께하여 주신 하나님께 감사드립니다.

이 오후 시간에도 은혜로 충만하게 하시고 성령을 부어주시옵소서. 하나님의 은혜가 없이는 하루도 살 수 없는 나약한 우리들임을 고백하오니 늘 믿음 안에서 감사하는 삶을 살게 하여 주시옵시고 소망 중에서 주의 이름을 증거하는 증인의 삶을 살도록 성령으로 충만케 하여 주시옵소서.

날마다 복음 증거의 삶을 방해하고 우리들의 마음을 흐트러지게 하는 악한 영들의 방해를 물리치게 하시고 승리케 하여 주옵소서. 우리의 싸움은 혈과 육에 관한 싸움이 아니라 악한 사탄과의 영적 싸움이오니 오직 성령의 검으로, 십자가의 보혈로 싸워 승리케 하시옵소서.

말씀으로 무장되지 않고서는 세상과 마귀를 이길 수 없습니다. 말씀과 성령의 능력으로 어두운 세력들을 물리치게 하여 주시옵시고 강하고 담대한 마음을 주옵소서. 하나님의 말씀을 들을 때마다 날마다 은혜로 깨닫게 하시고 말씀 따라 살도록 삶의 변화를 주옵소서.

내가 곧 길이요 진리요 생명이라고 말씀하신 주님을 따라 가도록 이 시간도 주님 우리에게 새 힘을 주시옵소서. 날마다 나 자신을 쳐서 말씀에 복종케 하시고 날마다 주님 앞에 부끄럼 없는 아름다운 성도의 삶의 행실로 하나님의 영광이 나타나는 큰 뜻을 이루어지게 하옵소서.

주님의 보혈로 구원의 기쁨을 누리며 항상 기뻐하게 하시옵고 쉬지 말고 기도하게 하소서. 범사에 감사하게 하소서. 가정에서는 부부가 화목하므로 자녀들에게 본이 되게 하시고 교회에서는 성도들에게 화평하므로 교회가 아름답게 성장케 하옵소서.

이 시간 목사님의 말씀을 통하여 온 교회 성도들의 영육이 살아나게 하시고 은혜 충만케 성령 충만케 하여 주소서. 말씀을 듣는데 그치는 것이 아니라 말씀대로 살아서 30배, 60배, 100배 축복의 주인공들이 되게 하여 주옵소서. 이 시간 예배 마치는 시간까지 오직 주님이 영광 받으시기를 간절히 바라오며 다시 오실 예수 그리스도 이름으로 기도드립니다. 아멘.

주일 오후 예배
대표기도 4

오늘도 세상과 벗하며 죄 중에 살던 저희들을 주의 거룩한 성전으로
불러주셔서 찬양과 감사와 존귀를 돌리게 됨을 진심으로 감사를 드
립니다. 이른 새벽부터 오후 이 시간까지 크신 주님의 은혜 가운데로
인도해 주심을 또한 감사드리오며 이 시간 예배를 통하여 주님의 은
혜와 평강이 넘치게 하옵소서.

내 힘으로 아닌 성령님의 능력으로 살아 갈 수 있도록 인도해주시
옵소서. 주님을 향한 뜨거운 신앙의 고백이 넘치는 성도들의 삶이 되
게 하여 주시옵소서.

주님! 저희들에게 믿음 안에서 넘치는 용기와 성령의 힘과 능력을
주시어서 말씀에 어긋난 것들은 단호히 거절하며 하나님 말씀에 합

154

당한 것만을 따라 살게 하여 주시옵소서.

　지금 이 세상은 소돔과 고모라 시대처럼 죄악된 세상이옵니다. 사람들이 먹고 마시고 시집가고 장가가고 쾌락을 즐기고 있으면서 홍수가 나서 다 멸하기까지 깨닫지 못했던 노아홍수 시대 전 같은 죄악의 세상이오니 택함 받은 사랑하는 성도들에게 깨어 기도하는 삶으로 영적으로 살아 있는 능력의 성도가 되게 하옵소서. 이렇게 날마다 급한 밀물처럼 몰려오는 죄악의 물결들을 거슬러 믿음으로 승리케 하옵소서.

전능하신 하나님 아버지!

세계적으로 지금 경제가 어려운 가운데 처하여 있사오니 불경기 가운데서도 사랑하는 성도들의 사업장과 가정은 호경기를 누릴 수 있도록 구별하여 주시옵시며 우리나라 모든 정치인들과 경제인들을 축복하여 주시옵소서. 지체치 마시고 속히 이 나라와 민족을 복음화 하여 주옵소서.

　우리의 마음을 주님의 보혈로 정하게 하시고 우리의 입술로 찬양하는 것이 날마다 주님 앞에 진실 되게 하시어서 우리의 눈을 열어 주의 신령한 세계를 보게 하옵소서.

무에서 유를 창조하시는 하나님 아버지!

하나님의 크신 능력을 믿습니다. 이 산을 들어서 바다로 옮기라 하시며 믿음으로 기도하면 그대로 이루어 주신다고 하셨사오니 그 말씀에 의지하여 믿음으로 기도하오니 기적의 역사들이 날마다 교회와 성도들의 가정에 나타내 주시옵소서.

모든 성도들이 말씀으로 은혜 받음에 그치는 것이 아니라 삶이 변화되고 전도의 삶으로, 섬김의 삶으로 주님의 교회를 위하여 충성하는 성도들이 되게 하옵소서.

받은 은혜를 감사하여 말없이 봉사하는 삶이 되게 하여 주옵소서. 행여라도 주님을 이용하려 드는 어리석은 삶이 아니라 주님을 위하여 드려 지는 아름다운 삶이 되게 하여 주소서.

이 시간 말씀을 증거 하실 귀하신 목사님께 주님 크신 은혜와 강한 기름 부으심으로 저희들의 심령을 찔러 쪼개는 성령의 역사를 허락하여 주시옵소서. 말씀을 통하여 신령한 주님의 세계를 보게 하시고 주님의 음성을 듣게 하옵소서. 영안을 열어 주를 보게 하옵소서.

남은 시간도 오직 성령 하나님께서 인도하여 주실 줄 믿고 주 예수 그리스도 이름으로 기도드립니다. 아멘.

주일 오후 예배

대표기도 5

빛이신 하나님 아버지!

지난 한 주간 동안 죄악 속에 빠져있던 우리 영혼들에게 값없는 사랑과 한량없는 은혜를 주사 이 시간까지 생명을 연장시켜 주신 하나님 아버지! 오늘 주님의 날을 맞아 좋은 일기를 허락하시고 주님께 엎드려 경배와 찬양 드릴 수 있는 은혜를 주심에 감사드립니다.

　그러나 주님의 자녀인 우리는 주님의 말씀과 성령의 향기로 세상을 살며 빛과 소금의 역할을 해야 하건만 주님의 사랑을 잊은 채 정욕과 물욕에 빠져 세상과 타협하며 한 주간을 지내왔음을 자복하고 회개하오니 아버지여, 이 시간 십자가의 보혈로 우리 죄를 사하여 주시고 어리석음과 벌레만도 못한 언행심사를 용서하여 주시며 우리의 심령이 회복되는 시간이 될 수 있도록 도와주옵소서.

하나님 아버지!

지금 이 시간 병마와 싸우며 고통 속에 있는 환우들을 만병의 대의사이신 아버지께서 그들을 위로하시고 친히 고치시사 속히 자리에서 일어나 건강한 삶으로 회복되는 지체들이 되게 하여 주옵소서.

또한 북한의 지하교회에서 목숨을 걸고 신앙을 사수하는 형제들을 통하여 공산주의가 무너지며 자유를 찾을 수 있도록 주님께서 역사하여 주옵시고, 올해 평화교회 지체들은 지난 해의 갑절의 축복으로 주님의 축복을 받는 한해가 될 수 있도록 은혜를 주옵소서.

오늘 오후 예배 후에 있을 체육국 주관 탁구대회를 통해서 교우들간의 아름다운 교제의 시간이 되게 하시고 오직 주님께 영광 돌리는 시간이 되게 하옵소서.

이 시간 단상에 세우신 담임목사님께 성령의 두루마기를 입히시고 입술에는 파수꾼을 세우시사 살아있는 말씀을 선포할 때 골수가 쪼개지며 한길로 들어온 마귀는 열 길로 도망가도록 역사하옵소서. 그러므로 한 영혼도 그저 왔다가 그저 가는 일이 없도록 은혜 내려 주옵소서. 이 모든 말씀 우리 죄를 대속하신 예수님의 이름으로 기도드립니다. 아멘.

알파와 오메가 되시는 전능하신 하나님 아버지!

오늘도 하나님의 은혜를 사모하여 주님의 몸된 제단에 나와서 예배
드리는 구별된 축복을 주신 하나님의 크신 은혜를 진심으로 감사 드
립니다.

하나님의 궁전에서 하루가 세상의 천 날 보다 낫고 세상 임금에 자
리에 있을지라도 주님 모르는 자리라면 기뻐하지 않고 오히려 하나님
의 나라의 문지기를 기뻐할 수 있길 원하오니 주님 저희들에게 그러한
넘치는 은총을 채워주시옵소서.

하나님 아버지!

많은 사람들이 주일이 되면 들로 산으로 바다로 자신들의 휴식을 찾
아 떠나가는데 이 시간도 주님의 피로 구속 받은 사랑하는 주의 백성

들이 이렇게 주의 궁전에서 온 종일토록 찬양과 경배로 주님을 영화롭게 하길 원하오니 주님 붙들어 주시고 함께하여 주시옵소서. 신앙의 횟수가 더해 갈수록 우리의 믿음의 모습도 날로 성숙해 가도록 날마다 강권하여 주시옵소서. 겉모습만 변화되는 듯한 포장된 신앙의 모습들이 아니라 진심으로 내면이 변화되고 알차게 성숙해지는 아름다운 그리스도인의 모습으로 주님께 영광 드리는 삶이 되게 하시옵소서.

사랑의 하나님 아버지!

이 시간 특별히 간구드리오며 성령 안에서 무시로 기도하게 하시고 성도들의 교제가 끝없이 이어지게 하여 주시옵소서. 마음이 정결한 자에게 함께하시는 주님의 은총이 이 시간 예수의 피로 정결해진 우리들의 마음속에 충만히 오시어서 깊이 만나 주시옵시고 주님이 동행하시므로 심령 깊은 곳에 감사와 구원의 감격이 넘치게 하여 주시옵소서.

진정한 감사 속에서 세상 욕심을 버리게 하시고 또한 다시 오실 예수님을 맞을 준비를 하도록 역사하여 주시옵소서. 주님 오실 때에 기름 없는 다섯 처녀 중에 서 있지 않고 밤이 늦도록 기다릴지라도 끝까지 믿음을 지키고 깨어서 기름을 준비하여 신랑되신 우리 주님을 맞을 수 있도록 역사하여 주시옵시며 붙들어 주시옵소서.

영원히 우리와 함께 동행하시는 좋으신 하나님 아버지!

이 시간은 특별히 세우신 귀한 목사님을 위하여 기도드립니다. 일 년

160

을 하루 같이 매일 밤 기도회를 이끌어 가시는 귀하신 우리 목사님의 건강을 붙들어 주시옵고 그 가정을 지켜주시며 또한 그 자녀들을 어디에 있던지 항상 동행하여 주시옵소서.

목사님이 말씀을 외치실 때에 날마다 말씀을 능력으로 함께하여 주시옵고 듣는 많은 이들의 심령에 큰 변화가 일어나게 하여 주시옵소서. 말씀을 듣고 깨달은 심령들이 해이해진 믿음의 영혼들이 더 뜨겁게 열심을 내어 전도하고 봉사하고 기도하고 섬기는 모습으로 변화되게 하여 주시옵소서.

사랑의 하나님 아버지!

이 예배 시간에 참여한 많은 성도들이 다 함께 은혜 받길 원합니다. 마른 땅에 이른 비와 늦은 비를 적셔주시는 주님의 넘치는 능력으로 이 시간도 심령 가득히 채워주시옵소서. 험한 세상 속에서 강퍅해진 성도들의 영혼을 성령의 단비로 촉촉이 적셔주시옵소서. 이웃을 돌아보고 힘든 영혼들을 서로 세워 줄 수 있는 아름다운 믿음을 주시옵소서.

영존하시는 주님의 은총이 이 시간도 영원히 우리 속에 능력으로 임재하시길 간구드리오며 남은 시간도 오직 주님께 영광 돌리는 귀한 시간되길 간구드리옵고 예수님의 이름으로 기도드립니다. 아멘.

주일 오후 예배
대표기도 7

찬양과 경배를 받으시기에 합당하신 하나님 아버지!

지난 한 주간 동안 죄악 속에 빠져있던 우리 영혼들에게 값없는 사랑과 한량없는 은혜를 베풀어주시어서 이렇게 건강한 모습으로 이 시간까지 생명을 연장시켜 주신 하나님 아버지께 진심으로 감사를 드립니다.

오늘 이렇게 거룩한 주님의 날을 맞이하여 좋은 일기를 허락하시고 주님께 엎드려 경배와 찬양을 드릴 수 있는 크신 은혜를 주심에 감사드립니다.

사랑의 하나님 아버지!

주신 은총이 한없이 크고 소중한 데도 주님의 자녀인 우리는 주님의 말씀과 성령의 향기로 세상을 살며 빛과 소금의 역할을 해야 하건만 주님의 사랑을 잊은 채 정욕과 물욕에 빠져 세상과 타협하며 한 주

162

간을 지내왔음을 자복하고 회개하오니 아버지여, 이 시간 갈보리 십자가 보혈의 공로로 우리들의 죄를 사하여 주시고 우리들의 어리석음과 벌레만도 못한 언행심사를 용서하여 주시옵소서.

좋으신 하나님 아버지!

이 시간도 게으르고 해이해진 우리의 심령이 회복되는 시간이 될 수 있도록 도와주옵소시고 이 시간도 병마와 싸우며 고통 속에 있는 성도님들을 만왕의 왕이시며 만병의 의사이신 아버지께서 그들을 위로하시고 친히 고치시사 속히 자리에서 일어나 건강한 삶으로 회복되는 지체들이 되게 하여 주옵소서.

이제 주님의 뜻하신 가운데 새 정부가 들어섰는지 일 년이 넘었는데 주님께서 친히 이 나라를 통치하시사 주님 기름 부으시고 세우신 이명박 대통령에게 솔로몬에게 주신 지혜보다 갑절의 지혜를 주시고 기도로서 나라를 이끄는 겸손한 국가의 수장이 되도록 인도하옵소서.

북한의 지하교회에서 목숨을 걸고 신앙을 사수하는 형제들을 통하여 공산주의가 무너지며 자유를 찾을 수 있도록 주님께서 역사하여 주옵소서. 무엇보다도 올해 우리교회 지체들은 야베스의 근심 없는 축복으로, 이삭의 갑절의 축복으로 주님의 축복을 받는 한해가 될 수 있도록 은혜를 주옵소서.

전능하신 하나님 아버지!

오늘 오후 예배 후에 있을 중·고등부와 청년 예배를 기억하사 주 안에서 신령과 진정으로 참 예배를 드리며 또한 주님을 영광스럽게 하는 아름다운 성도의 교제의 시간이 되게 하시고 오직 주님께 영광 돌리는 기쁨의 시간이 되게 하옵소서.

전능하신 하나님 아버지!

무엇보다도 이 시간 단상에 세우신 담임목사님께 성령의 두루마기를 입히시고 입술에는 말씀의 강한 파수꾼을 세우시사 살아있는 말씀을 선포할 때 골수가 쪼개지며 한길로 들어온 마귀는 열 길로 도망가도록 역사하옵소서.

그러므로 이 시간 한 영혼도 그저 왔다가 그저 가는 일이 없도록 은혜 내려 주옵소시고 성령의 강한 임재가 흐르는 은혜의 시간 되게 하여 주시옵소서.

이 모든 말씀을 십자가에 죽으시고 부활하셔서 영원히 우리와 함께 하시는 예수님의 이름으로 기도드립니다. 아멘.

주일 오후 예배

대표기도 8

만왕의 왕이시요 만주의 주이신 하나님 아버지!

영원히 죄와 허물 속에서 죽었던 저희들을 사랑하셔서 날마다 선한 길로 인도하여 주시고 또한 이렇게 구별하여 주사 저희들에게 축복으로 거룩한 성일을 허락하셔서 신령과 진정으로 예배드릴 수 있게 하심을 감사드립니다.

무엇보다도 간절히 기도하오니 이 시간 우리들이 하나님과 신령한 깊은 교제를 갖게 하시고, 거짓 없이 진실된 하나님의 마음으로 신령과 진정으로 예배하게 하여 주시옵소서.

사랑의 하나님 아버지!

이제까지는 우리는 하나님 앞에서 교만하여 스스로 판단자가 되었고 입술로만 주님을 잘 섬긴다고 했던 허물들을 범하였사오니 주님께서 은총을 베풀어 주시사 이제는 남을 격려하며 행함으로 섬기는 우리 모두가 되게 하여 주옵소서. 어려움 속에 빠져있는 이 나라, 이 민족을 불쌍히 여기시고 긍휼이 여겨 주시옵소서. 내 생각만 올바르다는 교만을 용서하여 주시옵소서.

남을 용서하고 이해해 주며 허물을 같이 기도하며 사랑으로 감싸주는 우리 모두가 되게 하시고 실패했어도 좌절하지 않으며 패자부활전에서 승리하는 삶이 되도록 도와주옵소서.

영원히 살아계신 하나님 아버지!

저희 교회를 이 자리에 세워주시고 이제까지 사랑하시고 날마다 우리의 계획보다 넘치도록 채워주신 주님! 올 한해의 간절한 비전에도 놀라운 축복의 은혜로 채워주시옵소서. 근심이 없는 야베스의 축복으로 넘치게 하여 주시옵소서.

무엇보다도 100일 동안이나 변함없이 새벽이나 밤이나 날마다 작정기도회를 이끌어 가시며 귀하신 담임목사님께 영력을 더하여 주시고 건강을 붙들어 주시기를 기도드립니다.

온전히 남은 기도 시간들도 오직 주님의 성령이 이끄시는 방향으로 이끌어 가게 하옵시고 참석하여 기도하는 많은 성도들이 한 가지로 모두 다 응답받는 기적의 시간들이 되게 하여 주시옵소서.

특별히 주님 주신 지혜로 교회를 이끌어가실 때 온 교우들이 온전히 순종하고 기도하며 나아갈 수 있도록 인도하여 주옵소서.

사랑의 하나님 아버지!

온 천하보다도 한 생명을 귀하게 여기시는 주님! 올해는 한 사람이 한 영혼을 한 영혼을 주님 앞으로 전도하여 하나님의 나라가 놀라운 부흥이 일어나게 하시고, 가정들마다 부부가 하나되고 가족들이 하나되어 온전히 믿음의 가정들로 세워지게 하여 주시옵소서.

좋으신 하나님 아버지!

이 시간도 귀한 말씀을 선포하실 담임목사님에게 신령한 능력과 권세로 함께하시옵시고 온전히 능력의 말씀이 선포되어 주님의 영광 이 드러나게 하시옵소서.

듣는 모든 성도들이 성령이 충만하게 하옵시고 권능의 말씀을 듣고 성령의 감동을 받아 사람을 낚는 어부로, 축복의 사명자로 정도를 향해 걸어가는 평화의 사람이 되게 하옵소서.

매주 예배 시간마다 많은 분들이 특송으로 영광을 돌리오니 주님 영광 받아주시기를 바라옵고 살아계신 우리 구주 예수 그리스도의 이름으로 기도드립니다. 아멘.

주일 오후 예배

대표기도 9

사랑과 은혜와 능력이 무한하신 하나님 아버지!

주님의 백성들을 특별히 사랑하여 주시어서 이 거룩한 날을 구별한 성일로 정하시고 저희로 이른 아침부터 이 시각까지 하나님을 찬양하고 경배하게 하시니 진심으로 감사드립니다.

날마다 주님 앞에서 온전한 헌신을 다짐하며 기쁨으로 예배드리길 기뻐하는 저희들의 믿음을 귀하게 여겨 주시옵시사 믿음으로 말씀을 받게 하여 주시옵소서. 기도드릴 때마다 우리가 세상에서 지은 모든 더러운 죄를 생각나게 하시고 회개케 하시어 주 예수의 보혈로써, 십자가에서 흘리신 보배피로써 깨끗게 하여 주시옵소서

우리의 연약함을 굽어 살피시고, 긍휼히 여겨주시옵시고 아버지의 인자하심과 자비하심으로 우리를 불쌍히 여기시옵소서.

하나님은 영이시라 하셨사오니 저희들이 신령한 영으로 예배하게 하여 주시옵시고 진리로 예배하게 하여 주시옵시고 존귀와 영광 받으시고 성령의 충만함으로 임하여 주시옵소서.

이 시간에 지혜와 계시의 영으로 말씀을 비춰주시고, 깨닫게 하옵시며 하나님을 알게 하옵시고, 이 세대를 본받지 말고 하나님의 선하시고 기뻐하시고 온전하신 뜻이 무엇인지 알게 하여 주시옵시고 받은 은혜대로 주의 뜻 행하는 자 되어 살게 하옵시고 세상에 나가서 진리의 말씀을 증거하는 삶을 살게 하소서. 복음을 증거할 때에 믿음의 증거가 나타나는 삶 되게 하옵소서.

성령께서 우리 영 속에 충만히 임하셔서 우리 마음을 부드러움으로 감동하여 주시고 우리의 삶을 온전히 섬김의 삶으로 드릴 것을 다짐하고 결심하는 복된 시간되게 하소서. 특별히 이 오후 시간에 말씀을 전하시는 목사님께도 성령의 두루마기 입혀 주셔서 능력의 말씀 증거케 하옵시고 듣는 저희들은 하나님의 은혜를 다시금 깨닫게 하옵시사 성령의 충만함을 허락하옵소서.

저희 교회가 지역에 죽어가는 많은 영혼들을 구원하는 구원의 방주가 되게 하옵소서. 진리의 등대, 생명수의 샘 근원이 되어 하나님의 신령한 역사가 나타나는 교회가 되게 하옵소서. 전도 특공대의 말씀 전파가 열매 맺게 하옵시고 밤마다 새벽마다 기도하는 성도들의 기도를 들어주시옵소서. 우리의 지경이 넓어지게 하옵소서 우리가 밟는 이 땅이 우리와 우리 자손에게 영원한 영적 기업이 되게 하옵소서.

전능하시고 무한하신 하나님 아버지!

우리들의 삶의 터전 속에서 축복을 가로막고 있는 사악한 영들이 물러가게 하옵시고 이곳에 견고한 진을 친 악한 영들의 머리를 밟게 하옵소서. 그들의 상한 뼈가 부러지게 하옵소서. 그들의 전략과 궤계가 말씀과 성령으로 충만한 저희들로 인하여 무너지게 하옵소서. 특별히 하나님의 성전에 큰 일을 맡아 수고 하시는 당회와 제직회와 각부의 모든 임원들을 기억하시옵소서. 맡겨 주신 사명 감당하도록 힘을 주시옵소서. 성령을 주시옵소서. 오직 믿음으로 하나님을 기쁘시게 하는 자들 되어 살게 하옵소서. 쉬지 않고 주의 교회를 위하여 눈물로 기도하는 직분자들이 자들 되게 하옵소서. 주의 교회를 위하여 충성하도록 성전 가까이에서 섬길 수 있는 축복을 주시옵소서. 순종이 제사보다 낫다고 말씀하신 하나님 아버지!우리의 가진 재물과 처음 소산물로 하나님을 영화롭게 하는 자들 이 되게 하옵소서.

하나님께 올바른 순종함으로 아름답게 섬기며, 하나님의 인도하심 가운데 신령한 삶을 사는 성도들이 되게 하옵소서.

오늘 이 시간을 복되게 하옵시고 주의 성령의 능력을 체험케 하옵소서. 성령의 감동하심이 이곳에 가득하고 충만케 하옵소서.

십자가에서 죽으심으로 우리를 구원하시고 부활 승천하시어서 다시 오실 주 예수 그리스도의 이름으로 기도드립니다. 아멘.

주일 오후 예배

대표기도 10

자비로우신 하나님 아버지!

교만한 자를 대적하시고 겸손한 자에게 은혜를 주시는 자비로우신 하나님 아버지! 그 크신 은혜를 생각 할 때 감사드리지 않을 수 없습니다.

온갖 우상, 우상에 빠져 살던 저희들을 하나님의 사랑으로 불러 주시니 믿음으로 하나님의 자녀로 삼아 주신 그 은혜와 사랑을 다시 한 번 더 찬양으로 영광 돌리며 진심으로 감사를 드립니다.

사랑하는 주님!

광야와 같은 이 세상에서 사랑하는 성도들이 길이 어렵다고 원망하지 않게 하시고 배고플 때 만나를 주시고 목이 마를 때 반석을 쪼개어서 목마름을 해갈하신 하나님의 능력으로 날마다 새로운 축복의 길로 인도하여 주실 줄 믿습니다. 저희들의 삶이 때로는 홍해 앞에서 이스라엘 백성과 같이 진퇴양란에 처할 때가 많습니다. 그 때마다 어떻게 해야 할 바를 몰라 성급하게 행동하지 않게 하시고 하나님의 깊은 섭리를 바라보며 인내하게 하옵소서. 홍해를 가르신 하나님의 능력을 체험하게 하옵소서.

살아계신 하나님!

저희들은 주님의 일을 하므로 기뻐하기 보다는 내 자식과 내 가정의 형통을 보며 기뻐하였던 적이 더 많았던 것을 생각하니 부끄럽고 죄송합니다.

"나를 인하여 너희를 욕하고 핍박하고 거짓으로 거슬러 모든 악한 말을 할 때에는 너희에게 복이 있나니 기뻐하고 즐거워하라 하늘의 상이 큼이니라"고 하셨지만 나에게 욕하는 자를 미워하고 미워하는 자를 미워하고 핍박받을 때 낙심한 연약한 저희들이었사오니 저들의 나약함과 부족함을 용서하여 주시옵소서.

주님을 위하여 핍박을 기뻐하기는 보다는 도리어 슬퍼하며 괴로워한 얕은 믿음의 소유자가 아니였는가 뒤돌아보니 참으로 주님 앞에 부끄럽고 송구스러운 맘 금할 길 없습니다.

하나님 아버지!

오늘도 바쁜 모든 일정과 힘겨운 삶의 모든 터전을 멈추고 주님의 존전에서 귀한 예배에 참석한 사랑하는 성도들에게 큰 믿음을 주시길 기도합니다. 큰 능력을 주시길 기도합니다. 성령으로 충만하여 세상을 이기고 사단을 정복하고 귀신을 쫓아내며 복음의 증인으로 당당하게 살아가게 하시옵소서.

이 시간도 말씀을 통하여 큰 은혜 받고 저희들이 그 은혜를 힘입어서 남을 섬기는 사람으로, 남에게 베풀어 주는 삶으로 살아가게 하여 주시옵소서.

진심으로 천하보다 소중한 한 영혼을 구원하기 위하여 희생하고 시간과 물질까지도 아끼지 않게 하옵소서.

이 시간 귀하신 목사님의 말씀을 통하여 새 힘과 능력을 주시옵시고 영과 육이 치료 받게 하여 주시고 생각이 변화되고 행동이 변화 되고 삶이 변하게 하여 주시고 특별히 복음의 증인으로서 사명을 다하게 하시고 믿지 않는 영혼들과 믿다가 낙심한 자들이 저희들의 손길을 통해서 회개하고 돌아오게 하옵소서.

이 시간도 주님의 성령이 온전히 이곳에 기름 부으심으로 예배 마치는 시간까지 은혜로 붙들어 주시옵시고 크신 영광 나타나도록 인도하여 주시옵소서.

예수님의 이름으로 기도드립니다. 아멘.

주일 오후 예배

대표기도 11

전능하신 하나님 아버지!

죽을 수밖에 없는 저희들을 사랑하시어 구원의 은혜를 베풀어주시고 아바 아버지라고 고백하게 하심을 감사드립니다.

오늘 귀한 주님의 날 거룩한 성전에 머물게 하시고 이 시간 오후 예배를 찬양과 경배로 하나님께 영광 돌립니다.

매순간마다 닥쳐오는 어려운 시험과 환난 가운데 성도로서의 삶을 살아가지 못하고 지은 모든 허물과 죄악들을 이 시간 하나님께 고백하며 회개합니다. 용서하여 주옵소서.

이 나라와 민족을 사랑하여 주시고 복음으로 통일이 되어 구원 받지 못한 북한 동포들을 긍휼히 여기사 남북이 하나되어 하나님을 경배하게 하시고 귀하고 소중한 주님의 말씀을 땅 끝까지 전하게 하옵소서.

사랑이 가득한 이 하나님의 귀한 교회를 통하여 간구하는 우리 기도가 응답되게 하옵소서. 세우신 모든 기관을 통하여 택하신 백성들이 각자의 자리에서 최선을 다하는 모습으로 교회가 성장하는 밑거름이 되게 하시고 부르짖는 우리의 기도로 삼십 배, 육십 배, 백배의 열매를 맺게 하시며 마지막 심판의 순간에 착하고 충성된 종이라 칭함을 얻으며 영광의 면류관을 쓰게 하옵소서.

날마다 주님의 말씀을 전하시는 목사님에게 권능을 더하시어 듣는 저희들에게 믿음을 더하게 하시며 언제나 건강하신 모습으로 맡은 소명 감당하시는 하나님의 사자로 저희 양떼들을 푸른 초장으로 인도하게 하옵소서.

어두워진 이 세상 가운데서 교회로 모이기를 힘쓰며 기도하기를 쉬지 않고, 귀한 말씀을 묵상하며 성령의 충만함으로 빛과 소금이 되게 하옵소서.

사랑하는 성도들의 가정을 축복해 주시고 온 가족이 함께 하나님을 경외함으로써 작은 천국을 이루게 하사 기쁨이 넘치게 하옵소서.

다가오는 한 주간도 주님 말씀 의지하고 살아가기를 원하오며 이 모든 간구를 우리 주님 예수 그리스도의 이름으로 기도드립니다. 아멘.

수요 예배 대표기도

고마우신 하나님 아버지!

오늘도 이렇게 저희들을 사랑으로 불러 주셔서 거룩하신 하나님 아버지 성전에 나와 예배드리게 됨을 진심으로 감사드립니다. 지난 며칠 동안도 메마른 사막 같고 거친 광야와 같은 이 세상을 살아가는 저희들의 영혼이 지치고 곤하오나 다시금 사나 죽으나 주님만 의지하며 복음의 사명을 감당하길 원하오니 주님께서 새로운 능력을 주시길 간구합니다.

주님을 모시고 살아간다고, 매일 하나님의 자녀라고 말은 잘도 하면서 하나님의 자녀답게 살지 못한 것이 한두 가지가 아니오니 용서하여 주시옵소서. 사실 불신자들 앞에서 우리가 하나님이 우리 아버지라고 말하기조차 부끄러울 만큼 우리들의 삶은 실천이 적어서 너무도 죄송하고 송구스럽습니다. 그러나 주님,'허물의 사함을 얻고 그 죄의 가리움을 받는 자가 복있는 자'라 하였사오니 우리의 허물을 사해 주시고, 세속에 더럽혀진 심령을 주님의 보혈로 깨끗하게 씻어 주옵소서.

이제부터라도 우리들의 삶 속에 하늘로부터 내리는 성령의 생수로 채워주옵소서. 주님께서 "누구든지 목마르거든 내게 와서 마시라." 하신 주님께서 주시옵소서. 내가 주는 물은 "그 배에서 생수의 강이 흘러나리라"고 말씀하셨습니다. 이 시간 주님께서 주시는 그 영생의 생수를 마시기 원하옵니다.

살아계신 주님!

열심을 다하여 주님을 섬기고 복음을 전해야 하는데도 추운 겨울이라고 이 핑계 저 핑계 대면서 게으름을 부리고 있지나 않는지 저희들의 잘못을 용서하시고 세상을 따라 산 것을 용서하옵소서. 어리석게도 보이는 육신적인 것을 얻어 보기도 하고 누려 보기도 했습니다. 그러나 거기에 참 만족이 없었고 얻으면 얻을수록, 누리면 누릴수록 우리 심령의 목은 더 마르고 부족하였음을 고백합니다.

사랑의 하나님 아버지!

오직 구속함을 받은 우리 심령의 만족함은 영원하신 아버지께 있는 것을 믿고 오늘도 아버지 앞에 나아왔습니다. 하나님은 누구든지 오기만 하면 우리의 심령을 시원하게 하고 만족케 하는 생수를 주신다고 하셨습니다. 그 말씀을 의지하고 기도하오니 오늘 저녁도 하나님께서 세우신 사자의 입을 통하여 우리 심령 깊은 곳에 폭포수 같이 풍성하게 생명수를 부어주옵소서.

또한 교회의 세우신 많은 기관들과 각 가정들을 주께서 붙들어 주시옵소서. 이 시간도 먼 이국에서 복음을 전하시는 많은 선교사님들께도 함께하여 주시옵기를 기도합니다. 특별히 이 삼일 밤도 게으르지 않고 부지런히 주의 전에 찾아 오신 많은 성도님들에게 가물어 메마른 땅에 단비를 내리듯이 은혜의 단비를 흠뻑 내려 주실 줄 믿습니다. 예수님의 이름으로 기도하옵나이다. 아멘.

수요 예배
대표기도 2

살아계신 능력의 하나님 아버지!

주일 이후 한 며칠 동안도 주님 은혜로 지켜 보호하심 가운데, 오늘도 이렇게 건강한 모습으로 수요일 밤 예배에 저희들 모이게 하여 주심을 감사드립니다. 죄인 중의 괴수인 저희들을 불러주시고, 또한 예수님의 보혈로 깨끗하게 씻어 주시고, 믿음으로 의인이라 칭하여 주심을 감사드립니다.

이 한 날도 뒤돌아보니 저희들이 지금껏 축복 가운데 살아왔음이 오직 주님의 은혜임을 깨달아 더욱더 감사의 찬미와 영광을 주님께 돌려드립니다. 저희들 살다가 때로는 삶에 시달리고 세상 일에 빠져서 주님을 저버린 자처럼 살 때도 있었음을 고백하오니, 용서하여 주시옵시고 앞으로는 믿음으로 승리하는 삶이 되도록 저희들의 마음

문을 날마다 성령님께서 조명하여 주시옵소서.

또한 세상 죄를 이기려는 싸움에서 승리하게 하옵소서. 이미 십자가의 능력으로 승리한 저희들이 다시 약한 자가 되어 넘어질까 심히 두렵사오나 능력의 주님께서 저희들의 상처 입은 심령을 주님께서 십자가를 지시고 피흘리신 손으로 치유하여 주사 더욱 강하게 역사하여 주실 줄 믿습니다.

사랑하는 주님!

아직도 저희들의 심령에 교만과 사욕이 많이 남아 있사오니 날마다 성령으로 깨우치고 회개하는 삶이 되도록 붙들어주시옵소서. 그리하여 정녕 이제 능력 있는 믿음의 사람으로 거듭나게 하옵소서. 지난 날의 그 모든 죄의 소멸함을 받게 하옵소서. 그리하여 저희들의 가정과 거룩한 공동체가 십자가의 평안과 보혈의 능력이 승리하는 믿음의 장소가 되게 하여 주옵소서.

특별히 주님께서 피흘려 세우신 성스러운 교회들이 아직도 거듭나지 못한 자들처럼 완악한 인간의 냄새나는 교회가 되지 않도록 성령께서 강하게 주관하사 은혜롭게 하여 주옵소서. 십자가에서 피흘리신 주님의 현존하는 몸된 교회로서 세상에서 빛이 되게 하시고 소금이 되게 하여 주옵소서.

이 나라와 민족을 위해서 기도하는 많은 성도들의 기도를 들으사 진정 교회들이 나라와 민족을 구원하는 구원의 방주가 되게 하옵소서. 저희 교회의 지체된 모든 형제들이 하나님의 말씀으로 충만한 삶을 이루어 위로부터 내리시는 기쁨과 평강과 소망과 사랑이 넘쳐나게 하옵소서. 그리하여 가정에서나 사회에서나 하나님의 자녀의 신분으로서 참되게 살며, 의롭게 살며, 사랑으로 살아가게 하옵소서.

크신 능력의 하나님 아버지!

오늘도 힘없는 자에게는 힘이 되어 주시고, 좌절한 자들에게는 큰 희망을 주옵소서. 가진 것 없는 자에게는 나누어 주는 자가 되게 하시고, 천하고 눌린 자를 높이는 자가 되게 하옵소서. 정녕 이 모든 일이 주님께서 크게 기뻐하시는 일이었나이다.

저희들도 이미 삶의 본을 보이신 주님과 같이 나누는 삶의 길을 걷게 하옵소서. 항상 성도들을 위하여 말씀을 증거하시는 귀하신 목사님의 건강과 자녀들을 앞날을 지켜주옵시고, 온 교회가 평안 가운데 든든히 서가게 하여 주실 줄 믿고 감사함으로 예수님의 이름 받들어 기도드립니다. 아멘.

수요 예배
대표기도 3

사랑의 하나님 아버지!

오늘도 하루가 다해 가는 이 시간 부족한 성도들이 하나님의 말씀이 그립고 신령한 예배가 그리워서 귀한 전으로 올라왔습니다. 주님께 찬양드리고 싶고, 저들의 나약함을 강하게 해달라고 기도드리기 원하여 여기 이렇게 능력의 아버지 앞에 모였사오니, 이 시간도 저희들에게 성령을 강하게 부어주시고 또한 영과 진리로 날마다 찬미하고 기도하고 예배드리는 성도의 삶으로 이끌어 주옵소서.

자비로우신 하나님 아버지!

뒤돌아보면 늘 제자리걸음인 듯한 저희들의 삶이 주님 앞에 부끄럽고 죄송스럽지만 그래도 내치지 않으시고 날마다 성령으로 조명하시고 새 힘을 주심에 조금씩 주님 앞으로 더 가까이 달려갑니다. 이제 만물이 소생하는 봄이 돌아와 땅에는 씨앗을 뿌리고 들에는 새싹이 돋아납니다. 이 시간 저희들도 새롭게 심령의 밭을 기경하여 말씀을 사모하고 또한 새롭게 일어서기를 원하오니 저희들의 마음 밭에도 이 시간 새로운 말씀의 능력으로 기경하여 주시고 무엇보다도 저희들이 먼저 고침을 입은 후에 다시 세상 속으로 나아가 흔들리고 넘어진 자들을 일으켜 세우는 순종의 종들이 되게 하여 주시길 기도합니다.

특별히 이 나라와 민족을 위하여 기도하오니 주님의 복음으로 하나 되는 축복의 그 날을 속히 허락하여 주옵소서. 무엇보다도 이 시간 예루살렘을 위해 울기보다 너와 네 자녀의 영혼을 위하여 기도하라 말씀하신 주님의 그 말씀을 기억하오니, 주여 귀한 자녀들의 앞날을 말씀 속에서 축복의 통로들로 쓰임 받는 귀한 은총을 허락하여 주시길 간절히 구하는 저희들의 마음과 생각을 귀히 여겨주옵소서. 온 교회와 성도들이 날마다 성령 안에서 주님이 원하시는 기도와 찬양을 드리도록 인도하여 주옵시고, 몸은 피곤하여도 우리의 영혼이 소생하는 은혜를 사모하게 하옵소서.

살아서 영원토록 변함이 없으신 의로우신 하나님 아버지!
지난 한 삼일을 뒤돌아보아도 소돔과 고모라 시대를 방불케 하는 우리의 주변, 우리의 삶의 현장은 실로 보는 이들의 눈살을 찌푸리게 할 만큼 온갖 죄된 것들과 불신의 모습으로 우리의 마음을 아프게 합니다. 그러면서도 우리들 또한 그 속에서 살면서 범한 죄와 허물에

184

서 용서받기를 원하오니 주님, 우리를 용서하여 주옵소서.

그리고 비록 아직은 믿음이 부족한 저희들이지만 거룩한 보혈의 능력 안에서 속죄의 은총으로 성별해 주시고 세상에서 빛과 소금의 직분을 다하도록 도와주옵소서. 이 시간 머리 숙여 기도드리는 우리에게 오셔서 새 힘을 주시옵고, 믿음으로 살다가 낙망하고 실망한 이들에게도 소망을 주옵소서.

슬픔을 당한 이들에게는 능력의 말씀으로 넘치는 위로를 주시고, 좌절한 이들에게는 큰 용기를 주시며 불안한 이들에게는 평안함을 주옵시고, 육신이 약한 이들에게 강건함을 주시옵고, 시험당한 이들에게 이길 힘을 주실 줄 믿습니다.

권능의 하나님 아버지!

이 시간 우리들에게 세우신 귀한 목사님의 입술을 통하여 성령으로 말씀하옵소서. 이 시간 주시는 말씀으로 우리의 속사람이 날로 새로워지기를 원합니다. 어느 한 순간도 당신을 떠나서는 홀로 설 수가 없음을 고백합니다. 하나님의 말씀으로 우리를 강하게 세우사 주님을 섬기는 일에 부족함이 없게 하옵소서. 우리를 날로 새롭게 하시며 승리케 하시는 예수님의 이름으로 기도드립니다. 아멘.

수요 예배
대표기도 4

사랑의 하나님 아버지!

봄날에도 꽃샘추위가 기승을 부리는 지난 한 삼일 동안도 죄인들을
구원의 반열에 서게 하여 주심을 감사드립니다.

또한 저희들 한 삼일 동안도 주님의 말씀에 순종하여 살지 못하고
우리들의 욕심에 이끌러 산 것이 많사오니 용서하여 주시고 믿음의
입술로 지혜를 말하며 마음에 하나님의 법을 두어 늘 순종하게 하옵
소서.

자비로우신 주님!

영원한 죄 중에서 주님을 영접한 우리의 걸음이 실족치 않고 항상 악
에서 떠나 선을 행하게 하시며 또한 우리의 앞날의 모든 경영과 계획

을 주께서 아시오니 선하신 뜻 안에서 이루어져 영광스런 열매를 맺게 하옵소서.

이 시간 특별히 전국 방방곡곡에서 주의 이름으로 모여 말씀을 선포하고 기도하는 곳마다 주님 성령으로 역사하여 주시고 이 나라와 이 민족들이 주님으로 인하여 사는 길을 찾도록 회개의 영을 부어주옵소서. 가르치는 사람이나 정치하는 사람들에게 성령으로 권고하시어 바른 지도자의 길을 가게 하옵소서.

비판을 받지 않으려면 남을 비판하지 말라고 하신 주님!

이 나라의 통치자가 갈 곳을 잃고 유리방황하며 쫓겨나게 될 때 그것이 바로 우리 자신인 것을 깨닫게 하여 주시고, 우리 자신도 그들과 같은 환경에 처한다면 그들보다 더 잘할 것 없는 무지한 한 사람임을 알게 하옵시고, 누구보다도 우리 기도하는 사람들은 다른 사람의 마음도 읽을 줄 아는 지혜를 주옵시고, 정녕 믿음의 사람다운 길에 설 수 있도록 위로하며 권면하도록 도와주옵소서.

주님의 세우신 나라와 민족을 위하여 기도하는 다니엘처럼 스스로 겸손의 띠로 허리를 동이고 복음의 신발을 신어 화해와 평화의 사도가 되게 하옵소서.

이 민족을 통해 영광 받으시기를 원하시는 하나님 아버지!

그 옛날 갈릴리 호숫가에서 유대인과 이방인을 복음으로 하나 되게 하시려고 복음을 전파하신 예수님을 생각합니다. 이 백성의 삶 속 깊이 주의 영이 개입하시어 이 땅에서도 예수님의 말씀으로, 예수님의 그러한 몸짓을 닮아 정의와 평화가 깃드는 민족 통일을 주시옵소서.

남북으로 쪼개진 두 강토가, 두 마음으로 갈라진 사람들의 혼란스런 마음들이 하나 되는 은혜를 주옵소서. 민족의 앞날을 위하여 수고하며 정치하는 이들이나 국방을 지키는 이들에게 은혜를 내리시어 하나님을 두려워할 줄 알게 하시고, 하나님의 뜻을 분별하는 지혜를 주옵소서. 이 민족 위에 하늘의 복으로 성령의 꽃이 피어나게 하시고, 통일의 그 날을 기다리며 무언가 진행해 나아갈 수 있는 슬기를 하늘로부터 내려주옵소서.

우리 교회가 지향해야 할 과제를 바로 인식하게 하시고, 민족 분단처럼 두 마음이 된 비극이 교회 안에 있다면 서로 용서하면서 사랑하여 하나되게 하옵소서.

이 시간도 말씀을 증거하시는 귀하신 목사님을 붙들어 주시고 그 가정을 붙들어 주옵시며, 말없이 교회를 섬기시는 많은 봉사자들과 사역자들을 붙들어 주옵소서.

우리의 모든 죄를 대속하시고 사랑으로 용서하신 예수님의 이름으로 기도드립니다. 아멘.

만물의 주인이 되신 사랑의 하나님 아버지!

한 삼일 동안도 안전한 주의 날개 그늘 속에서 나약한 인생들을 지켜 주시고 이 저녁에 지친 몸일지라도 감사함으로 주님 앞에 나아와 예배할 수 있게 하시니 진심으로 감사합니다.

이 시간 우리의 영혼이 하나님을 사모하여 주의 제단에 나왔사오니 주님께 힘을 얻고 우리 마음에 시온의 대로가 열리게 하옵소서.

의지할 곳 없는 저희들이 한 삼일 동안도 험난한 세파에 시달리며 눈물 골짜기 같은 길을 걸었습니다. 주여! 간절히 무릎 꿇고 기도하오니 주님의 피값으로 세우신 저희 교회가 맑은 샘물이 터지는 은혜의 자리가 되게 하시고, 은혜의 단비로 은택을 입은 복된 자리가 되게 하옵소서.

사랑하는 성도들의 가정을 지켜주옵시고, 고난 가운데서 눈물로 부르짖을 때마다 응답받게 하시고, 주님을 찾을 때에 만나주옵소서. 기도의 사람 다니엘이 하루 세 번씩 예루살렘을 향하여 기도했듯이 나라와 민족과 교회를 위하여 깨어 기도하게 하옵소서. 주여, 저희에게 원수도 용서하는 참사랑을 주옵소서.

성경에 사랑은 오래 참는다고 하셨는데 저희들은 자주 성급하며, 우리들의 유익을 구하고 베풀기에 인색함을 용서하옵소서. 또한 사랑은 시기와 자랑을 하지 않는데 저희는 시기하며 자랑하고파서 견디지를 못할 때가 있습니다. 불쌍히 여기사 새롭게 하여 주옵소서.

사랑의 주님!

저희들도 모범을 보이신 주님을 본받아 오래 참으며 겸손하며 자신을 버리신 헌신적 사랑을 배우게 하옵소서. 하나님 아버지, 저희들에게 전도의 문을 활짝 열어 주시어 땅끝까지 이르러 주님의 복음을 전하게 하옵소서. 내 이웃을 살피게 하시고 눈을 들어 세계 열방을 보게 하소서. 온 세계에 흩어져 주의 복음을 전하는 선교사와 그의 가정을 안위하시고 아름다운 복음의 발걸음이 든든하도록 지켜주옵소서.

이 모든 것이 성령이 임하시면 가한 줄 믿사오니, 이 자리에 모인 성도들에게 신령한 복을 넘치도록 채워주시고 예배를 방해하는 악한 영의 역사를 막아주옵소서.

또한 이 시간 말씀을 증거하실 귀한 목사님을 붙들어 주시어서 말씀의 영력을 칠 배나 강하게 하여 주옵시고, 목사님의 사역을 도우시는 교회 안의 많은 직분자들을 붙들어 주옵시며 또한 그 가정들을 날마다 강건케 하여 주옵소서.

이 모든 것을 날 위해 십자가를 지신 예수님의 이름으로 기도합니다. 아멘.

수요 예배
대표기도 6

말씀 한 마디로 천지를 창조하신 하나님 아버지시여!

이 시간 저희가 갈급함으로 주께 나아와 두 손을 들고 하나님의 이
름을 찬양하오니 큰 영광 받으시옵소서. 열방의 모든 이름 위에 뛰어
나신 전능하신 하나님께 감사드립니다.

"여호와를 자기 하나님으로 삼는 백성은 복이 있다." 하신 말씀에
의지하여 이 시간 하나님을 우리의 참 소망과 주인으로 믿고 나왔사
오니, 주여! 우리에게 크신 은총을 내려주옵소서. 오늘 이 삼일 밤 예
배를 통하여 삶에 지친 우리의 영혼이 자유를 얻게 하옵소서.

우리 민족을 특별히 사랑하시는 하나님 아버지!

오천 년의 역사 속에서 우상숭배와 가난과 진노의 자식으로 살던

이 민족에게 주님의 피흘리신 복음의 씨를 뿌려 주시고 구원의 도리를 붙잡을 수 있도록 인도하신 은혜를 감사드립니다. 그러나 아직도 이 나라 구석구석에는 우상을 섬기며 헛된 신을 구하는 어리석은 백성들이 있습니다. 스스로 지혜롭다 하며 자기 교만과 자랑에 빠진 불쌍한 이들, 하나님의 정의와 법을 무시하고 쾌락과 탐욕의 노예가 되어 살아가고 있는 자들도 있습니다. 주님의 자비롭고 전능하신 손을 드셔서 건져주시며 잘못된 길에서 돌이키게 하옵소서.

아직도 북은 북대로 남은 남대로 서로 총칼을 들이대며 화해하지 못하는 이 나라를 불쌍히 여기사 하나님 안에서 하나가 되는 통일의 역사를 속히 보게 하옵소서. 이 시간 신령한 젖을 사모하여 나왔으니 한 주간 이 세상에서 살아갈 넉넉한 영혼의 양식을 얻게 하옵소서. 가정에서, 직장에서, 어느 일터에서나 하나님의 사람으로 담대히 살아가며 하나님 나라의 일꾼으로 일하게 하옵소서. 우리의 이웃들에게 주님의 아름다운 향기를 나타내게 하옵소서. 예수님의 이름으로 기도드립니다. 아멘.

수요 예배
대표기도 7

거룩하신 하나님 아버지!

이 시간 감사와 회개로 주님께 부르짖는 우리들의 기도를 통하여 영광 받으시옵소서. 세상의 수많은 사람들 가운데 특별히 저희들을 뽑아 주사 거룩하신 아버지의 백성으로 삼으시고, 주님의 무한하신 섭리와 은총 가운데 보호하시고 인도하심을 진심으로 감사드리옵니다.

소돔과 고모라 같은 이 세상 가운데서 한 삼일 동안도 저희들을 보호해 주시고 이날 밤 다시금 주님을 사모하는 마음으로 주님 전에 모여 영광과 찬송을 하나님께 돌리며, 그 무한한 은혜와 사랑을 다시 사모할 수 있게 하심을 또한 감사드리나이다.

이 시간 간절히 비오니, 저희들 알게 모르게 지은 많은 죄들이 있사오니 용서하여 주시고 주님 십자가에서 흘리신 그 보혈로 깨끗게 하여 주옵소서.

죄악에 눈먼 영혼들이 아직도 세상의 허무 가운데서 갈 길을 찾지 못한 채 많은 정욕과 욕심 속에 방황하고 있사오니 어리석은 빈 무덤 같은 우리의 심령 속에 이 시간 주님의 성령으로 충만히 채우시옵소서.

그리하여 이제는 참 진리의 빛과 십자가의 은총의 향기로 가득 채워주시고 삶의 용기와 지혜를 다시 얻게 하여 주옵소서.

주님이 우리 마음에 오시면 저 밝은 하늘이 열리고, 주의 빛이 저 넓은 대지를 비취는 것처럼 죄와 슬픔과 고뇌는 사라지고, 활기찬 생명의 능력이 우리의 심령 속에서 용솟음쳐 오르리라 믿습니다.

내가 세상 끝날 때까지 너희와 항상 함께 있으리라 말씀하신 주님! 이날 밤 우리들의 영혼의 전에 나타나시어 우리의 마음을 뜨겁게 하여 주옵소서. 갈릴리 해변에 나타나시어서 베드로의 손을 잡으시고 네가 나를 사랑하느냐고 말씀하신 주님! 이 시간 우리에게도 나타나시어 우리의 연약한 손을 잡아 일으켜 주옵시고 새롭게 하여 주옵소서.

그리하여 우리의 심령이 다시 한 번 더 하늘의 능력으로 견고하여져 주님 오시는 그 날까지 주의 일에 더욱 힘쓰는 복음의 증인들이 되게 하여 주옵소서.

주님! 이 시간도 나약한 사람의 힘으로 어찌 할 수 없는 상황 속에서 주님의 은총과 도움의 손길을 바라는 많은 생명들이 있사오니 붙들어 주옵소서.

사랑이 식어져가는 삭막한 현실 속에서 주님이 축복하신 이 나라의 국정을 맡은 많은 위정자들과 또한 밤낮을 가리지 않고 뜬 눈으로 휴전선을 지키는 국군 장병들, 나라의 앞날을 위하여 배움의 터전에 서 있는 많은 대학가의 젊은 지성인들과, 아직도 어두운 세상에서 빛을 찾아 방황하는 많은 생명들, 그들도 다 우리의 형제이오니 주여! 사랑과 능력으로 보살펴주옵소서.

살아계신 하나님 아버지!

이 삼일 밤 기도회에 결코 한 사람도 그저 왔다가 그저 돌아가는 자가 없도록 세우신 귀한 목사님의 말씀을 통하여 은혜 풍성히 내려 주실 줄 믿고 우리 주 예수의 이름으로 기도하옵나이다. 아멘.

수요 예배

대표기도 8

영원토록 경배와 찬양을 받으시기에 합당하신 하나님 아버지!

삭막한 세상 속에서도 날마다 말씀을 통하여 내려주신 하늘의 신령한 은총을 인하여 감사를 드립니다. 사랑의 하나님 아버지! 세월의 흐름 속에서 우리의 겉사람은 날마다 후패할지라도 우리의 속사람은 날마다 성령으로 거듭나게 하여 주옵시고 강건케 하여 주옵소서.

뒤돌아보니 은혜 입었노라 하면서도 저희들의 입술은 부정했고, 목이 곧아 불순종의 나날을 보내기도 했습니다. 날마다 입술로는 "주여! 주여!"했지만 진실한 고백과 믿음의 삶을 살지 못하고 힘겨운 이웃들도 잘 돌보지 못하였음을 고백하오니, 이 시간도 저희 모두를 용서하시고 말씀의 능력과 성령의 역사로 새롭게 하옵소서.

이 시간도 저희들은 주님 앞에 빈 손 들고 왔습니다. 빈 마음 가지고 왔습니다. 그러나 이 자리를 떠날 때는 하늘의 은총과 능력의 말씀을 가지고 일어날 수 있게 하옵소서. 이 시대에 필요한 자로 세워주시고 이 시대를 변화시키는 자로 훈련시켜 주옵소서. 하나님과 사람을 사랑하고 자연과 생명을 사랑하고 어린아이처럼 순수한 믿음으로 살게 하옵소서.

사랑의 하나님 아버지!

십자가에서 흘리신 주님의 피값으로 세우신 우리 교회가 주님의 형상을 닮기를 원합니다. 실패한 자가 힘을 얻고 상처받은 자가 치유되며 낙심한 자가 소망을 발견하는 교회가 되기를 원합니다. 모든 성도들이 그리스도 안에서 풍성한 삶을 누리며 성령의 열매를 맺을 수 있도록 도와주옵소서. 아버지의 거룩한 뜻이 하늘에서 이룬 것같이 우리 교회를 통하여 풍성하게 이루어지게 하옵소서.

교회 안의 모든 직분자들이 항상 겸손으로 성도들을 섬기는 모범을 보이도록 새 힘을 주시고, 또한 가정들마다 모든 일이 형통케 하여 주시고, 어려운 일들이 잘 해결되게 하여 주시고, 고통 가운데 신음하는 성도들을 새 힘을 주옵소서. 특별히 이 나라와 민족을 주님께서 굳건하게 붙들어 주옵소서. 아직도 우상 숭배하고 복음을 받지 못한 사람들에게 저희가 복음을 전하여 주는 축복을 주옵소서.

살아계신 하나님 아버지!

이 시간도 세우신 귀한 목사님을 위하여 기도하오니, 귀한 가정과 자녀들을 붙들어 주시고 목사님께서 말씀을 증거하실 때에 듣는 모든 이들이 성령으로 충만케 하여 주옵소서. 가난하고 배고픈 우리의 이웃을 불쌍히 여겨주옵소서. 이 시간도 병으로 고통당하며 실직으로 아파하며 가난으로 가슴 졸이는 외롭고 소외된 주님의 백성들에게 은혜를 베풀어주옵소서. 예수님의 이름으로 기도드립니다. 아멘.

수요 예배

대표기도 9

인자하신 하나님 아버지!

그 크신 사랑과 은혜를 진심으로 감사드립니다. 보잘 것 없는 저희를 십자가 위에서 피흘리시기까지 잠잠히 사랑하시며 "너는 내 것이라"고 지명하여 불러주심을 감사하며 찬양을 돌립니다. 한 삼일 동안도 거룩한 성도의 자리에서 잘못 살아온 우리들의 모든 잘못을 고백하오니 십자가의 보혈로 깨끗하게 씻어 주시옵소서.

사랑의 하나님 아버지!

저희는 주님을 사랑한다고 하면서도 언제나 미련하고 부족하였으며, 주님을 모른다고 세 번이나 부인한 베드로처럼 언제나 자만했던 과거를 회개하며 눈물 가득한 심령으로 주님 앞에 나아옵니다. 그러나

어제도 오늘도 영원토록 변함없이 동일하게 저희를 사랑해 주시고 용납해 주시는 주님께 감사를 드립니다.

말씀을 순종하여 잘 살아 보려했으나 험난한 세대 속에서 저희들 믿음으로 살다가 넘어지고 흔들리는 모습을 보시고 불쌍히 여기사 연약함을 강하게 하여 주시고 또한 저희의 마음과 생각을 지켜주셔서 주님께서 원하시는 길을 따라 행하게 하시며 언제나 주님의 기쁨이 되게 하여 주옵소서.

주님 세우신 저희 교회의 모든 기관이 잘 연합하여 한 마음이 되기를 원합니다. 생각은 각기 다르지만 남을 나보다 낫게 여기고 모든 일을 주께 하듯 하며, 서로 돌아보아 사랑과 선행을 실천하는 저희가 되게 하옵소서.

이 시간 말씀을 증거하실 주의 사자에게 함께하셔서 큰 권세와 영감을 더해 주시고, 선포하실 말씀이 저희에게 기름진 꼴이 되며 영생하도록 솟아나는 샘물이 되게 하여 주옵소서. 성가대의 찬양을 기쁘게 받아주시며, 예배드리는 모두가 같은 마음으로 찬양하게 하시고 저희의 삶에서도 늘 향기로운 찬양의 제사가 있게 하여 주옵소서. 온 만물이 함께 찬양드리며 호흡이 있는 자마다 크게 기쁨으로 찬양드리는 시간이 되게 하옵소서.

저희를 위하여 다시 오실 주님을 생각하며 그 보혈을 의지하오니 저희를 용서하여 주옵소서. 저희의 심령이 믿음의 부요함에 처하게 하시고 애통하는 복있는 자들이 되게 하옵소서. 하나님, 분단의 아픔 속에 있는 이 나라를 불쌍히 여겨주시고, 믿는 저희들을 아픔을 치유하며 회복시키는 사역자들로 써 주옵소서. 북한 땅의 무너진 제단도 저희 손으로 다시 쌓을 수 있는 복을 허락하여 주옵소서.

주께서 기름 부어 세우신 목사님을 늘 하나님의 오른팔로 붙드시며 주어진 모든 일들을 능히 감당할 수 있도록 능력을 주옵소서. 하나님께만 영광 돌리는 귀한 종이 되게 하옵소서. 말씀을 전하실 때 영육 간의 강건함을 더해 주시고 오직 주님의 능력만 나타나게 하옵소서.

이 시간 남은 예배의 모든 순서를 통하여 하늘의 기쁨을 허락하시고 주님 홀로 영광 받으옵소서. 예수님의 이름으로 기도드립니다. 아멘.

수요 예배

대표기도 10

세상을 창조하신 하나님 아버지!

말씀 한 마디로 천지를 창조하신 전능하신 하나님께 영광을 돌립니다. 주께서 주신 입술로 찬양하게 하시고, 마음으로 찬양하게 하시고, 영으로 찬양하게 하옵소서. 그리하여 우리의 찬양을 통해 아버지께서는 영광을 받으시며, 우리에게는 진정한 감사와 기쁨이 넘치게 하옵소서.

이 시간도 저희가 영과 진리로 예배할 뿐만 아니라 주님의 말씀을 세계만방에 널리 전할 증인의 사명도 깨닫게 하여 주소서.

주님 안에서 서로 사랑하며 특별히 약한 지체들을 향한 참된 사랑도 감당하라고 하셨습니다. 주님, 우리가 이 여러 가지 주께서 맡기신 일들을 잘 감당하게 하옵소서. 그리하여 주님의 교회가 놀라운 말씀의 실행자가 되어 세상 앞에 빛처럼 드러나게 하시고, 소금처럼 녹아지게 하소서.

하나님 아버지!

이 삼일 밤 예배 시간에도 세우신 귀한 목사님께 성령의 기름 부으심으로 생명의 말씀을 보내주셔서 우리의 심령이 말씀으로 회복되고, 상처가 치유되며 새 힘을 얻는 놀라운 시간이 되게 하옵소서.

험난한 세상의 한복판에서 복음의 순례자로 살아가는 우리 교회가 참으로 온 인류의 구원의 방주가 되게 하시며 참된 피난처가 되게 하실 줄 믿습니다. 성삼위 일체께서 주의 몸된 교회와 예배를 거룩하게 해 주실 줄 믿습니다.

하나님 아버지!

이 나라와 민족의 앞날을 주님께서 붙드시고 축복하사 날마다 복음으로 축복받는 민족이 되게 하옵소서.

예수 그리스도 안에서 우리의 삶이 진정으로 주님께 헌신하는 삶이 되기를 원합니다. 이 시간 섬세하신 성령께서 역사하셔서 언약한 우리들로 온전케 하옵소서.

하나님 아버지!

지금 우리가 사는 세상은 마치 폭풍을 만난 배같이 이리저리 요동치며 휩쓸리고 있습니다. 그 배 안에서 공포에 떨며 아우성치는 승객처럼 우리도 지금 절규하며 죽음과 무가치와 혼동의 세력 속에서 떨고 있는 자들도 많습니다.

마지막 때에 썩어질 물질을 좇아 허덕이며 허망한 권력을 향해 질주하고, 하나님의 뜻과 어긋난 명예를 차지하기 위하여 몸부림치기도 합니다.

전능하신 주여!

먼저 이러한 우리들의 어리석은 모습을 용서하여 주옵소서. 주님의 철저한 간섭하심으로 이제 우리가 새로운 자세로 변화되는 시간을 맞게 하옵소서.

바울 사도가 타고 가던 배가 유라굴로라는 광풍을 만났을 때 그 배에 탄 사람이 모두 죽음 앞에 떨며 아우성쳤지만 조금도 흔들림이 없었던 바울 사도의 믿음의 모습을 기억합니다.

우리들도 먼저 믿음의 모범을 보이신 바울 사도의 모습을 닮아가게 하옵시고 광풍 이는 배 안에서도 요동치 않으시던 주님을 본받게 하옵소서.

예수님처럼 바울처럼 하나님 안에서, 진리 안에서 흔들림 없이 사는 사람이 되게 하옵소서. 그리하여 이 어려운 세대 속에서도 주의 구원의 손길이 있을 것이라는 놀라운 하나님의 계시의 메시지를 전하게 하옵소서.

이 태풍이 몰아치는 세상에서도 우리가 섬기는 하나님이 우리를 능히 구원해 주실 것이라는 확신을 얻게 하옵소서. 의미 없이 돌아가는 세상을 좇아 영원한 사망 속에서 죽어갈 신세가 되지 말게 하시고, 주의 놀라운 은혜로 구원 얻는 믿음, 새 생명의 역사가 일어나는 체험을 하게 하옵소서.

우리가 드리는 이 예배가 하나님이 받으시는 새 역사의 제사, 몸으로 드리는 진정한 산제사 될 줄로 믿습니다. 이 모든 말씀을 오직 우리 주 예수 그리스도의 이름으로 기도드립니다. 아멘.

제3장

절기 예배와 주제별 대표기도

절기 예배 대표기도

신년 예배

대표기도

평화의 왕이신 주님!

소망과 기쁨의 새해 첫 주일을 맞아 하나님의 크신 사랑과 한량 없으신 은혜에 감사하며 주님 앞에 나아와 하나님의 성호를 부르며 찬양하며 경배드리나이다. 다사다난했던 지난 한해 동안도 아무 연고 없이 지낼 수 있도록 보호하여 주시고, 오늘은 새롭게 저희들의 심령을 변화시켜 새로운 각오와 결심으로 새해와 더불어 새 심령을 주시니 감사하옵고 감사하나이다.

전능하신 하나님!

저희들이 지나간 한해를 회고해 볼 때 주님께서 허락하신 귀한 시간과 지혜와 정력과 여러 가지 은사들을 주님을 위해 사용하지 못했나이다. 또한 주님의 가르침과 은혜도 망각하고 안일함과 나태함으로 세월을 허송했고 저희들의 욕망만을 위해 살아왔음을 고백하오니 주여! 저희들의 어리석음을 용서하여 주시옵소서.

그리고 금년 한해는 주님의 날개 아래 보호하심 가운데서 새로운 광음을 의미있게 살며 하나님께서 저희 각 사람에게 믿음의 분량대로 나누어 주신 사명을 잘 감당하여 날로 새로워지며 승리하는 삶을 살도록 저희들을 바르게 인도하여 주시옵소서.

교회의 머리가 되시는 주님!

올해도 저희 교회가 여호와 하나님을 경외하고 의지하며 주님의 맡겨 주신 사명을 더욱 잘 감당하게 하여 주시옵소서. 그리하여 저희 교회가 주님을 섬기고 따르기 위해 세운 여러 가지 목표와 계획들을 달성할 수 있도록 성령으로 이끌어주시옵소서. 부패하며 혼탁한 사회에서도 소금과 빛의 역할을 다하여 그리스도의 향기를 풍기는 참된 신자가 되게 도와주시옵소서.

주님! 올해도 저희들의 육신의 건강을 지켜주시고 가정을 축복하여 주시며 경영하는 일이나 직장에도 축복하여 주시고 주님이 내려 주시는 은혜를 충만히 받게 하여 주시옵소서.

하나님 아버지!

나라와 민족과 위정자들을 위해 기도합니다. 주님, 금년에도 이 나라와 민족을 불쌍히 여기시고 지켜주시며 분단된 이 나라가 속히 통일되는 놀라운 역사를 허락하여 주시고, 우리 민족을 위해 금년 한해 더욱 큰 축복을 부어주시고 민족복음화가 달성되도록 도와주시며 대통령에게 올바른 통치력을 주시고 장관들에게 정직한 마음을 주옵소서. 그리고 재판자들에게 공평한 판결을 내리게 하여 약한 자의 권리를 세워주옵소서. 풀밭에 내리는 단비처럼, 땅에 쏟아지는 소나기처럼 하나님의 은총을 백성들에게 내리시어 정의가 꽃피는 새해로 다가서는 첫 예배가 되게 하옵소서.

부활의 능력을 덧입기를 원하시는 하나님 아버지! 하나님은 마음이 깨끗한 사람을 축복하시오니 허황된 꿈을 꾸지 않게 하시고 시기와 분쟁과 옛 생각 모두다 올려 보내고 전쟁의 소리를 올려 보내고 평화를 맞아들이게 하옵소서. 땅의 구석구석이 폭력의 도가니에서 풀려나와 용서와 화해의 일치를 이루는 이 백성이 되게 하옵소서. 가난하고 불행한 사람들 모두가 주님의 이름을 찬양하게 하옵소서.

하나님 아버지! 오늘의 이 예배가 금년에 아버지께 드리는 첫 제사이오니, 기쁘게 열납하여 주시고 주 앞에 엎드린 저희 심령들을 굽어살피사 상한 갈대도 꺾지 않으시는 귀한 사랑으로 감싸주시옵소서.

예수님의 이름으로 기도드립니다. 아멘.

종려주일 예배
대표기도

평화의 왕이 되시는 사랑의 하나님!

예수 그리스도께서 온 인류에게 평화를 주시기 위하여 이 천 년 전 예루살렘에 입성하시며 찬송과 영광을 받으시던 그 예수님을 오늘 저희가 여기에서도 맞아들일 수 있게 하여 주신 은혜를 진심으로 감사드리나이다.

자비로우신 주님, 섬김을 받으려고 오신 것이 아니라 다른 사람을 섬기는 종으로 오신 주님을 믿노라고 고백하면서도 사실상 섬김을 받으려 하고 더 높은 자리를 차지하려고 애를 썼습니다. 주님께서 십자가에 달리기까지 낮아지신 것처럼 저희들도 끊임없이 낮아지게 하여 주옵소서.

놀라운 사랑의 하나님 아버지!

친히 제자들의 발을 씻겨 주시고 마침내 이 세상을 구원하시기 위해 십자가에 달리시기까지 한 주님의 섬김의 자세를 저희로 하여금 깨달을 수 있는 지혜를 주시옵소서. 평화의 왕이신 예수 그리스도를 굳게 의지할 수 있는 믿음도 저희들에게 허락하여 주시옵소서.

주여, 또한 이 땅에 임하시옵소서. 어수선하고 범죄의 공포와 경제적 불안이 가득한 이 나라에 평화의 주님으로 오시옵소서. 주님을 믿고 따름으로써 주님 안에서 한 형제자매가 되어 이기심을 버리고 서로 섬길 때에 주님의 축복으로 이루어지는 것임을 확신케 하시옵소서.

주님의 나라는 말에 있지 아니하고 능력에 있다고 하셨사오니 저희 교회가 실제로 주님을 위해서 세상에 대하여 복음과 진리로 봉사하는 교회가 되게 하시며, 불의와 거짓으로 가득찬 세상에 정의와 주님의 사랑을 보여 줄 수 있는 교회가 되게 하옵소서. 이 예배를 통해서 저희들이 평화의 왕이신 주님과 깊은 교제를 나누며 주님의 고귀하신 섬김의 도리를 배우고 본받을 수 있도록 저희의 심령을 친히 주장하여 주시옵소서.

예수님 이름으로 기도합니다. 아멘.

고난주일 예배
대표기도

저희를 구원하시려고 독생자까지 내어주신 자비로우신 여호와 하나님!

오늘 고난 주간을 맞이하여 저희 성도들이 거룩한 주님 제단에 나와 고난당하신 그 모습과 의미를 생각하며, 감사하며, 찬송과 영광을 돌리나이다.

자비로우신 주여!

죄악으로 말미암아 죽을 수밖에 없는 저희를 구원하시려고 세상의 모든 죄악을 짊어지시고 수치와 고난을 당하시므로 저희들에게 참 생명과 자비와 평화를 주셨나이다. 그러나 저희들은 주님의 고난을 깨닫지 못하고 저희들에게 맡겨진 십자가를 외면한 채 인간의 욕망과 헛된 목적을 가지고 살아왔음을 용서하여 주시옵소서.

저희를 위하여 고난당하신 주님, 주님께서 겪으신 고통과 죽음에 저희도 함께 참여할 수 있게 하시고, 저희들에게 맡겨진 십자가를 지고 인내의 힘과 변하지 않는 믿음으로 그리스도를 따르게 하옵소서.

이 나라를 도우사 주님의 피와 살이 헛되지 않고 욕되지 않게 믿음 안에 살아 부활의 거룩한 역사를 계승하는 이 나라와 백성들이 되게 하옵소서.

자신의 행복과 안일만을 추구하며 주님의 십자가를 외면하려는 저희들의 속된 심령을 성령의 능력으로 뜨겁게 변화시키사 한 알의 밀알이 되게 하옵소서.

자비로우신 하나님, 고난 주간에 드리는 저희 예배를 기쁘게 받아 주시고 저희를 위하여 고난받으신 예수님 이름으로 기도드립니다. 아멘.

부활주일 예배

전능하신 하나님 아버지!

오늘은 저희들을 영원한 사망에서 생명으로 옮겨 주신 주님의 부활을 기뻐하며 영과 진리로 예배를 드리오니 영광을 받으소서.

이천년 전, 한 점 죄 없으신 주님께서 저희들을 위하여 십자가를 지셨고 사망 권세를 깨뜨리시어 부활의 첫 열매가 되셨으니 진실로 주님 앞에 감사를 드립니다.

아버지 하나님!

간절히 바라옵기는 저들도 남은 생애 부활의 주님과 함께 진정한 구원의 감격 속에서 기쁨 넘치는 봉사의 삶을 살게 하여 주옵시고, 냉랭한 이 믿음들이 성령으로 뜨겁게 살아나 썩어질 세상 속 한 알의 밀알

이 되게 하여 주시옵소서.

사랑의 주님! 삼 년 동안이나 주님과 함께 동행했던 제자들이 실망하고 낙심한 모습으로 엠마오로 향한 것처럼 오늘 저들도 실망과 좌절 중에 간구하오니 성령의 능력으로 함께하여 주옵소서.

날로 더해 가는 이 정치와 경제 난국을 오직 주님의 놀라운 은총 속에서 극복하며 복음의 증인으로 사명을 감당하는 이 나라와 민족이 되게 하시고 불신 가족들이 속히 주님 앞으로 돌아와 함께 영광 돌리게 하옵소서.

또한 이 시간 세우신 귀한 목사님 가정과 건강을 지켜주시고 날마다 더 큰 은혜와 능력으로 채워주셔서 귀하게 쓰임 받는 선한 목자가 되게 하여 주시옵소서.

사랑의 하나님 아버지! 이 시간도 귀한 찬양으로 주님 앞에 영광 돌리는 찬양대와 은밀한 중에 봉사하시는 모든 성도들에게 크게 은혜와 축복을 베풀어 주실 줄 믿습니다.

예수님 이름으로 기도드립니다. 아멘.

성령강림주일 예배
대표기도

성령이신 하나님 아버지!

이 시간 저희들이 오순절 성령강림을 묵상하면서 아버지 하나님의 신실한 약속과 말씀 앞에 기도할 수 있게 하심과 주님의 놀라우신 은혜와 사랑에 감사드립니다.

권능의 주 성령이여! 오순절 날 다락방에 모여서 기도하던 무리들에게 약속하신 성령을 불길처럼 강하게 보내어 주신 하나님 아버지, 빈 들에 마른 풀같이 시들어버린 심령에도 성령의 단비를 충만히 부어 주시사 저희 영혼이 소생하며 힘있게 주님의 영광을 나타낼 수 있도록 하옵소서. 만물을 성령으로 충만케 하시는 그 충만으로 오늘 우리가 앉은 이곳에 성령이여, 강림하소서.

저희 가난한 심령들이 무엇을 먹을까, 무엇을 입을까 염려로 메말라 있나이다. 이 나약한 심령들에게 성령의 이른 비와 늦은 비로 힘주셔서 주님의 영광을 나타낼 수 있게 강권하시옵소서. 각자의 형편과 사랑에 따라 성령의 불로 임하시고 바람으로 역사하여 주시옵소서.

교만하고 강퍅한 심령들에게 비둘기같은 성령의 불로 임하옵소서. 저희들을 은혜의 골짜기로 인도하셔서 은혜의 생수로 충만케 하옵소서. 또한 성령의 밝은 빛으로 저희 심령을 채우사 세상의 악한 권세를 이기는 선한 싸움의 승리자로 삼아주옵소서.

38년 된 중풍병자가 걷고 뛰고 한 것같이 육체적, 정신적 질병으로 고생하는 성도님들에게 성령께서 임하시어 치유하시는 놀라운 기적을 일으켜 주시옵소서. 그리고 직장, 사업, 가정, 경제 등 제반 문제되는 일로 고통당하는 성도님들에게도 성령 강림하사 그 문제들이 해결되는 귀한 은총을 내려주옵소서.

그리고 저희 심령을 괴롭히는 온갖 사탄들을 성령의 불로 태우사 저희 진리의 말씀이신 주 성령이여! 저희 교회에 성령충만, 은혜충만으로 채워주시고 새롭게 변화시켜 주옵소서.

그리하여 저희 교회가 진리의 등불이 되어 잠들어 있는 심령을 깨우고 어둠 속에서 방황하는 심령들을 생명의 길로 인도하는 도구가 되게 하옵소서.

이 시간 주님의 진리의 말씀을 전하실 목사님을 인도하여 주시사 그 입술을 통해 나오는 말씀이 뜨거운 은혜의 말씀, 성령 충만한 말씀이 되게 하시며 말씀을 듣는 저희 성도의 가슴이 뜨거움으로 가득 차게 하여 주시옵소서. 또한 찬양으로 예배를 돕는 성가대 위에도 성령을 충만케 하옵소서. 이 찬양을 듣는 성도님들에게 감동을 주는 찬양이 되게 하옵소서.

성령께서 저희 예배를 친히 인도하여 주시기를 간절히 바라며 죄악에서 우리를 구원하여 주신 예수 그리스도의 이름 받들어 기도하옵나이다. 아멘.

어린이주일 예배

대표기도

어린 아이들을 품에 안아 축복해 주신 주님!

오늘 어린이주일을 맞이하여 티없이 맑고 순수한 어린 아이들과 함께 예배드리게 됨을 진심으로 감사를 드립니다.

주님께서 세상에 계실 때에 어릴 적부터 부모님께 효도하셨던 것처럼 이 어린 아이들도 순종과 효를 행하게 하시고 장차 이 나라와 민족을 위하여 쓰임 받는 큰 그릇들이 될 수 있도록 이 아이들의 성장 과정을 주께서 간섭해 주시고, 죄악이 관영하고 유혹이 강한 이 시대 속에서 성령의 사람으로 거듭나게 도와주소서.

사랑의 주님! 날로 심각해져 가는 청소년 문제도 분명코 이 중요한 성장기에 부모의 사랑이 결핍된 까닭으로 많은 책임도 있는 줄 아오니 주께서 역사해 주옵시고, 이들을 가르치는 모든 교사들에게 주님의 포근한 사랑으로 어린이들을 잘 지도할 수 있는 크신 은혜를 베풀어주시옵소서.

주님께서 자녀를 노엽게 말라 하였사오니 은혜와 사랑으로 이 어린 아이들을 잘 양육할 수 있는 인내와 지혜를 주시옵고, 또 누구든지 어린 아이같이 되지 않으면 결단코 천국에 들어가지 못하리라 하신 말씀을 기억하오니 저희들도 저 어린 아이들처럼 순수한 믿음과 순종으로 주님을 섬길 수 있는 크신 은혜를 베풀어주시옵소서.

이 시간 말씀을 증거하시는 귀하신 목사님께 권능과 사랑으로 함께하여 주옵시고 다함께 은혜를 나누는 귀한 시간이 되게 하옵소서.

예수님 이름으로 기도드립니다. 아멘.

어버이주일 예배

대표기도

사랑의 하나님 아버지!

우리에게 우리를 낳으시고 키우신 부모님을 주셨음을 감사드립니다. 모세의 계명에 "네 부모를 공경하라 그리하면 너희 하나님 여호와가 네게 줄 땅에서 네 생명이 길리라"고 말씀하셨습니다.

우리를 낳으시고 키우신 부모님을 우리도 주 안에서 공경하게 하시고 그 말씀을 순종하게 하옵소서.

하늘보다 높고 바다보다 깊은 부모님의 은혜를 항상 잊지 말게 하시고, 그 사랑을 통해 하나님의 크신 사랑을 깨닫게 하옵소서.

저희로 하여금 부모 공경을 가르치는 말씀에 귀를 기울이게 하시며 순종하게 하소서. 룻의 효도를 저희에게 본으로 주신 하나님 저희도 효도의 모범을 주위에 보이게 하소서. 효도의 모범을 보이므로 불효

라는 오해를 씻게 하소서.

주여, 이 땅에는 아직도 완전히 복음화되지 못한 가정들이 많습니다. 이 땅이 복음의 물결로 덮이게 하사 저희들의 가정이 복음화 되어 이 땅에서 천국의 기쁨을 미리 맛보게 하소서. 저희들의 효도가 형식적인 것이 되지 말게 하시고 이 주간에 그치는 것이 되지 않게 하소서. 성심있는 효도가 되게 하소서.

우리에게 부모님을 주신 예수 그리스도의 이름으로 기도드립니다. 아멘.

맥추감사절 예배
대표기도

때를 따라 은혜의 단비로 먹여 주시고 보살펴 주시는 하나님 아버지!
파종하여 수확할 때까지 이른 비와 늦은 비를 내려주셔서 풍성한 열
매를 허락하사 오늘 맥추감사절로 예배드리게 하시니 찬양과 감사
를 드립니다. 주께서 추수 때마다 감사하게 하시고 다시 때를 따라
맥추기를 주셔서 우리의 생활을 도우시고 풍성하게 하셨건만 저희들
은 주님의 은혜와 사랑을 망각하고 단순한 이기적인 생각으로 자신
만을 위해 제멋대로 사느라 주님의 명령에 순종치 못했나이다. 저희
들의 심령에 변화를 주셔서 나태함과 이기심을 버리게 하시고 회개하
는 심령을 용서하여 주시옵소서.

공중에 나는 새도 먹여주시고 들의 백합화도 입혀주시고 하늘과
땅의 모든 것들과 땅 아래 물속에 있는 모든 것들로 우리들을 먹이

시고 입히시되 풍성하게 하시는 하나님 아버지! 주신 은혜와 축복을 감사하옵고 주신 은혜를 기억하여 저희들이 하나님께 감사와 영광을 돌리오니 감사와 찬송을 열납하시고 저희들의 영육 간에 축복하여 주시옵소서.

오늘 맥추 감사절을 맞아 저희들이 몸과 맘을 다하여 정성껏 드리는 이 예물을 받아주시고 열납해 주옵소서. 더욱 감사의 조건이 늘어가는 귀한 믿음들로 이끌어 주옵소서. 그리하여 저희들의 생활에 늘 풍성한 결실이 맺혀서 소중한 열매를 더 많이 주님 앞에 바치게 인도하옵소서. 오늘 감사의 제단을 쌓는 저희들의 예배에 주께서 임하시고 홀로 영광 받으시며 모든 순서를 주관해주옵소서.

이 시간 저희들이 늘 당신의 은혜를 깨닫고 감사하는 생활이 되게 하시옵기를 간구하오며 축복의 근원되시는 예수님 이름으로 감사하며 기도드립니다. 아멘.

추수감사절 예배

대표기도

아버지 하나님!

저희들의 생명을 지금까지 연장시켜 주심을 먼저 감사드립니다.

또한 지난 일 년 동안 우리와 함께해 주셔서 오늘 추수감사의 예배를 드리게 하심을 감사합니다.

농부가 추수의 첫 열매를 드리는 기쁨과 함께 우리도 지난 일 년 동안 각기 처해 있는 일터와 가정에서 큰 어려움과 실수함이 없게 하시고 오늘 감사절을 지키게 하심을 감사합니다.

범사에 감사하라고 하신 주님! 우리는 오늘에만 감사하는 것이 아니라 모든 일에 감사하는 삶을 살게 하옵소서.

이 한해도 많은 것을 체험하게 하신 것 감사드립니다.

믿음이 자라게 하시며 교회를 부흥시켜 주시니 감사드립니다.

저희들의 자녀를 보호하여 주시며 성장시켜 주시니 감사드립니다.

이 민족을 강한 손과 펴신 팔로 인도해 주심도 감사드립니다.

많은 환난 중에서 보호하심에 감사드립니다.

주여! 주는 감사하는 영혼들에게 더욱 감사할 일들을 풍성하게 주시는 분임을 알게 하소서. 지나온 일 년을 돌아보면서 감사의 두 글자를 뚜렷하게 새기는 저희들이 되게 하소서.

예수님의 이름으로 기도드립니다. 아멘.

성서주일 예배

대표기도

진리이신 아버지 하나님!

성서 말씀 가운데 당신의 뜻을 계시하여 저희로 생명길을 따를 수 있도록 인도하여 주신 구원의 주님께 찬양과 경배를 드리나이다.

성경 말씀을 통해서 진리를 모르던 저희들에게 진리를 깨우쳐 주시고, 아버지가 누구이신지 모르던 저희들에게 아버지 하나님을 계시하여 주시며 목마른 심령들에게 영원히 목마르지 않는 생명수로 채워 주시는 주님의 은혜를 생각할 때마다 감사를 드리지 않을 수 없나이다.

주님! 저희는 마음이 완악하여 주님의 말씀을 묵상하여 그 뜻을 따르기 보다는 제 뜻을 좇고 제 마음대로 모든 일을 행하고 훈계의 말씀은 귓전으로 흘려버린 채 세상의 부귀영화를 얻으려고 달음질치며 살아왔나이다. 이런 잘못된 생각과 행동으로 살아온 저희들을 주님의 크신 사랑으로 용서하여 주시옵소서.

주님! 주님께서는 저희의 입 속에 송이꿀보다도 더 단 말씀을 넣어 주셨건만 저희 심령이 더러워져서 이 달콤한 말씀을 삼킬 줄 모르고 내뱉곤 했으며, 저희 심령이 죄악된 곳에 빠져 있어서 구원의 길을 밝혀 주는 진리의 말씀을 멀리하려고 애썼사오니 주님께서 저희들의 심령을 정결케 하여 말씀의 달콤한 향내를 즐겁게 맡으며 진리의 길을 기꺼이 따르는 믿음의 권속들이 되게 하여 주시옵소서.

거룩하신 하나님 아버지!

저희 교회에 주님의 말씀이 늘 살아 움직이며 주님의 말씀이 놀랍게 역사하는 능력 있는 교회가 되게 하옵소서. 주의 말씀을 증거하며 전파하는 데 수고하는 분들이 있사오니 그들의 수고를 주께서 기억하시고 아직까지도 주의 복음이 전파되지 못한 어두운 땅에 빛으로 임하시옵소서.

말씀으로 성육신하여 오신 거룩하신 예수님 이름으로 기도드립니다. 아멘.

성탄절 예배

대표기도

하늘에 계신 하나님 아버지!

우리 주님께서는 이 세상에 비천한 몸을 입으시고 오셨기에 누구도 주를 영접치 아니했으나 영접하는 자에게는 하나님의 자녀가 되는 권세를 주신다고 말씀하셨사오니 우리가 이 시간에 겸허한 마음으로 이 땅에 오신 예수님을 영접하게 하옵소서.

주님께서 세상에 탄생하셨을 때 동방박사들이 주님을 찾아 경배했던 것과 같이 우리도 주님을 찾아 우리의 가장 귀한 예물인 황금과 유향과 몰약을 드리게 하옵소서.

주님께서 탄생하시던 밤에 양치던 목자들이 아기 예수께 경배함과 같이 우리도 예수를 찾아 경배케 하고 하늘의 천군천사들과 함께 지극히 높은 곳에서는 하나님께 영광이요 땅에서는 기뻐하심을 입은 사람들 중에 평화가 있음을 찬양케 하옵소서.

사랑의 주님께서 이 땅에 다시 오셔서 전쟁 없는 평화, 미움 없는 사랑, 대립 없는 화해, 그리고 죽음 없는 영생의 축복을 내려주시옵소서.

우리를 위해 몸을 입으시고 이 세상에 오신 예수 그리스도의 이름으로 기도드립니다. 아멘.

송년주일 예배

대표기도

거룩하신 하나님 아버지!

은혜를 감사합니다. 다사다난했던 한해를 주님의 은혜 가운데 큰 어려움 없이 지나게 해 주셨음을 감사합니다. 지난 일 년 동안 하나님 앞에서나 사람들 앞에서 실수한 것이나 부끄러웠던 것이나 범죄한 모든 불의와 죄를 자복합니다. 사랑의 주님, 우리를 긍휼히 여겨주옵소서.

우리 자신이 금년에는 좀더 의롭고 신실하게 살기를 다짐하였으나 우리의 기도대로 살지 못하고 신실치 못한 연약한 삶을 살았던 자신을 고백합니다. 옛 시인은 인간의 연수를 자랑할 것 없는 것임을 말씀하면서 "우리의 연수가 칠십이요 강건하면 팔십이라도 그 연수의 자랑은 수고요 슬픔이요 신속히 날아간다"고 했는데, 지난 일 년 동안 게으르고 불의했던 삶을 고백합니다.

열매를 구하시려고 찾아오시는 주님!

우리 자신이 열매 없는 한해의 삶을 살았던 것도 고백합니다. 주님! 우리를 긍휼히 여겨주옵소서.

주님! 다시 한 번 긍휼의 은총을 내려주시기를 기도하오며 무상한 인생의 삶을 살지 말게 하시고, 뜻있게 살도록 우리를 붙들어 주옵소서. 하늘 아래 새 날, 새 것이 없음을 확실히 깨닫게 하시고 영원하신 하나님만 의지하게 하여 주옵소서.

하나님! 다가올 새 날을 향하여 우리가 떳떳한 희망을 안고 서기를 원합니다. 용기있는 눈빛으로 바라보기를 원합니다. 당신의 종으로서 부끄럽지 않기를 간절히 바랍니다. 도와주옵소서. 우리를 긍휼히 여기시는 예수님 그리스도의 이름으로 기도합니다. 아멘.

송구영신 예배

대표기도

자비하시고 은혜로우신 하나님 아버지!

지난 일 년이 순식간에 다 지나갔나이다. 묵은 해를 보내고 새해를 맞도록 주께서 지난 한해 우리나라와 교회를 지키시고 저희들의 가정과 직장과 사업장을 지켜주시고 가정과 저희들을 보호하여 주셔서 이 시간 송구영신 예배로 주님께 찬송과 영광을 드리도록 허락하시니 감사하옵고 감사드리옵니다.

지난 한해를 돌이켜 생각해 보면 너무도 많은 은혜와 축복을 받았으면서도 저희들은 주님께 서약한 대로 살지 못하고 허송했나이다. 저희들은 주님의 크신 사랑으로 용서하여 주시고 새해에는 두 번 다시 그런 잘못을 저지르지 않게 믿음으로 무장할 수 있게 도와주시사 주님께 헌신봉사할 수 있게 하옵소서.

이제 새해를 맞이하여 비옵기는 저희 국가를 다스려 주옵소서. 위정자를 잘 다스려 번영과 안정 그리고 풍년을 주셔서 온 국민이 주의 복을 누리게 하옵소서. 폭력시위나 무질서 모든 사회 악을 추방하여 보다더 안정되고 질서가 확립되면 자유가 보장되어 행복하게 살 수 있게 평화를 주시옵소서.

주예! 금년에도 저희 교회가 교인 배가 운동과 농어촌 미자립교회 보조 및 해외선교 그리고 교인의 신앙의 내적 충실을 계획하였으며 이 것을 위해 예산을 채택했사오니 이 모든 계획한 사업 위에 축복하여 주셔서 목표를 달성하게 하시옵소서. 주님의 몸된 교회가 주님의 명령에 순종하여 세상에 복음을 증거하는 일에 앞장서며, 어두움에서 방황하는 세상 사람들을 빛으로 인도하는 빛의 사자 역할을 잘 감당하게 하시고 주께서 함께하셔서 저희 교회가 더욱 부흥 발전케 축복하여 주시옵소서.

특히 교회를 섬기는 목사님을 축복하여 주시옵소서. 특히 저희 교회를 섬기는 목사님께 축복하여 주시사 올해도 어린 양을 치시는 목자로서 진리의 말씀으로 저희들을 맑은 물이 흐르는 쉴만한 푸른 초장으로 인도하시고 먹이실 때에 부족함이 없게 성령으로 채워주시고 영육 간에 강건케 붙들어 주옵시며 가정을 화평으로 지켜 보호하여 주시옵소서.

은혜가 풍성하신 하나님!

새해를 맞아 성도의 온 가정이 신앙생활에 충실하며 평강과 감사의

236

제목이 많게 하시고, 사업을 주의 말씀대로 잘 경영하여 큰 축복을 받아 주의 사업과 구제하는 일에 풍족하게 하옵소서. 성도들의 자녀들에게 복을 내려주셔서 교회생활과 가정생활과 학교생활과 사회생활에 온전한 훈련을 받아서 가정과 교회와 국가에 유능한 자들이 되게 하시고 노령의 교우님들에게도 구원과 내세의 소망이 확실하게 하시고 남은 삶 동안에 주의 이름을 나타내며, 후대를 위해 기도하며 축복하는 자들이 되게 하옵소서.

자비로우신 하나님! 새해를 맞으면서 저희들이 진정으로 드리는 이 예배를 주께서 기쁘게 열납하시고 이제 저희들이 주님의 은혜 가운데 무사히 지낼 수 있게 보호하여 주시옵소서.

이 송구영신 예배의 시종을 알파와 오메가 되시는 주님께 맡기오니, 주관하여 주셔서 은혜받는 시간이 되게 하여 주시길 거룩하신 예수 그리스도의 이름으로 기도드립니다. 아멘.

주제별 대표기도

3.1절에 드리는 기도

사랑의 하나님 아버지!

잔학무도한 군국주의 일본에 우리 민족이 주권을 빼앗기고 압박과 서러움을 당할 때 사랑 많으신 하나님께서 저희 민족을 긍휼히 여기시어 조상들에게 굳센 자주 독립정신을 주셨고 기미년 3월 1일 독립 만세를 부르며 일제의 무차별 살상의 총칼 앞에서도 굴하지 않고 항거하여 의연히 맞설 수 있는 용기를 주셨고 마침내 독립을 허락하시고 이제는 세계의 제사장 나라로 삼으심을 감사합니다. 그날의 불의의 폭력에 항거한 우리 조상들의 얼을 기념하는 예배로 드리게 허락하여 주시니 감사와 찬양을 드립니다.

하나님 아버지! 일제의 포악한 침략과 잔인한 착취에 대한 아픔도 저희들이 기억하지만 거짓되고 타락한 정부와 국민이었기에 약탈당하고 망했음을 더욱 회개하는 민족이 되게 하시고, 불의한 폭력과 타락한 양심으로 진리를 외면하고 공의를 묵살하는 죄를 범하는 나라가 되지 않게 하옵소서.

망국의 설움과 절망과 좌절 속에서도 희망과 용기를 잃지 않고 하나님께 의지하며 기도하는 조상들의 믿음을 기억하게 하시고 그 용기를 본받게 하옵소서. 간절히 바라고 원하는 것은 비굴한 종과 노예 되기를 거부하고 빼앗긴 나라와 이 민족의 주권을 위하여 죽음을 무릅쓰고 투쟁하다 쓰러진 그 분들이 저희들 가슴에서 사라지지 않게 하옵소서.

특별히 기도하오니 주님께서 세우신 몸된 교회를 위하여 순교한 믿음의 조상들을 주님께서 기억하시고 자손들에게 크신 축복을 허락하옵소서. 그 때의 조상들과 교회들이 피흘려 지킨 주의 제단과 믿음을 본받게 하옵소서.

거룩하신 하나님 아버지!

이 나라와 민족을 위하여 기도드리나이다. 저희들에게 이 나라를 지켜 나가는 힘을 주시고 더욱 이 땅을 주님의 말씀과 성령이 살아 움직이는 땅이 되게 하옵소서. 그리하여 다시는 치욕과 슬픔의 역사가 없게 하시고 전진과 영광만이 가득찬 조국으로 키워주시며 모든 백성들이 주님의 복음을 믿고 섬기는 나라가 되게 하옵소서.

나라를 이끌어가는 대통령을 비롯한 모든 공직자들이 겸손함을 알게 하시고 백성을 존중히 여기며 사리사욕에 어두운 사람들이 되지 않게 하옵소서. 그들이 진정으로 여호와 하나님을 두려워하며 주님을 경외하게 하시고 영영토록 주님을 섬기는 백성이 되게 하옵소서.

역사를 주관하시며 이 민족을 사랑하시는 예수님 이름으로 기도드립니다. 아멘.

4.19 기념일에 드리는 기도

공의를 강같이 흐르게 하라 말씀하신 하나님 아버지!

지난 날 이 나라의 독재와 부정부패에 항거하여 목숨을 내걸고 궐기하였던 학도들의 그 숭고한 정신을 본받기 위해 오늘 4.19 기념일을 맞아 이처럼 기념예배를 모이게 허락하신 하나님께 감사와 찬양을 드립니다.

하나님 아버지!

분명 4.19는 어둠과 불의와 비진리에 대하여 새로운 길을 비추는 한 줄기 빛이었으며 억압과 기만에 대하여 행동한 위대한 몸짓이었나이다. 역사의 꽃인 순수한 학생들이 4.19의 피로 화해의 제물을 올렸으니 주여! 그들의 숭고한 뜻이 이 나라의 역사 위에 영원토록 기억될 것이며 그들의 용기 있는 행동은 이 민족을 바른 길로 인도할 것을 믿나이다.

정의와 사랑의 하나님 아버지!

오래 전부터 이 백성을 택하시고 사랑해 주시고 지켜주시니 감사드리나이다. 많은 환란과 역경 속에서도 저희들을 버리지 않으시고 손을 내밀어 일으키시고 구해 주셨음을 저희들은 믿사옵니다. 주께서 친히 다스리시는 이 나라가 되게 하옵소서. 그리하여 이 땅에 온전한 민주 국가를 세워주시고 불의와 독재와 폭력이 없는 나라로 이끌어주옵소서.

오, 주님이시여!

이 땅은 아직도 완전한 민주주의가 실현되지 못하고 있사오니 어서 빨리 민주주의가 완전히 실현되는 복지국가가 되게 하셔서 늘 평화와 사랑이 넘치는 나라가 되게 하옵소서. 그러기 위해서는 온 백성이 자유와 정의의 왕 되시는 주님을 사모하는 생활이 되게 하시고 위정자들은 하나님을 경외하며 백성을 두려워하는 정치를 하게 하옵소서.

만군의 여호와 하나님!

자유를 위하여 절규하던 학생들의 함성이 지금도 귓전에 들리듯 생생한데 저희들은 어느덧 그 숭고한 정신을 잃어가고 있사오니 저희들의 심령을 새롭게 하시어 그 분들의 숭고한 뜻과 정신을 기억하여 이 나라를 의의 길로 인도하게 하옵소서.

정의를 사랑하시는 예수님 이름으로 기도드립니다. 아멘.

현충일에 드리는 **기도**

은혜롭고 자비로우신 하나님 아버지!

오늘 현충일을 맞이하여 주님 앞에 모여 예배를 드리도록 허락하심을 감사합니다.

우리 민족을 사랑하사 일제 치하로부터 해방의 기쁨을 허락하시고 공산당들의 무법한 침략 중에서도 지켜주시며 오늘의 번영과 이 땅의 복음의 꽃을 피우신 그 사랑과 은혜를 감사드리옵니다. 거룩하신 하나님 아버지! 이 민족이 수난을 당하며 쇠약해지는 것은 죄악을 인함임을 이스라엘의 역사를 통하여 우리는 잘 알고 있사옵니다.

우리 민족이 수많은 침략과 수난을 당하며 살아온 것은 근본적으로 하나님을 섬기지 않은 죄악 때문이옵니다. 주님께서는 지난 역사를 통하여 우리 민족에게 그 사실을 교훈하며 연단하셨사옵니다. 그러나 아직도 분별치 못하는 저희 민족을 불쌍히 여겨주시옵소서.

하나님 아버지! 이 땅의 수많은 생명들이 하나님을 대적하는 공산당들의 침략을 막다가 아낌없이 피와 목숨을 바친 젊은이들, 피어보지 못하고 쓰러진 꽃송이처럼 그들은 사라져 갔습니다. 그러나 그들에 대한 감사한 마음은 영원히 남을 것입니다. 그 분들이 있었기에 오늘의 조국과 교회와 주의 복음이 있사오니 전능하신 주여! 저희들이 그 분들의 애국의 충정을 본받게 하옵소서.

주님! 유족들의 슬픔 마음을 위로하여 주시옵소서. 그리고 저희들은 순국선열들의 얼을 생각하며 하나님의 섭리를 생각하는 귀한 예배가 되게 하여 주시옵소서. 다시는 이 땅에 그와 같은 처절한 비극의 역사가 일어나지 않도록 하여 주옵소서.

거룩하신 하나님 아버지! 하나님을 알지 못하는 사악한 무리들을 멸하시며 삼천리 강산이 복음의 강산이 되게 하여 주시옵소서. 그리하여 지난 날의 희생이 헛되지 않게 하여 주시옵소서. 이 민족을 사랑하시는 하나님의 영광을 드러내어 주시옵소서.

거룩하신 하나님! 이 예배를 흠향하시며 저희들의 마음속에 이 민족을 뜨겁게 사랑하시는 하나님의 섭리를 깨닫게 하여 주시기를 간절히 기도드리옵나이다.

예수 그리스도의 이름으로 기도드리나이다. 아멘.

6.25기념일에 드리는 기도

전능하시고 영생하시는 하나님!

오늘은 6.25 기념일을 맞아 동족상잔의 피비린내 나는 참변을 상기해 볼 때에 공의로운 하나님께서 주신 8.15 해방을 탐욕거리로 여겨 한반도를 남북으로 38선을 그어 나누더니 급기야 북한 공산군의 남침으로 6.25가 발발했으니, 이는 하나님의 법도를 무시하고 공의를 무시하며 자기네의 힘만 믿고 자신의 힘으로 전쟁을 일으켰음을 고백하오니 저희들의 죄를 회개하게 하시고 용서해주옵소서.

은혜로우신 하나님 아버지!

전쟁으로 인하여 이 강산이 두 동강이 나고 수많은 젊은 생명들이 조국을 지키기 위해 목숨을 버렸으며 수많은 재산이 불에 타서 하루아침에 재가 되었나이다. 가족들은 뿔뿔이 흩어져 생사조차 모른 채 이산가족이 되고 말았으니 주님이시여! 이 땅의 아픔을 주께서 위로하시고 친히 보살펴주옵소서.

주님! 지금의 우리나라는 민주화라는 물결 속에서 정치적·경제적으로 혼란한 상태에 빠져있습니다. 주여! 이 난국을 타개하기 위해 있는 저희 국민들을 불쌍히 여기시어 완악하고 교만한 생각을 버리고 공의로우신 주님께 매달려 의지하는 그 날에 이 땅에서 정치 경제의 불안과 전쟁의 공포가 사라지고 오직 평화와 공의만이 이 땅에 가득하게 하옵소서.

모인 무리를 흩어지기도 하며 분열되어 있는 무리를 다시 모이기도 하시는 전능하신 아버지! 민족 분단의 현실 앞에서 애통해 하고 있는 저희 민족을 긍휼히 여기사 저희 민족의 염원인 평화통일을 하루 속히 이루어주시옵소서. 언제까지 이 백성이 전쟁의 위협 속에서 떨며 두려워하고 지척에 있는 형제가 서로 생사를 모른 채 안타까운 나날을 보내야 합니까? 언제까지 이 백성을 사망의 그늘에 방치해 두셔서 유리 방황하게 만드시렵니까? 오, 주여! 이 백성에게 내리신 진노를 거두어 주시고 방황하는 이 백성을 주님의 사랑으로 감싸주시옵소서.

예수 그리스도 이름으로 간절히 기도드립니다. 아멘.

국군의 날에 드리는 기도

악한 원수 마귀를 무찌르고 승리하신 선한 군대의 대장되시는 주님
께 찬양을 드립니다. 또한 이 시간 저희를 십자가의 군병으로서 선한
싸움의 대열에서 있음을 자각하며 주님의 뒤를 따를 수 있도록 인도
하여 주시니 진정으로 감사하옵나이다.

　주님! 그렇지만 저희는 마음을 온전히 주께 바쳐 주님을 따르며 주
님이 가신 그 십자가의 길을 가려고 하지 않고 주님이 주시는 생명의
면류관만 받으려고 하는 패역한 죄인들이오니, 더러운 저희 심령을 주
님의 보혈로 깨끗하게 하여 주시며 저희의 빈 마음을 성령으로 채워
주시사 이 거친 세파를 헤쳐나아가 주님의 보좌에 이를 수 있도록 인
도하여 주옵소서.

주님! 이 나라에는 많은 군인들이 있고 예비군이나 민방위 등의 방어 세력과 최신형 무기도 많이 있어 세상 사람들은 이러한 군사력을 믿고 안심하고 있지만 제 아무리 훈련이 잘 된 군사들과 최신형 무기들이 많이 있다 하더라도 주님이 허락하시지 않으면 전쟁의 위험을 떨쳐낼 수 없고 참혹한 사망의 늪에서 구원받을 수 없음을 깨달아 만물을 주관하시는 주님께만 소망을 두고 주님만을 의지할 수 있도록 저희들의 마음을 주장하여 주시옵소서.

특별히 군인들이 먼저 하나님의 뜻으로 전신갑주를 입고 믿음으로 방패를 삼고 진리로 허리띠를 삼고 구원의 투구와 성령의 검으로 단단히 무장하고 전진하는 하나님의 전사들이 될 수 있도록 인도하옵소서. 저들이 인간적인 계획에 의지하다가 악한 마귀의 전쟁 놀음에 희생되는 일이 없도록 주님의 말씀으로 덧입혀 주시고, 믿음을 가지고 이 땅의 안보를 담당하며 주님께 큰 영광을 돌릴 수 있도록 허락하여 주시옵소서.

평화의 왕이신 주예!
오직 주님만이 저희들에게 진정한 평화를 가져다 주실 수 있는 분임을 알게 하시어 인간의 힘으로 이루어 보겠다는 교만한 마음을 버리고, 처음부터 끝까지 모든 것을 주님께 맡기고 저희는 최선을 다해 주님의 일을 도와 드리는 겸손한 동역자들이 되게 하옵소서.

특별히 이 백성을 긍휼히 여기사 종족끼리 겨누며 피를 흘리는 불행이 다시는 이 땅에서 일어나지 않도록 도와주시며 남과 북의 군인들이 총과 칼을 내려놓고 화해의 악수를 나누며 얼싸안은 사랑의 역사가 일어나게 하옵소서.

특별히 이 시간 진리의 말씀을 듣지 못하고 거짓 사이에 둘러 쌓인 채 신음하고 있는 저 이북의 동포들의 입 속에 송이꿀보다도 더 단 주님의 말씀을 넣어주시고 그들의 목마른 심령을 생명수로 채워 주시옵소서.

예수님의 이름으로 기도드립니다. 아멘.

제헌절에 드리는 기도

전지전능하시며 인간의 공의와 진리가 되시는 하나님 아버지!

제헌절을 맞아 저희 나라를 세워주시고 지금까지의 역사에서 지켜 주시며 특별히 민주주의 국가로 세워주시고 법치국가로 이끄셔서 모든 백성들이 법 앞에 평등하게 살게 하시니 감사합니다.

주님이시여! 이 제헌절에 법의 근본 원천이 주님의 거룩하신 말씀이며 가르침이라는 것을 저희가 깨닫게 하옵소서. 주님께서는 저희들에게 십계명을 주시고 실천하게 하였지만 저희들은 믿음이 약하고 마음이 정결치 못하여 많은 죄를 범하며 살아가고 있사오니 회개하게 하시고 새로운 결심을 갖게 하옵소서.

헌법을 세우신 하나님 아버지여!

아무리 훌륭한 법일지라도 그 법을 집행하는 사람의 양심이 비뚤어져 있고 하나님을 경외할 줄 모른다면 그것을 개에게 진주를 던지는 격이오니 법규 집행자들의 심령에 주께서 찾아가셔서 공의로운 법규 집행을 하도록 인도해 주시며 그들의 마음속에 주님을 경외하는 믿음이 싹이 터서 주님이 원하시는 바대로 법을 집행할 수 있는 은혜를 내려주시옵소서.

특별히 주님께서 그들을 법률 집행자로 택하여 쓰시는 그 뜻을 깨달아 모든 권한을 주께 돌리며 주님께서 사회 질서를 유지하기 위해 자기들을 도구로 쓰시는 것뿐이라는 겸손한 자세로 이 백성을 공의롭게 다스려 나가는 주님의 종들이 되게 하옵소서.

이 시간 저희가 드리는 이 제헌절 기념예배가 연례행사로 끝나지 말게 하시고 우리의 마음속에 일반 사회의 법 제정과 그 준법 정신을 기리고 다지는 것보다 주님의 준엄한 법도를 되새기는 계기로 살게 하옵소서.

주께서 인도하여 주셨으니 앞으로도 주님의 법으로 다스려주옵소서. 세상의 법 이전에 저희들이 주님의 말씀, 율법, 교훈대로 생활하는 믿음을 갖게 하시고 이 나라가 인간적인 법에 의해 통치되는 것이 아니라 높고 귀한 주님의 법에 의해 통치되게 하셔서 죄악, 거짓, 다툼이 없는 화평의 나라가 되게 하옵소서.

주님께서 예배의 시종을 지켜 주시고 앞으로의 모든 계획과 순서들을 지켜 주실 줄 믿사옵고 예수님의 이름으로 기도드립니다. 아멘.

광복절에 드리는 **기도**

거룩하신 하나님 아버지!

주님의 사랑과 능력과 지혜를 찬송하나이다. 고난과 시련의 역사만을 거듭해 온 이 민족을 긍휼히 여기사 해방의 기쁨을 주셨으니 감사를 드리나이다.

하나님 아버지! 저희 백성들이 일제 35년 동안 이 땅을 빼앗기고 어둠의 역사를 산 것은 주님의 말씀대로 살지 못하고 서로 사리사욕에 눈이 어두웠으며 온 백성과 위정자들이 한마음으로 뭉치지 못한 죄 때문임을 솔직히 고백하오니, 저희들의 고백을 들으시고 이 민족을 불쌍히 여기사 용서해주옵소서.

능력의 하나님 아버지! 일제의 압제 속에서 저희들은 주권도 인권도 빼앗기고 민족의 사상은 쇠퇴하였으며 모든 꿈과 희망은 사라졌나이다. 수많은 젊은이들이 총알받이로 끌려갔고 모든 자유를 유린당하는 완전한 어둠과 치욕 속에서 살았나이다. 뿐만 아니라 많은 성전과 믿음의 선배들이 피를 흘리며 고난을 당하였고 주님의 이름은 더럽혀졌나이다. 그러나 주님께서는 이 백성과 민족의 아픔을 외면치 않으시고 해방의 기쁨과 감격을 허락하셨고 어두운 역사를 밝은 빛으로 인도하셨으니 그 자비하심과 은혜를 찬송하옵고 감사드리나이다.

전능하신 아버지시여!

이 나라의 독립과 해방을 위하여 피와 땀과 목숨을 다 바쳐 투쟁하고 숨져간 많은 선조들의 영혼을 주님께서 위로하시고 후손들에게 축복을 내려주옵소서. 그러나 이 나라의 고난은 아직도 끝나지 않고 나라가 남과 북으로 갈리어 있으며 6.25와 같은 동족상잔의 비극도 있었나이다. 참으로 부끄럽고 끔찍한 싸움을 저지른 이 민족을 주여 불쌍히 여기시고 용서하옵소서.

어서 속히 이 나라가 통일되게 하시고 비극과 시련의 역사에서 영광과 희망의 역사로 새롭게 변화시켜 주옵소서. 다시는 이 나라와 백성이 주님의 노여움을 사지 않으며 종의 멍에를 메는 비참한 역사가 되풀이 되지 않게 하옵소서. 온 국민이 더욱 뜨겁게 주님을 사모하여 성령의 인도 속에서 축복된 삶이 되게 하옵소서. 이 나라에 온전한 자유와 평화를 주옵소서.

예수님 이름으로 기도드립니다. 아멘.

제가 알아야 할 것을 알게 하시고
제가 사랑해야 할 것을 사랑하게 하시고
당신이 가장 기뻐하실 일을 찬양하게 하시고
당신의 눈에 귀한 것을 소중히 여기게 하시고
당신께 거슬리는 일을 미워하게 하소서

눈에 보이는 대로만 판단하게 하지 마시고
무지한 인간의 귀에 들리는 대로만
말하지 않게 하시고
눈에 보이는 것과 영적인 것 사이에서
진실한 판단으로 분별하게 하시고
무엇보다도 당신께서 즐거워하실 일이 무엇인지를
늘 살피게 하소서

제4장

헌신 예배를 위한 대표기도

제직 헌신 예배

대표기도

우리를 택하시고 부르시는 하나님 아버지!

감사와 영광을 드리옵니다. 세상에 수많은 사람이 사는 데 그 중에서도 가장 보잘 것 없고 미천한 저희들을 부르사 주의 몸된 교회를 섬길 수 있는 직분자로 세워주시고 일하게 하시오니 감사드립니다. 주의 몸된 교회에는 믿음과 성의와 열매를 가진 많은 지체들이 필요하기에 소명에 응하는 종들을 세우시고 맡은 자들에게 소명을 감당함으로 제단 앞에 온전한 헌신이 이루어지게 하사 맡겨진 복음사역에 희생과 봉사로 충성하게 하기를 간구합니다.

　초대교회 집사들과 같이 성령 충만한 제직이 되게 하시고 지혜가 있으며 믿음이 경건하고 진실하여 모든 사람으로 하여금 칭찬 받는 제직들이 되게 하소서. 교회를 사랑하는 마음을 주시고, 아끼고 봉사하고 싶은 마음이 늘 생기게 해 주시고, 몸과 마음을 온전히 바쳐 봉사하고 헌신할 수 있어 이 교회에서 꼭 필요한 일꾼들이 다 되게 하여 주옵소서.

하나님 아버지!

저희 제직들로 하여금 더 나아가서 세상 속에서도 소금과 빛의 사명을 다할 수 있게 하시고, 주님의 빛을 증거하는 제직들이 다 되게 하시고, 만나는 사람마다 그리스도를 증거할 수 있게 하시고 그 자리가 곧 복음 증거지가 되게 하옵소서.

그리하여 교회가 부흥되어 하나님께 인정받는 교회로 세워져가게 하옵소서. 오늘 이 예배를 통하여 이와 같은 다짐과 은혜의 시간이 되게 하여 주시고 말씀을 증거해 주실 사자들과 순서를 맡은 모든 분들에게도 은혜와 축복을 내려주옵소서.

예수님의 이름으로 기도드립니다. 아멘.

남전도회 헌신 예배

대표기도

땅 끝까지 이르러 주님의 증인이 되라고 명하신 주님!

이 시간 우리 남전도회 헌신예배를 드릴 수 있도록 귀한 은총을 베풀어 주심을 감사와 영광을 드립니다. 주여! 이 예배가 아벨의 제사처럼 하나님 아버지께서 열납하시는 영과 진리의 헌신예배가 되게 하여 주옵소서.

주님! 감사하옵기는 수많은 사람들은 세상 어두운 길로 향하고 있지만 허물진 죄인들을 택하사 하나님의 백성으로 삼으시고 하나님을 섬기는 아들로 택하여 주심을 무어라 형언할 수가 없나이다. 이 시간 부름 받은 자로서의 소명감이 생기게 하여 주시기를 원합니다. 베드로를 부르시듯 저희 하나하나를 불러주옵소서. 저희들은 주님의 부름을 따라 베드로처럼 세상의 미련을 버리고 주님을 따라 나서게 하옵소서. 주님을 세상의 무엇보다 더 사랑하지 않고는 주님을 따른다고 할 수 없는 것도 잘 압니다.

사랑이 많으신 주님이시여! 이 시간 저희 회원 한 사람 한 사람으로 하여금 주님을 이 세상에 있는 그 누구 그 무엇보다도 더 사랑한다고 고백할 수 있게 해 주옵소서. 특별히 남전도회 회원들은 복음의 기수로서 청지기의 사명을 다하여 사랑이 메마른 이 땅 위에 사랑을 실천하고자 하는 뜨거운 열정을 주옵소서.

하나님 아버지!

하나님의 오른손을 힘차게 뻗어 죄악의 공해가 막심한 삶의 현장에서 신앙으로 승리할 수 있는 놀라운 역사가 나타나게 우리의 기도를 들어주시고 저희들의 삶을 주관하여 주옵소서. 이 시간 헌신예배를 드리는 귀한 복음의 역군들에게 성령의 능력과 지혜와 명철을 허락하여 주옵소서.

그리하여 주님의 몸된 교회를 위하여 봉사하는 일과 흩어져 삶의 현장에서 복음을 전하는 일, 사랑을 실천하는 일, 그 외에 무슨 일을 하든지 하나님의 영광을 위하여 일하는 귀한 존재가 될 수 있도록 인도하여 주옵소서. 이 시간도 말씀 속에서 심령의 갈증을 풀 수 있도록 흡족한 은혜의 단비를 내려 주옵소서. 이 은혜를 간직하고 증인으로서 사명을 다하는 모든 회원들이 되게 하옵소서. 주님! 우리의 헌신과 봉사가 한국과 세계 복음화에 큰 힘이 되도록 역사하여 주옵소서. 예수 그리스도의 이름으로 기도드립니다. 아멘.

여전도회 헌신 예배

대표기도

사랑의 하나님 아버지!

죄인들을 책망하고 꾸짖기보다는 불완전함과 연약함을 감싸주시고 사랑으로 상처를 어루만짐으로써 죄인들로 하여금 눈물을 흘리며 기도하게 하시는 사랑이 풍성하신 하나님 아버지!

이 시간 저희 여성도들이 아버지께 헌신예배를 드리기 위하여 마음과 정성을 한데 모아 귀하고 복된 시간을 허락하신 주님께 먼저 감사와 찬송을 드립니다.

자비로우신 주님!

일찍이 저희 여전도회를 사랑하여 주셔서 주님을 위한 여러 가지 사업을 계획하게 하여 주셨지만 저희는 가정과 자녀를 위한다는 핑계로 주님의 일을 소홀히 하였나이다. 저희를 용서하여 주시고 어리석은 다섯 처녀처럼 신랑이 올 때 기름이 없어 신랑을 따라가지 못하는 어리석음을 범치 않게 하옵소서.

하나님 아버지시여!

주님께서 이 세상에 계실 때에 지극히 연약한 여성들을 사랑하시고 돌보셨사오니 이 시간 저희들에게 임하셔서 저희의 연약하고 가냘픈 심령 위에 새로운 생명력과 힘을 주옵소서. 그리하여 이 험한 세상과 싸워 이기는 믿음의 승리자들이 되게 하옵소서.

주님께서 제자들의 발을 씻겨 주신 그 섬김의 자세를 저희 회원들이 다 본받아 다른 사람을 섬기며 사랑으로 감싸 주는 믿음의 여인이 다 되게 하여 주시옵소서. 민족을 구원한 에스더와 같은 믿음을, 가문을 구한 아비가일과 같은 강한 의지를 저희 여전도회 회원들에게 허락하여 주시옵소서.

주님! 이 시간 특별히 간구하옵기는 저희 여전도회에서 계획한 여러 가지 사업들을 믿음으로 실행해 나갈 수 있는 힘을 주옵소서. 저희 여전도회가 행하는 여러 가지 사업들을 통해서 믿지 않는 사람들이 큰 감동을 받게 하여 주시옵소서.

하나님 아버지!

저희들의 가정을 주관해 주시고 집안의 주인이 되시어 주님을 머리로 한 가정이 되게 하옵소서. 늘 사랑과 평화가 넘쳐서 작은 천국을 이루게 하시며 기도와 찬송이 끊임없이 울려 퍼지는 믿음의 가정들이 되게 하옵소서. 저희들이 자녀와 남편을 섬길 때, 믿음과 신앙 안에서 섬기게 하시며 믿음의 어머니, 신앙적인 아내가 되도록 은혜 내려주옵소서.

아직도 믿지 않는 저희들의 가족들이 하루 빨리 주 앞에 나와서 복된 주님의 말씀을 깨닫고 새 사람이 되는 놀라운 역사도 이루어 주소서. 이 시간 저희들이 정성을 다하여 주님께 영광을 돌리며, 주님을 위해 사는 여성들로 결단하는 시간이 되게 하옵소서. 특별히 목사님을 통해 주시는 말씀을 마음 깊이 아로새겨 삶의 여정표로 삼을 수 있도록 이끌어주옵소서.

자비로우신 예수님의 이름으로 기도드립니다. 아멘.

교사 헌신 예배

대표기도

길이요, 진리요, 참 생명이 되시는 거룩하신 하나님 아버지!

저희들을 주님의 거룩한 백성으로 삼아주시고 교사의 직분을 주셔서 어린 생명들에게 영원한 주님의 말씀을 가르치고 생명의 길로 인도할 수 있게 하시니 감사와 찬송과 영광을 돌리옵니다. 하나님 아버지! 저희들은 너무나 큰 주님의 은혜와 사랑을 받았으나 깨닫지 못하고 맡겨진 임무에 충실치 못한 것이 많이 있사오니, 저희들의 불충한 죄와 나태함을 용서해주옵소서.

이 시간 헌신의 제단을 주님께 바치오니 다시 한 번 저희들이 충성을 다짐하며 결심을 새롭게 하는 귀한 시간으로 인도하여 주옵소서.

주님이시여!

이 시간 교사들을 위하여 기도합니다. 먼저 저희들에게 강한 믿음을 허락하셔서서 가르치는데 있어서 세상적인 방법이나 얄팍한 지식으로 대하지 않게 하시고, 주님께서 주시는 능력을 힘입어 가르치게 하시옵소서. 그리하여 신앙의 본보기가 되게 하시고 기도하는 교사, 성경 읽는 교사가 되게 하시옵소서. 주님이시여! 저희들이 주님의 말씀을 가르칠 때 부족한 것이 많아서 어린 생명들을 가르칠 수 있을까 심히 두렵사오니 주님께서 저희의 부족함을 채워주시고 모든 것들을 성령으로 인도해 주시옵기를 간절히 바라나이다.

하나님 아버지!

저희들이 맡아서 지도하는 어린 생명들을 위하여 간구하오니, 한 생명도 실족함 없이 주님의 품 안에서 말씀을 좇아 자라나는 훌륭한 인격이 되게 하시고 주님의 큰 일을 감당하는 일꾼들로 자라게 축복하여 주옵소서. 악하고 험한 세상에서 자칫 죄악에 물들까 두렵사오니, 주님께서 그들과 친히 동행하시어 밝은 빛으로 인도해주옵소서. 저희 교회학교를 위하여 수고하시는 부장님과 총무님께 충만한 은혜를 주셔서 부족함 없이 지도하게 도와주시고 교사들의 가정과 사업과 학업의 여러 조건들도 주님의 일을 하는 데 합당케 허락하시옵소서.

예배의 모든 순서를 맡아 주관해주옵소서. 어린 생명을 사랑하시며 축복주시기 원하시는 예수님 이름으로 기도드립니다. 아멘.

성가대 헌신 예배

대표기도

찬송과 영광을 세세 무궁토록 받으시기에 합당하신 하나님 아버지!

오늘 밤 성가대 헌신예배를 열납하여 주옵소서. 우리 교회에 주님을 찬양하는 성가대를 주신 것을 감사하나이다. 이 밤에도 저들이 헌신할 때 헌신을 받으시고 사람만 기쁘게 하지 않고 하나님의 마음을 기쁘게 해 드리는 영가를 부르게 하옵소서.

찬송은 정직한 자가 마땅히 드릴 노래라고 했으니, 우리 교회 성가대의 찬양을 들어주소서. 성가대에 부르는 찬양이 사람에게는 영감을 전하게 하시며 구속받은 은총의 감격과 하나님의 영광을 송축하는 찬양이 되어 하나님께 크게 영광 돌리게 하옵소서.

즐거운 소리를 아는 백성은 유복한 자라 하신 주님!

우리로 항상 찬미의 제사를 드리게 하시며 평생에서 영원까지 시와 찬미와 신령한 노래로 우리 삶 속에 감동이 충만하고 하늘 영광의 찬양을 화답하는 송영이 되게 하옵소서. 우리의 생활도 찬송의 기쁨과 찬양의 감동으로 가득 채워주시고, 환난과 핍박 중에서도 쉬지 않는 노래가 계속되게 하옵소서.

주여! 간구하옵기는 사울 왕이 악신 들려서 고통당할 때 수금 타는 다윗의 찬양이 악신을 몰아낸 것처럼 우리 교회 성가대가 찬양을 부를 때마다 성도에게 붙었던 악신이 물러가는 영력있는 찬양이 되게 하시고, 병상에서 일어나지 못하는 환자에게나 슬픔과 고통을 안고 실의에 젖어 살아가는 모든 이에게 주님의 자비와 소망의 기쁨과 구원의 여망이 전해지게 하옵소서. 그리하여 주의 영광이 높이 높이 드러나게 하소서.

거룩하시고 영광으로 가득찬 예수님의 이름으로 기도드립니다. 아멘.

구역 권찰 헌신 예배

대표기도

인자하심과 긍휼하심이 풍성하신 하나님 아버지!

주님의 놀라우신 은혜와 사랑을 찬양드리나이다. 이 시간 교회의 각 지체인 구역을 돌보시는 구역장들과 권찰들이 정성을 모아 헌신의 제단을 쌓도록 인도하시니 감사하옵니다. 주님께서 이 예배에 임하시고 크신 축복 내려주옵소서.

거룩하신 주님이시여! 주님께서는 보잘 것없는 저희들에게 귀한 직분과 사명을 주셨지만 저희들은 아버지의 거룩하고 높으신 뜻을 알지 못하고 맡겨진 직분을 소홀히 생각하여 충성되지 못한 것이 많이 있사옵니다. 이 시간 저희들이 게으름과 불충을 회개하고 고백하오니, 모든 죄를 사하여 주시옵기를 바라옵고 원하옵나이다.

주님이시여! 이 시간 간절히 기도하옵는 것은 저희 구역 권찰들이 각 구역에서 당신의 사랑하는 자녀들과 그 가정을 잘 돌보며 위로하고 격려하며 권면할 수 있는 능력을 허락해주옵소서. 저희들이 맡은 구역에는 믿음이 약한 자들도 있고 새로 신앙생활을 시작한 초신자도 있사오며, 여러 가지 문제로 고민하는 성도들도 있사오니 저희 구역 권찰들이 뜨거운 사명감으로 그들을 돌보고 위로하는 데 게으르지 않도록 도와주옵소서.

하나님 아버지!

저희들의 각 구역들을 주님께서 축복하셔서 구역의 발전을 통하여 저희 몸된 교회가 크게 부흥하여 지역사회와 이 나라에서 주님의 영광을 드러내며 구원의 방주로서 역할을 감당하는 데 부족함 없게 축복하옵소서. 세우신 모든 구역장 권찰들의 영과 육의 건강을 주시고 가정을 평안을 주시며 생업에 번창을 주옵소서. 그리하여 늘 감격과 감시 속에서 기쁨으로 일하게 도와주옵소서.

오늘 드리는 이 예배가 저희들에게 기쁨이 되며 주님께는 크신 영광을 드리는 예배가 되게 하옵시고, 특별히 단 위에 세우신 귀한 목사님께는 능력으로 덧붙여 주셔서 말씀을 증거하실 때 큰 은혜 받을 수 있게 하옵소서.

예배의 시종을 주님께 맡기오며 사랑 많으신 예수님 이름으로 기도드립니다. 아멘.

선교주일에 드리는 기도

땅 끝까지 이르러 내 증인이 되라고 명령하신 하나님 아버지!

이 시간 선교주일을 맞이하여 주께서 저희들에게 명하신 말씀을 다시 한 번 묵상하며 예배드릴 수 있게 하시니 찬송과 영광을 돌리나이다. 이 땅 위에 주의 값비싼 피로 복음의 씨앗을 뿌려 주시고 교회를 세워 구원의 역사를 계속하시는 하나님 아버지! 주께서 역사하심으로 황무지 같고 어두운 이 땅에 새 빛을 주셨으며, 복음의 씨앗이 자라고 열매를 맺어 이 땅에는 많은 주님의 자녀들이 결실의 열매를 맺어 감사와 찬송을 드립니다.

주여! 지난 날을 반성해 볼 때 저희는 자기 믿음도 굳게 세우지 못해서 전전긍긍하였으며 믿지 않은 사람들을 인도하지 못한 죄가 크오니 주님의 사랑으로 너그럽게 용서하여 주시고 이제 믿음을 굳게 세우고 담대히 주님의 말씀을 들고 세상을 행해 나갈 수 있는 힘과 용기를 허락하여 주시옵소서.

아직도 이 땅에는 하나님을 부인하며 어두움과 죄악 속에서 살아가는 이웃들이 있사오니, 주여! 저희들이 주의 복음을 들고 나가서 그들에게 빛과 참 생명이 되신 주님의 기쁜 소식을 전하게 하시고 저희들에게 임하신 크신 사랑을 서로 나눌 수 있게 하옵소서. 그리하여 저희가 게으르고 나태하며 자기 자신만을 위하는 이기적인 신앙의 태도에서 벗어나 주님의 사랑을 손과 발로 나누며 복음을 입으로만 전할 것이 아니라, 그리스도의 정신에 따라 이 세상 속에서 죽음과 악의 세력을 물리치고 정의와 평화와 사랑을 실천하는 귀한 선교의 역사를 이루게 하옵소서. 또한 이 지역사회가 복음화되고 이 나라와 민족이 주의 복음으로 통일되게 하셔서 온전히 주님께서 주권을 가지고 통치하는 나라가 되게 하옵소서. 저희 성도들과 교회가 선교 대열의 선두에 서는 믿음을 주옵소서.

빛이신 주님!

이 시간에도 주님의 사명을 감당하기 위해 세계 곳곳으로 흩어져서 기후도, 민족도, 언어도 다른 사람들 사이에서 맡은 바 직무에 충성을 다하고 계신 주님의 충성스런 종들이 많이 있사오니, 주님께서 그 분들의 온갖 어려움과 질고를 친히 담당하여 주시사 그분들이 심령상으로나 생활상으로 어려운 가운데 처하지 않도록 늘 눈동자와 같이 지켜주옵소서.

비록 저희들이 선교현장에는 동참하지 못한다하더라도 저희들이 물질과 기도로써 그분들을 동역하게 하여 주시며, 주님께서 그분들과 늘 함께 동행하여 주셔서 그분들의 수고가 헛되지 않고 풍성한 열매를 거둬들일 수 있도록 인도하여 주시옵소서.

이 선교주일에 저희들이 새롭게 다짐하는 은혜의 시간이 되도록 축복하옵소서.

예수 그리스도의 이름으로 기도드립니다. 아멘.

총동원 주일에 드리는 기도

천지 만물을 창조하시고 다스리시는 창조주 하나님 아버지!
저희로 아버지 되시는 하나님을 알고 그 뜻을 분별할 줄 아는 지혜를
주신 주님께 찬양을 드리옵니다. 죄로 인하여 죽을 수밖에 없는 저희
를 사랑하시사 저희 심령을 생명수로 채워주시고 마음을 다하고 목
숨을 다하고 뜻을 다하여 주 하나님을 사랑할 때 저희에게 큰 축복
이 임하리라는 것을 깨우쳐 주신 주님께 감사를 드리옵니다.

하나님 아버지! 이 총동원 주일에 기도하오니 흩어져 있던 게으르고
나태해 있던 모든 성도들이 시험에서 허덕이고 고민에 빠져있던 믿음
의 권속들이 모두 주님의 거룩한 전에 나오게 하시고 사정과 형편에
따라 흩어진 모든 가족들이 총동원되는 은혜로운 주일이 되게 축복
하옵소서. 그리하여 이 시간은 헤어져 있던 저희들의 마음을 더욱 충

성하며 헌신하는 마음으로 변화시켜 주시고, 믿지 않던 이웃들이 주 예수를 믿음으로 구원의 은총을 입을 수 있는 시간이 되게 역사해주옵소서.

주님! 오늘 총동원 주일을 맞이하여 저희 교회 성도들의 인도로 혹은 자진해서 이 자리에 나와 저희와 함께 예배드리는 분들도 있습니다. 아직은 복음을 접하지 못하여 주님을 알지 못하고 교회나 예배에 대해서 서먹서먹해 하고 당황해 하고 있지만 약한 자를 들어 강한 자를 부끄럽게 하시는 주님께서 그들의 심령에 역사하시어 주님을 사모하는 믿음과 주님을 따르는 열심을 주시고 나중된 자가 먼저 되는 놀라운 변화가 일어나게 하옵소서.

주님!

이 시간 말씀을 증거하실 택하신 주의 종에게 축복과 능력을 허락하셔서 저희들에게 설교하실 때 은혜의 말씀이 되게 하시며 성령의 감동으로 가득찬 말씀이 되게 하옵소서.

주님의 몸된 교회를 위하여 이모저모로 수고하는 모든 분들의 노고를 주께서 살펴 주시고 크신 은혜와 사랑을 주옵소서. 또한 저희 교회가 아버지께서 명하신 귀한 복음의 사역을 크게 감당하게 하시고, 저희 교회를 통해서 주님께 영광 돌리며 늘 새롭고 놀라운 역사가 일어나게 하옵소서.

이 예배를 드릴 때 저희들이 마음과 정성이 총동원되는 은혜의 시간이 되게 하시고 참여치 못한 성도들의 사정도 주님께서 아시오니 지켜주옵소서. 지금은 예배의 처음 시간이오니 마치는 시간까지 주께서 주장하여 주시고 홀로 영광 받아주시옵소서.

저희는 아무 공로 없사오나 우리를 구원하여 주신 예수 그리스도의 이름 받들어 기도하옵나이다. 아멘.

철야 기도회 때 드리는 기도

생명의 대주재이시며 살아계신 하나님 아버지!

근심하는 소리를 들어 주시고 원수의 두려움에서 저희 생명을 보전하여 주신 주님의 크신 은혜에 감사드리옵니다. 이 시간도 주를 사모하여 이렇게 주님의 존전에 올라왔사오니 주의 오른손으로 저희를 붙들어 주시고 저희 심령이 주의 날개 그늘에서 즐거이 주를 찬양하게 하여 주시옵소서.

하나님 아버지! 지난 날 세상 부귀와 안일을 좇아 주님의 길과 명령을 저버리고 저희 자신의 이기심에 사로잡혀 이웃을 사랑하지 못하고 괴롭혔던 죄를 주님께 다 아뢰고 고백하오니 저희의 죄와 허물을 용서하여 주시옵소서. 저희의 이 모든 죄를 기억하지 마옵시고 주님만이 가진 정결로 저희를 정결케 하시며 주님 보시기에 기쁘고 선한 것만을 행하도록 저희를 인도하여 주옵소서. 날마다 저희들과 동행하여 주시는 주님! 주님만을 의지하며 주님께로 피하오니 저희를 도와주시옵소서. 주님의 빛으로 저희를 비추사 평안 중에 거하게 하시며 저희가 주님의 전능하신 손으로 보호를 받을 수 있도록 인도하여 주시옵소서.

구원의 하나님이시여! 저희 상한 심령에 은혜의 단비를 흡족히 내려 주시옵소서. 순결한 마음과 정직하고 곧은 심정과 선한 의지와 거룩한 양심과 영적인 강건을 저희에게 허락하시사 책망 받을 것이 없는 생활을 할 수 있도록 인도하여 주시옵소서. 저희는 부족하나 주님의 사랑은 한이 없으며 저희는 나약하나 주님의 팔은 능력이 있사옵나이다. 저희는 범죄하기 쉬우나 불길같은 성령은 저희의 모든 죄악을 다 태우고도 남음이 있나이다. 주여! 저희 가운데 역사하셔서 저희 마음을 주장하여 주시사 저희 마음을 성령으로 뜨겁게 감동시켜주시옵소서.

우리의 피난처 되시는 주님!

이 시간 저희들이 여러 가지 문제와 어려움들로 인하여 찢긴 심령으로 주께 나아왔사오니, 저희들의 마음을 짓누르는 이 모든 문제들을 주께서 맡아주시고 마음의 평안을 허락하여 주시옵소서. 주님! 저희들이 주께 부르짖는 이 모든 간구에 귀를 기울여 주시고 저희의 소원을 모두 들어주시옵소서.

이 시간 특별히 간구하옵기는 저희들이 세상적인 일에 매여 종노릇하지 않고, 의로운 일을 위해 주께 간구하고 매어달리는 믿음의 자녀가 되게 하여 주시옵소서. 저희들이 주님의 십자가만을 붙들고 선한 싸움을 싸우게 하여 주시옵소서. 저희의 모든 일들을 주께 맡기오니 주께서 친히 담당하여 주시옵소서. 이 밤도 저희의 모든 일들을 주께 맡기오니 주께서 친히 담당하여 주시옵소서.

이 밤도 저희를 주님의 장중에 붙들어 주실 줄 믿사오며 예수 그리스도의 이름으로 기도하옵나이다. 아멘.

구역 예배

대표기도

한없이 주시는 하나님 아버지!

죄악이 난무하는 이 땅에 의를 세우시고 이 죄인들을 구원하시기 위해 목숨까지도 아끼지 않고 버리신 주님의 그 놀라우신 사랑과 은혜에 무한 감사드립니다.

지난 5일 동안 주님의 보호하에 아무런 연고없이 지나게 하시며 또 이렇게 5일이 되어 주님 앞에 제단을 쌓을 수 있도록 허락하여 주시니 감사하옵니다.

하나님 아버지시여! 주님께서는 저희들을 택하여 주시고 오늘까지 보호하시고 지켜주셨지만 저희들은 주님의 뜻을 깨닫지 못하고 죄악 가운데 살았습니다. 주님께서 저희들을 불쌍히 여기셔서 죄 가운데서 구해주시고 하나님께 충성된 삶을 살게 도와주옵소서. 또한 저희들은 늘 넘어지기 쉽고 주님의 뜻을 저버리고 살기 쉬우니 붙잡아주옵소서.

사랑의 주님이시여!

저희 구역 식구들을 위하여 기도하오니 들어 주옵소서. 저희 구역이 더욱 아버지께 인정받는 구역이 되게 하시고, 사랑과 평화가 끊임없이 돌아나게 하시옵소서. 그리하여 서로 사랑하며 모든 구역 식구들의 마음을 하늘과 땅 위에서 하나인 주님의 거룩하신 가족으로 묶어주옵소서. 저희 구역의 가정들을 하나님께서 돌보아주옵소서. 그리하여 여러 가지 문제를 걱정하여 기도하는 그들의 기도가 다 이루어지게 하옵소서.

특별히 기도하는 것은 여러 가지 처지와 환경에 따라서 출타해 있는 식구들 있사오니, 어느 곳에 있든지 굳건한 믿음으로 살게 하셔서 기쁨의 소식이 늘 끊어지지 않게 도와주옵소서. 구역을 위하여 수고하시는 구역장님과 권찰들을 더욱 축복하셔서 구역을 돌보는 데 부족함 없게 하시고 건강으로도 지켜 주옵소서.

하나님 아버지! 저희 교회에 속한 모든 구역을 주께서 감찰하시고 지켜 주셔서 모든 구역들이 주님께 영광 돌리며 몸된 교회를 섬기는 데 열심을 갖게 하시옵소서. 한 구역이라도 실족함 없게 하시고 모든 구역장님들을 지켜주옵소서. 저희들의 교회와 목사님을 위하여 기도하오니, 저희 교회가 더욱 부흥 발전하게 하시고 목사님에게 늘 새 힘과 능력을 허락하옵소서.

이 예배에 참석치 못한 식구들도 주님께서 친히 돌보아 주시며 저희 구역을 통하여 저희 교회가 발전하는 원동력이 되게 하옵소서. 시종을 주님께 맡기오니 주관하시옵소서.

거룩하신 예수님의 이름 받들어 기도드립니다. 아멘.

청년회를 위하여 드리는 기도

살아계신 능력의 하나님 아버지!

내 청년의 때에 창조주를 기억하라고 말씀하신 주님의 말씀을 이 시간도 가슴에 새기며 진정으로 깊은 회개와 감사로 무릎 꿇었습니다. 험악한 세월 속에서 시간을 아껴서 하늘의 귀한 상급으로 축복해 주시며 온전한 말씀의 거듭남으로 바로 세워져 선한 청지기의 역할을 감당케 하시고 교회의 요긴한 모퉁잇돌로서 쓰임 받을 수 있도록 함께하여 주시옵소서.

오직 주께서는 모든 일들 위에 능하신 여호와시오며 모든 신들 위에 뛰어나신 능력의 신이시오니, 피끓는 젊은 청년들에게 뜨거운 주님의 사랑과 믿음으로 함께하셔서 참된 헌신으로 21세기의 큰 비전을 펼쳐 나가는 놀라운 은혜를 베풀어 주시옵소서.

전지전능하신 능력의 하나님 아버지!

물가에 심겨진 푸른 나무들처럼 한창 성장하는 단계에 있는 우리 교회 청년회 위에 더욱더 뜨거운 성령의 역사로 함께하여 주시고 초대교회처럼 성령의 열매가 풍성케 하여 주시고 초대교회처럼 성령의 열매가 풍성케 하여 주시며 질적으로 양적으로 놀라운 부흥의 역사가 일어날 수 있도록 크신 은혜로 축복하여 주시옵소서.

우리의 생각하는 것에 넘치도록 채워 주리라 하신 아버지 하나님!

오늘날 이 어려운 경제 난국 속에서도 저희 청년들이 꿈과 희망을 가지고 주님을 섬겨 나가게 하시고, 마땅히 이 시대와 교회가 요구하는 큰 믿음의 인물들로 배출되게 하옵소서.

예수님 이름으로 기도드립니다. 아멘.

학생회 헌신 예배

대표기도

사랑의 하나님 아버지!

오늘날까지 저희들을 주님의 품 속에서 안전히 지켜 주시고 사랑으로 이끌어 주신 주님의 은혜를 감사하며 진심으로 감사와 영광을 돌립니다.

오늘은 특별히 저희 학생회에서 하나님께 진심으로 헌신을 다짐하는 마음으로 학생회 헌신예배를 드리오니 아벨의 향기로운 산 제사로 영광 받아 주시옵시고 큰 은혜 내려 주시옵시고, 또한 이 헌신예배를 통하여서 저희 모든 학생들과 성도님들이 다시 한 번 더 뜨거운 주님의 사랑과 봉사의 삶으로 회복하는 귀중한 시간이 되게 하시며 오직 충성과 봉사로 주님께 드려지는 온전한 봉사의 삶이 되게 하여 주시옵소서.

권능이 크신 하나님 아버지!

지금 이 시간에도 많은 학생들이 참된 진리를 알지 못한 채 거리에서 방황하며 갈등하고 진정한 대화의 상대를 만나지 못해 허덕이고 있사오니, 그 많은 학생들을 주님께로 돌아오게 하는 큰 구원의 역사를 주옵시고 또한 말씀으로 새롭게 거듭나는 소중한 영혼들로 축복하여 주시옵소서.

살아계신 하나님 아버지! 특별히 이 시간 구하옵기는 교회의 목사님과 교역자님들께 크신 은혜와 강건하심으로 함께하여 주시옵시사 날마다 성령 충만한 말씀의 선포가 있게 하옵시고, 특별히 학생들을 가르치는 교사 선생님들께 크신 은혜를 내려주시옵시고 그 가르침을 받는 많은 학생들이 세상을 바라보지 아니하고 오직 믿음으로써 세상을 이겨 나가는 능력의 학생들이 되게 하여 주시옵소서.

예수님의 이름으로 기도드립니다. 아멘.

아무것도 염려하지 말고
오직 모든 일에 기도와 간구로 너희 구할 것을
감사함으로 하나님께 아뢰라 그리하면 모든 지각에
뛰어난 하나님의 평강이 그리스도 예수 안에서
너희 마음과 생각을 지키시리라 (빌 4:6,7)

제5장

교회 예식 및 행사를 위한 대표기도

학습받는 이를 위한 기도

아버지 하나님!

오늘도 주의 백성을 인도하사 학습을 받게 하시는 은혜와 사랑과 섭리에 감사와 찬양을 드리나이다. 은혜로우신 아버지여! 이 시간에 성령으로 이들에게 조명하여 주셔서 저들의 영혼에 광명이 있게 하시며 세상을 내려다보고 높은 차원에서 감격을 찾을 수 있도록 도와주옵소서.

주 예수님을 마음에 모신 감격과 그 행복이 아직까지 깊고 뜨겁지도 못합니다. 주님, 연약한 저들에게 주의 광명한 빛을 비추사 자기 자신을 바로 볼 수 있게 하사 인간의 죄악을 위하여 친히 십자가에 매달려 죽으심으로 저희들을 구원해 주신 하나님의 독생자 예수 그리스도를 구주로 영접하며 십자가의 대속의 사랑을 날마다 깊이 깨닫게 하시옵소서. 성경을 하나님의 말씀으로 받으며 매일의 영혼의 양식으로 삼고 주일을 성수하며 주 안에서 교우들과 사랑의 교제를 나누며 주의 율례와 법도를 익혀가게 하시옵소서. 물로써, 성령으로써 옛 사람은 죽고 새 사람이 되는 거듭남을 체험케 하옵소서. 성령이 충만하고 그리스도를 덧입기까지 장성하도록 해 주옵소서. 그리고 믿음 좋은 분들의 본을 받아 믿음이 성장하게 하시고 이웃에게도 본이 되어 저들로 하여금 하나님을 믿는 사람의 사람됨이 어떻게 변화되어 가는지를 깨닫게 하옵소서.

하나님 아버지! 오늘 학습을 받는 모든 분들로 인하여 영광을 거두어 주시며 그와 일생토록 동행하여 주시옵소서. 이들이 주님을 모시고 살아갈 때 벅찬 환희와 기쁨을 누리게 하시옵소서.

주 예수님의 이름으로 기도하옵니다. 아멘.

세례받는이를 위한 기도

살아계신 임마누엘이신 하나님 아버지!

"너희는 가서 모든 족속으로 제자를 삼아 아버지와 아들과 성령의 이름으로 세례를 주고 내가 너희에게 분부한 모든 것을 가르쳐 지키게 하라"고 하신 말씀에 순종하여 이 시간 주님을 그 마음 가운데 진실로 받아들이고 주님과 교회 앞에서 신앙 고백을 하는 성도들이 세례를 받을 때에 삼위일체되신 하나님께서 이 자리에 임재하시고 세례받는 분들에게 임하셔서 주님과 연합하는 이 귀한 예식이 그저 인간에 의한 단순한 형식으로 그칠 것이 아니라 성령의 불로 심령을 깨끗이 씻어 주시사 온전히 새로워지며 주님의 사랑으로 명실 공히 인정될수 있게 인도하옵소서.

오늘 세례를 받는 분들이 이 귀한 시간에 크신 은혜로 충만케 하시며 이 순간을 숨이 다하는 날까지 결코 잊지 않게 주께서 강한 영상으로 새겨주옵소서. 이 예식을 통하여 새 생명을 주셨사오니, 그 생명이 약동하여 끊임없이 성장해 나가며 극히 작은 겨자씨가 자라서 큰 나무가 되어 새들이 그 가지에 둥지를 틀고 깃들듯이 크게 장성해 질 수 있게 역사하여 주옵소서.

주님! 이들이 모든 죄악을 버리고 그분의 가르침과 본을 따라 살기로 서약을 했습니다. 그리고 교회의 관할과 치리에 복종하고 교회에 덕을 세우는 일에 힘쓰며 교인으로서의 의무와 권리를 바르게 행사하기로 서약을 합니다. 이 서약이 영원토록 변치 말게 하옵시고 그리스도의 형상을 이루기까지 해산하는 수고를 아끼지 말게 하옵소서.

예수님의 이름으로 기도드립니다. 아멘.

유아세례 때의 기도

지극히 거룩하신 하나님 아버지!

꽃처럼 예쁘고 사랑스럽고 귀여운 어린 아이들을 이처럼 성별해 주시니 감사합니다. 아버지께서 말씀하시기를 "어린 아이들이 가까이 오는 것을 금하지 말라"고 하시며 "누구든지 어린 아이들처럼 하나님 나라를 받들지 않고서는 하나님 나라에 갈 수 없다"고 말씀하신 아버지 하나님! 오늘 이 제단에 그러한 어린 자녀들을 많이 불러 주셔서 유아세례를 받게 하심을 감사하오며 아버지의 섭리와 사랑을 인하여 찬양을 드리옵니다.

이 어린 아이들이 예수 그리스도의 피로 씻음 받고 성령의 새롭게 하는 은혜를 받아 지혜와 키가 자라가면서 하나님과 사람들에게 사랑을 받게 해 주옵소서.

이 아이들이 온전한 주님의 도구가 되기까지 쉬지 않고 기도하며 그리스도의 말씀과 은혜로 양육하기를 다짐하는 부모들의 믿음을 주시옵소서. 이 아이들은 하나님이 주신 선물임을 생각하고 인간의 욕심을 따라 양육치 말고 하나님의 율례와 법도로 훈계하며, 말씀으로 양육하여 하나님의 자녀로 키우는 책임을 다하는 부모님들이 되게 하옵소서.

이제 오늘 이후로 이들 어린 심령들이 부모님들의 기도 속에서 성령의 능력 안에서 믿음이 더욱 성장해 그리스도를 닮아가게 하시고, 모세나 디모데처럼 에스더나 룻처럼 훌륭한 하나님의 사랑으로 새임 받게 하옵소서.

이 아이들로 통하여 주님께서 영광 거두어 주시기를 바라오며 예수 그리스도의 이름으로 기도드리옵니다. 아멘.

성찬예식 때의 기도

우리의 구원자이신 하나님 아버지!

주님의 크신 사랑과 은혜에 머리 숙여 경배를 드리옵니다. 주님께서 저희에게 은혜를 주시는 중요한 방편으로 성찬식을 허락하여 주셔서 이 거룩한 예식을 거행함으로 잠든 영혼이 깨어나고 병든 심령이 소생하며 나태한 신앙이 새로워질 수 있는 귀한 기회로 삼을 수 있게 하시니 감사를 드립니다.

특별히 이 성찬예식을 통하여 주님을 믿기로 작정한 심령들이 이제는 교회 앞에서 공적으로 신앙을 고백하며 주님의 살과 피를 저희가 먹고 마심으로 주님의 고난에 동참하여 주님과 신비로운 관계를 이루어나갈 수 있게 축복해 주심을 진심으로 감사드립니다.

자비로우신 하나님 아버지!

지난 날도 아버지의 말씀에 순종치 않고, 아버지의 명령을 거역하고 아버지에게서 떠나 살아온 저희의 허물과 죄를 용서하여 주옵시고, 탐욕과 이기심으로 더럽혀진 저희들에게 베푸신 사랑을 헌신짝처럼 버리고 이웃을 미워하고 비방하며 마치 나 외에는 아무도 없는 것처럼 교만한 마음으로 살아왔나이다.

주여! 이와 같이 더러워진 심령으로 주님의 살과 피에 참여할 수 있으리요마는 저희의 죄를 묻지 않으시고 한결같은 사랑으로 감싸 주시는 주님의 한없는 자비에 의지하여 이렇게 나아왔사오니 주님의 피 묻은 손으로 저희의 떨리는 심령을 어루만져 주시옵소서.

주님! 주님께서 잡히시던 날 밤에 제자들에게 떡을 떼어 주시고 잔을 나눠 주신 그 의식을 기념하라고 하신 주님의 명령에 따라 이렇게 식탁을 준비하였사오니, 성령께서 이 가운데 함께하여 주시옵소서.

저희가 떼는 떡으로 그리스도의 몸에 참예하고 저희가 나누는 잔으로 그리스도의 피에 참여하고자 하오니, 저희가 이 떡을 먹고 잔을 마실 때마다 그리스도의 고난을 상기하게 하여 주시옵소서. 이 시간 주님의 몸을 분별하지 못하고 살아온 저희의 가증된 삶을 깊이 회개하면서 떡과 잔을 받으려하오니, 이 식탁을 통해서 저희 믿음이 날로 강건해지고 그리스도의 모습을 닮아가게 하여 주시며 주님의 한없는 은혜로 충만케 하여 주시옵소서.

임마누엘이신 하나님 아버지!

이 자리에 모인 모든 성도님들에게 그리스도의 살과 피에 참예하는 은총을 내려 주시며, 그리스도의 고난에 동참하는 믿음도 허락하여 주시옵소서. 그리스도의 십자가의 고난을 바라보면서 저희의 괴로운 현실을 극복해 나가며 그리스도를 따르는 데서 생겨나는 여러 가지 어려움들을 이겨내게 하여 주시옵소서.

이 식탁에 참예하는 성도들이 새롭게 믿음의 결단을 하며 복음의 증거자로서의 사명도 새롭게 인식할 수 있도록 인도하여 주시며, 주님의 고난의 현장에서 모두 도망쳐버린 것과 같은 죄를 저희는 범하지 않도록 믿음으로 무장시켜 주시옵소서. 예배의 순서 위에 성령님께서 역사하시며 참여한 모든 성도들이 은혜 받고 돌아갈 수 있게 역사하여 주옵소서.

우리 주 예수 그리스도의 이름 받들어 기도하옵나이다. 아멘.

목사 위임식을 위한 기도

자애로우신 하나님 아버지!

이 시간도 사랑하는 주님의 양떼들을 위하여 수고하시며 말씀을 준비하시는 귀하신 주님의 사자들을 위하여 기도드리오니, 말씀을 선포하실 때마다 영역을 칠 배나 더하시고 사랑과 은혜로 더욱 충만케 하옵소서.

날이 갈수록 메마르고 강퍅해져 냉랭한 우리들의 영혼 속에 권능과 능력의 말씀 선포로 굳게 닫힌 마음의 빗장을 열어 이른 비와 늦은 비의 은혜를 충만케 하여 주시고, 무엇보다도 특별히 원하옵기는 기름부어 세우신 주님의 귀한 사자들께 가정의 평안과 건강으로 함께 하여 주옵시며 잃어버린 한 마리의 양을 위하여서도 참고 견디는 넉넉한 마음의 여유로 성령의 열매가 충만한 목회 여정이 되게 하시옵소서.

　사랑과 은혜가 풍성하신 하나님 아버지! 한 생애를 오직 복음 전파를 위하여 희생과 봉사를 아끼지 않으시는 목사님들의 귀한 삶 속에 분명코 주님의 넘치는 위로와 축복이 함께하시는 줄 믿사오니 이 땅 위에서도 윤택한 삶의 축복으로 영광 받아주시옵소서.

　상한 갈대를 꺾지도 않으시고 꺼져가는 등불도 끄지 아니 하시는 아버지 하나님! 오늘도 상하고 주린 영혼들의 아픔을 치유하기 위해 말씀을 선포하시는 귀하신 목사님들의 가정과 교회 위에 놀라우신 주님의 사랑과 평안으로 충만하게 채워주소서.

　예수님의 이름으로 기도드립니다. 아멘.

장로 위임식을 위한 기도

우리의 구원의 능력이신 하나님 아버지!

오늘 이렇게 영광스러운 주의 몸된 교회를 위하여 헌신 봉사할 충성된 종들을 세우는 장로 장립식을 갖게 하시니 감사합니다. 호렙산 아래서 방황하는 이스라엘 백성을 지도할 믿음의 기둥들을 세우신 그대로 오늘 많은 교인들 중에서 특별히 이들을 선택하여 이 교회의 장로로 세워 임직을 받게 해 주심을 진심으로 감사드립니다.

하나님 아버지! 이제 기름부어 세우실 종들에게 성령의 기름부으심이 충만케 해 주옵소서. 힘으로도 능력으로도 말게 하옵시고, 오직 하나님의 신에 힘입어 교회를 섬기도록 권능을 덧입혀 주옵소서. 세움을 받은 저들이 섬김을 받으려 하지 않게 하시고 많은 사람을 위하여 섬기는 자들이 다 되게 해 주옵소서. 귀한 직분을 맡은 만큼 책임도 무겁사오니 인간의 지식과 힘이 아닌 성령에 힘입어 지혜와 겸손과 충성으로 교회를 받들게 하옵소서.

그리고 하나님의 원하시는 뜻이 무엇인지를 바로 보는 영안을 갖게 하시사 죽도록 충성을 다짐하는 시간이 되게 해 주시옵소서. 이제 교회를 섬기는 자로서 모범을 보이게 하시오며 치리 회원으로서 다른 당회원들과 사랑의 협력으로 목사님을 보필하며 교회의 각 부서를 돌아보고 교회의 부패를 방지하며 행정과 권징 관리의 소임을 다하게 하시옵소서. 주님의 사역에 동참코자 할 때마다 어려움이 뒤따르고 십자가를 짊어져야 하는 고난이 때로는 있을 수 있으나 그때마다 엘리야처럼 기도로 극복할 지혜와 힘을 주시고 교회를 위해 봉사할 때에 여호수아와 갈렙같이 성도들을 승리와 성공으로 인도하게 하옵소서.

또한 이들이 이 놀라운 직무를 수행하기에 필요한 은총의 손길을 베푸사 가정적인 축복과 사업적인 축복을 더하시며 건강의 축복과 심령의 윤택을 더하여 주시고 자녀들도 주의 길로 바로 가는 은혜를 베풀어주시옵소서. 인간의 명예나 영광을 위해서가 아니라 하나님의 영광과 하나님의 거룩한 뜻의 완성을 위하여 바치오니 활용하사 뜻만 이루어 아버지의 일이 부흥케 하옵소서. 저들을 통하여 이 교회가 과거에 하지 못했던 놀라운 일들을 해낼 수 있도록 능력을 칠 배나 더 하옵소서.

예수님의 이름으로 기도드립니다. 아멘.

집사 안수를 위한 기도

거룩하신 하나님 아버지! 은혜와 사랑을 감사드립니다.

아버지 하나님의 경륜과 섭리에 따라 교회를 세우시고 복음의 확신과 교회 부흥과 발전을 위해 제도를 만드셔서 오늘 주의 몸된 제단을 위하여 봉사할 충성된 일꾼들을 세우는 집사 안수식을 허락하여 주심을 감사하옵니다.

이 경사스러운 날의 영광을 주님 홀로 받아주시옵소서. 예루살렘교회에 지혜와 성령이 충만한 일곱 집사를 세우신 그대로 오늘 이들을 이 교회의 집사로 세워 주셨사오니, 그 직분 감당할 능력과 지혜와 충성된 심령을 허락하여 주시고 순교하기까지 직분에 충성했던 스데반과 같은 종들이 되게 도와주옵소서. 성령으로 충만케 하셔서 이 교회가 집사님들을 통하여 섬김과 사랑으로 넘치게 하옵소서. 또한 저

304

들이 구제와 섬김으로 주의 몸된 교회를 섬길 때에 하나님의 신으로 충만케 하옵소서. 그리고 교회의 각종 부서를 맡아 봉사하며 교우들의 신임과 존경을 받게 하시며 깨끗한 양심에 믿음의 비밀을 간직한 자들이 되게 하여 주시옵소서. 집사로 갖추어야 할 인격을 잘 갖추어 책망할 것이 없는 무흠자가 되게 하시고, 성령과 말씀의 지혜도 충만케 하셔서 주님의 복음도 자신있고 담대하게 증거할 수 있는 능력도 허락하여 주시옵소서.

"이제 육체의 남은 때는 육체의 소욕대로 살지 않고 하나님의 영광을 위하여 살리라 내 건강도 내 지혜도 내 열심도 내 시간도 내 노력도 내 물질도 하나님의 영광을 위한 도구로 삼으리라"고 마음 깊이 맹세하고 결단하며 굳게 다지는 시간되게 해 주시옵소서. 그리고 이들을 통하여 교회에 그동안 하지 못했던 일들이 한 가지씩 그대로 이루어가는 종들이 되도록 권고하여 주옵소서. 이와 같은 귀한 직무를 감당하기에 필요한 것이 무엇인지는 아버지만 아십니다.

다섯 달란트 맡길만한 사람에게 그렇게 맡겨주셨고 두 달란트 맡길 종에게는 그렇게 맡겨주신 것처럼 이들에게도 달란트를 맡겨 주셨사오니, 잘 감당할 수 있는 지혜와 능력과 역량 그리고 물질적인 환경과 사업환경과 가정환경, 사회환경을 보장해 주옵소서.

아버지 하나님! 초대교회에 세우셨던 일곱 집사들처럼 영광은 하나님께, 부흥과 발전은 교회에 있게 하옵소서. 모든 성도들의 심령에 윤택과 은총을 입는 데 영향을 줄 수 있는 종들이 되게 하옵소서. 예수님의 이름을 의지하여 기도드립니다. 아멘.

권사 취임을 위한 기도

때를 따라 은혜를 내리시는 하나님 아버지!

구원의 역사를 친히 이루어 가시고 일방적인 은혜로 쓰실 종들을 세우시는 주님의 섭리를 찬양드립니다. 특별히 오늘은 그 행위가 복음적이고 여러 성도들의 모범된 여종들을 세우는 경사스러운 권사 취임식을 저희 교회에 허락하여 주심을 진실로 감사드리옵나이다. 주 하나님 아버지! 사랑하는 당신의 딸들이 당신의 교회를 몸바쳐 정성들여 섬기고자 이 자리에 머리 숙여 다짐하고 있습니다.

아버지 하나님! 이 시간에 귀한 직무를 받는 여종들의 가슴 속에 성령으로 충만케 하여 주셔서 이 직분은 결코 자기만의 명예도 영광도 아닌 것을 알게 하여 주옵소서. 그리고 저들은 '마리아처럼 주의 계집종이오니 주의 뜻대로 하옵소서.' 하고 주님께 몸과 마음을 드리려 헌신코자 다짐하고 있사오니 받아주시고, 주님의 도구로 삼으시고, 주님의 백성들이 사랑의 손길을 기다리고 있는 처처마다 보내어 주옵소서. 많은 심령들이 안방에서 울고 있고, 혼자서 고민하고 남몰래 갈등하고 있는 이웃들에게 주님의 사랑을 가지고 찾아가고 주님의 위로를 가지고 찾아가고 주님의 평강과 축복을 가지고 찾아가야 할 주의 발이요 주의 입이요 주의 손인 줄을 알게 해 주옵소서.

아버지여!

저들이 이 귀한 직무를 감당할 때에 먼저 주님을 사랑하는 가슴, 주님의 십자가의 은총에 감격한 뜨거운 가슴이 있어야 되겠습니다. 그리하여 교회의 덕을 세우며 또한 교역자들을 도와서 주님의 말씀과 은혜의 사역이 교회의 곳곳에 미치게 하시며 불신자들에게까지 덕을 끼치게 하시옵소서. 이 권사들의 헌신적인 믿음의 실천을 통하여 우리 교회를 다시 한 번 새롭게 하시고 세상을 섬기는 새로운 모습으로 변하게 해 주옵소서.

이 여종들에게 맡은 바 직무를 잘 감당할 수 있도록 건강을 허락하여 주시며, 그 가정 위에도 축복하셔서 물질적으로 풍요롭게 해 주옵소서. 자녀들도 지혜롭게 총명하여 예수님을 닮아가며 친구들과 이웃사람들에게 덕을 끼치는 모범된 자녀들이 되게 은혜 베풀어주옵소서.

주 하나님 아버지! 평생을 주님께 의지하고 교회를 위해 헌신 봉사하는 귀한 여종들을 통하여 영광을 거두어 주시며, 그 심령에 성령으로 은혜와 기쁨이 충만하게 하시옵소서.

예수님의 이름으로 기도드립니다. 아멘.

예배당 헌당식을 위한 기도

우리의 구원이시요, 산성이시요, 바위시요, 방패되시는 하나님 아버지!
이 자리에 오셔서 감사와 영광과 존귀와 찬양을 받아주옵소서. 저희
들이 긴 세월동안 있는 힘과 노력, 땀 그리고 물질을 바쳐 주님의 집
을 지어 아버지 앞에 봉헌합니다. 이 성전은 살아 계신 하나님, 임마누
엘 되신 하나님의 표적이옵니다.

　이 성전은 인간의 손으로 지어졌으나 하나님께서 부리신 손길들과
기물들로 지어졌습니다. 이 성전은 당신의 백성들의 믿음의 결실이요
기도의 산물이옵니다.

　이 성전은 하나님 아버지께서 친히 임재하시고 당신이 부르신 백성
들을 만나시는 곳이옵니다. 이제 이 성전에서 기도하고 예배하며 드
나드는 자마다 하나님을 만나게 해 주옵소서. 기도의 응답을 받게

해 주시옵소서. 죄인은 회개하고 병든 자는 고침을 받고 복을 구하는 자는 합당하신 하나님의 복을 받게 해 주옵소서.

인자하시고 진실하신 하나님 아버지! 이 교회를 이 자리에 세우심은 이 주위의 지역사회에 사명이 있는 줄 압니다. 이 교회가 하나님의 뜻을 소홀하지 않게 해 주옵소서. 저희들 모두가 주님을 바라보면서 신령한 세계가 밝아진 연후에 주위를 돌아보면서 사랑을 베풀 일이 무엇인지를 깨달아 봉사할 수 있게 해 주옵소서.

주님의 재림이 임박한 때에 이 교회를 이 자리에 허락하시는 하나님의 시대적인 사명도 깨닫게 하사 이 시대를 향하여 이 교회가 감당해야 할 선지자적인 사명도 감당하기에 부족함이 없게 해 주시옵소서. 간구하오니 봉헌하는 이 교회를 받으시고 하나님 보좌가 여기에 좌정하여 주시사 주여, 저희들을 만나 주시고 하나님을 만난 자만이 감당하는 신령한 생활과 하나님의 자녀로서의 늠름한 생활이 그대로 우리에게 이루어지게 하옵소서. 아울러 하나님을 모신 자만이 감당할 수 있는 시대적인, 사회적인 모든 책임을 잘 감당하는 성도들이 될 수 있도록 축복하여 주옵소서. 길이길이 아버지 영광 받으시옵소서.

거룩하신 예수님의 이름으로 기도드립니다. 아멘.

교육관 헌당식을 위한 기도

사랑과 자비의 하나님 아버지!

그 동안 주님의 은혜와 넘치는 축복으로 교회가 부흥하였고 성장하였습니다. 이 시간은 어린 양들을 치시고 어린 양들을 먹이시기 위해 이 아름다운 교육관을 지어서 주님께 헌당예배를 드리게 하시니 감사하옵니다. 이 교육관은 사람의 소유가 아니요, 하나님께서 주인이 되시여 저희 모든 교인들이 교육받는 장소로 사용되도록 도와주시기를 기도드리옵나이다.

이제 이곳을 통하여 사랑하는 자녀들이 날로 날로 믿음 안에서 자라나고 장성한 분량까지 이르게 해 주옵소서. 이곳에서 당신의 말씀을 가르치고 당신이 원하시는 삶을 훈련시킬 훌륭한 일꾼들도 보내주시옵소서. 그리고 이곳에 저희의 영혼을 교육할 모든 자료와 기구를 채워주시고 주의 교육의 산실로 삼아주시옵소서. 저희와 자녀들이 이곳에 와서 그리스도의 인격과 성품을 배우고 익히며 주님과 같이 의롭고 성결하며 거룩한 종들이 되어 이 세대를 구원할 빛과 소금이 되게 하여 주시기를 기도드리옵니다.

하나님 아버지!

이제 이 교육관에서 가르치는 교사는 안나나 시므온처럼 늘 주님을 사랑하는 마음으로 어린 영혼들을 위해 눈물의 기도 탑을 쌓게 하옵시고, 배우는 학생들에겐 지혜와 명철을 주시어 말씀 안에서 슬기롭게 자라 모세처럼 사무엘처럼 귀한 하나님의 사람들로 성장시켜주옵소서. 오늘 이 헌당식이 있기까지 물질을 드려, 정성을 드려 이 교육관을 세울 수 있게 도운 모든 하나님의 권속들을 일일이 살펴주시고 복을 내려주시옵소서.

이 교육관 공사를 직접 시행한 모든 형제자매들을 특히 위로해 주시고 사랑해주시옵소서. 지금 이곳에 머리 숙여 이 교육관을 하나님께 드리고자 모인 하나님의 백성들 심령 심령마다에 더욱 크신 은총을 내려주시옵소서.

모든 말씀을 주 예수님의 이름으로 기도하옵나니다. 아멘.

교회 창립 기념일의 기도

교회의 몸이 되시고 머리가 되시는 하나님 아버지!

수년 전 이곳에 터를 닦으시고, 저희 교회를 세워주시고 혼탁한 세상 속에서도 저희 교회가 잘 박힌 못같이 흔들리지 않고 계속 성장해 온 것을 진실로 감사드리오며, 오늘 창립 ○○주년 기념일을 맞아 이 교회를 섬기는 사람들과 믿음의 권속들이 모여 창립 기념예배를 드리게 해 주심을 진심으로 감사드립니다.

눈물로 씨를 뿌리는 자는 기쁨으로 단을 거둔다는 말씀대로 저희 교회가 초창기에 몇 명의 성도가 눈물로 겨자씨를 심듯이 말씀의 씨앗을 뿌렸더니, 이제는 그 겨자씨가 자라서 공중에 나는 새가 깃들만큼 성장 부흥되었으니 이 은혜를 무엇이라 형용할 수 없습니다. 오직 저희들은 주님의 크신 능력과 섭리에 감사할 뿐입니다.

진리의 본체가 되시며 길이요 생명이신 주님! 저희 교회는 해야 할 일이 너무나 많이 있습니다. 주님께서 저희 교회 창립 당시 당부하신 구원의 방주로서의 사명을 성실하게 감당하여 노아홍수 때 유일하게 생활의 터전이 되었던 노아의 방주처럼 심판 날에 구원받을 자를 모으는 구원의 방주가 되도록 해야 하겠으며, 길을 잃고 이리 저리로 헤매는 세상의 심령들에 길을 가르쳐 주는 등대가 되어 저 천성을 향하여 힘차게 갈 수 있는 안내를 할 수 있게 해 주옵소서.

또한 이 자리가 도피성이 되게 해 주옵소서. 죄에 쫓기는 심령들이 이 자리에 들어와 사유를 받을 수 있게 해 주옵소서. 또한 저희 교회에서 부르는 찬송 소리가 울려 퍼지고 기도의 불이 꺼지지 않으며 전도의 열기가 식지 않는 제단이 되고 말씀과 성령이 충만한 제단이 되어서 양적으로 질적으로 더욱 부흥 발전하는 교회가 되어 하나님께 영광 돌리며 저희 온 성도님들의 가슴 속에 기쁨이 넘치게 축복하여 주시옵소서.

하나님 아버지!

주님께서 사랑하시고 귀히 쓰시는 저희 교회 목사님을 축복하여 주옵소서. 저희 교회 부흥 발전을 위하여 간절히 기도하시며 주야로 애쓰시며 저희 양떼들을 보살피며 먹이시기 위해 헌신 봉사하시는 사랑과 인정이 많으신 목사님이십니다.

주께서 친히 목사님을 능력의 장중에 붙들어 주시고 크신 상급으로 축복하여 주시옵소서. 솔로몬에게 주신 지혜와 명철을 허락하셔서 목사님의 입술을 통하여 흘러나오는 지혜와 능력의 말씀으로 말미암아 완악한 심령도 엎드러지는 놀라운 역사가 일어나게 하시옵소서.

이 창립 기념예배를 통하여 많은 복을 내려주시옵소서. 입으로 구하지 못한 것까지도 주님께서 아셔서 축복해 주실 줄 믿사옵고 이 예배 시종을 주님께 부탁드리오며 교회의 주인이시요 머리가 되시고 몸이 되신 우리 주 예수님만이 존귀와 영광을 받으시옵소서.

예수님의 이름으로 기도드립니다. 아멘.

개척교회를 위하여 드리는 기도

영광과 존귀와 찬양을 받으시기에 합당하신 아버지 하나님!
세상의 마지막 날에 권능과 능력으로 구름을 타고 오실 약속의 하나
님 아버지를 바라보며 오늘도 간절한 마음으로 기도를 드리오니 영
광을 받아주옵시고 함께하여 주시옵시고 언제나 불꽃같은 눈동자
로 주님의 몸된 교회를 살피시며 일곱 금 촛대 사이에서 주님의 귀한
사자들을 붙들어 주시는 줄 믿사오니 크신 능력으로 함께하여 주시
옵소서.

   사랑의 하나님 아버지! 기름부어 세우신 주님의 귀한 종 엘리야에게
까마귀를 보내어 위로하시고 떡과 고기를 먹이셨듯이 오늘날에도 어
려운 환경과 역경에 처하여 좌절과 낙망 중에서 죽기를 구하며 쓸쓸
한 로뎀나무 아래에 주저앉은 많은 주님의 종들을 도와주시옵시고

다시금 새 힘을 얻어 주님의 몸된 교회가 부흥되게 하시고 하나님의 역사가 계속적으로 일어나는 축복의 제단, 초대 교회처럼 뜨거운 사명감이 타오르는 순교적 믿음의 교회가 되게 하여 주시옵소서.

환난 중에도 더 큰 은혜를 체험케 하시는 아버지 하나님!

죽으면 죽으리라는 큰 믿음의 각오로 생명을 내맡기고 기도하여 나라를 구한 믿음의 여종 에스더처럼 오늘도 보이지 않는 교회의 제단 뿔을 부여잡고 눈물 흘리는 많은 주님의 여종들이 있사오니 주예! 함께하여 주시옵시고, 특별히 개척의 어려운 환경 속에서 사방팔방 발을 동동 굴리시며 가슴 조여 부르짖는 많은 사모님들과 성도님들에게 반가운 기도의 응답과 축복의 떡으로 함께하여 주시옵소서.

살아계신 하나님 아버지! 아무도 선뜻 결단 내리기 어려운 개척의 길을 나서서 오직 하나님만 의지하며 부르짖는 몸된 교회들에게 광야의 고난이 결코 헛되지 않으므로 장차 받게 될 영광의 면류관을 바라보게 하여 주시고, 주님 오시는 그 날까지 끝까지 인내하는 교회와 주님의 종들이 되게 하여 주소서.

예수님 이름으로 기도드립니다. 아멘.

아무것도 염려하지 말고 오직 모든 일에
기도와 간구로 너희 구할 것을 감사함으로
하나님께 아뢰라
그러하면 모든 지각에 뛰어난 하나님의 평강이
그리스도 예수 안에서
너희 마음과 생각을 지키시리라(빌 4:6,7)

제6장

경건회를 위한 대표기도

총회를 위하여 드리는 **기도**

사랑하는 주님!

이 총회를 성령께서 주관하여 주시고 당신께서 의장이 되어 주시옵기를 간절히 바라나이다. 주님께서 가르치시고 친히 본을 보이신 겸양의 덕을 총회 대표 모두가 배우게 하소서. 예루살렘 성 총회에 함께하신 성령이시여! 그리스도의 양성론을 결정할 때 함께하신 성령이여, 이 총회에 함께하소서.

주여! 이 총회가 의연한 모습으로 모든 문제를 극복하여 교인들에게 용기를 줄 수 있게 하소서. 과거에 분쟁과 분열의 역사가 많았음을 주님 앞에 참회하나이다. 임원 선거에만 관심을 갖는 총회가 되지 말게 하소서. 문제를 일으키는 총회가 되지 않고 문제를 해결하는 총회가 되게 하소서.

이 총회를 통해 저희 교단의 진로가 결정됨을 아나이다. 또한 교회가 가는 길을 따라 이 민족이 가는 것을 아나이다. 이 총회의 교회적인 사명과 함께 민족사적인 사명을 생각하며 회의에 임하게 하소서. 지난 한해 저희 교단이 많은 사업을 하며 큰 발전을 이룩하게 하여 주신 것을 감사드리나이다.

지난 한해의 보고를 접수할 때 감사함으로 받을 수 있게 하옵소서. 또한 부족한 부분들은 피차 겸손한 마음으로 지적하고 받아들이게 하소서.

예수님의 이름으로 기도드리나이다. 아멘.

노회를 위하여 드리는 기도

거룩하신 하나님 아버지!

에스겔이 본 마른 뼈 골짜기의 환상을 이 시간에 기억합니다. 마른 뼈가 일어나 힘줄과 살과 가죽이 생기를 덧입어 강한 군대를 이뤘나이다. 이 노회가 교회의 뼈대가 되는 모임임을 고백합니다. 이 노회를 중심으로 교회가 십자가 군병이 되어 살아 일어나는 역사를 이루소서. 이 뼈 저 뼈가 들어맞아서 서로 연락할 때 이런 역사가 있었나이다.

주여! 저희들이 서로 합하게 하소서. 하나님의 영광과 하나님의 나라를 위해 마음을 합하고 힘을 합하게 하소서.

주님! 저희들이 오늘 이 자리에서 자유롭게 예배드리며 천국사업을 의논하는 것은 그저 된 것이 아니고 믿음의 선배들이 뿌린 순교의 피 위에서 이루어지는 일임을 고백합니다. 더욱 경건하고 숙연한 마음으로 회의에 임하게 하옵소서.

선배들이 보여 준 용기와 충성심을 따를 수 있게 하사 저희로 하여금 뒷날에 부끄럽지 않은 이름으로 기록되게 하옵소서.

예수님의 이름으로 기도드리나이다. 아멘.

당회를 위하여 드리는 기도

사랑과 은혜가 풍성하신 아버지 하나님!

이곳에 주의 몸된 제단을 세워주시고 지금까지 부흥하며 성장할 수 있도록 인도하심을 감사드리며 하나님께 영광 돌립니다. 특별히 수많은 사람 가운데 우리를 충성되이 여겨 당회원으로 기름부어 세워 주시사 주의 몸된 교회를 위하여 중책을 맡은 당회원들에게 함께하여 주옵소서.

당회장이신 목사님께 지혜와 총명을 주시고 모든 회원에게 주를 향한 열정적인 사랑과 교회를 아끼는 충절을 부어 주시사 의논하며 결정하는 모든 것이 하나님의 영광만을 위하여 하시고, 모든 양무리들이 즐거워하며 기꺼이 따르는 결정을 하도록 도와주옵소서. 아버지 하나님께서 친히 저희 당회의 인도자가 되어 주시고 주님께서 저희들의 주관자가 되어 주시사 하나님이 기뻐하시는 당회가 되도록 성령님께서 역사하여 주시옵소서.

교회의 모든 살림을 맡은 저들이 개인의 사업보다도 교회를 먼저 생각하는 최상의 영적 상태를 가진 충성스러운 종들이 되도록 축복하여 주옵소서. 모든 당회원들에게 건강 주시고 굳건한 믿음을 허락하시사 맡겨진 바 사명을 감당하게 하시고, 또한 가정들 위에와 사업체 위에 하나님의 은총이 함께하시사 몸된 교회를 위하여 헌신하는 데 어려움이 없도록 도와주시옵소서.

아버지 하나님! 여러 당회원들의 마음을 하나로 묶어주시고 십자가를 나누어 지는 협력자가 되게 하시옵소서.

교회의 머리가 되시는 예수 그리스도의 이름으로 기도드립니다. 아멘.

제직회를 위하여 드리는 기도

사랑의 하나님! 감사합니다.

주홍같이 붉은 우리의 죄를 구속하여 주시고 이처럼 사랑하여 주시
사 많은 사람 가운데서 택하여 주의 몸된 교회의 일꾼으로 세워주신
하나님의 무한하신 은혜를 감사드리며 영광을 돌립니다.

아버지 하나님!

이 제직회를 기억하시고 축복하옵소서. 하나님께서 친히 의장이 되시
사 모든 일을 주관하심으로써 사람들 간의 모임이 되지 않도록 도와
주시고 성령께서 역사하여 주옵소서. 그리하여 이 제직회가 시작부터
끝날 때까지 은혜롭게 진행되어 하나님께 영광 돌리며 저희들에게는
기쁨이 되게 하옵소서.

이 제직회에서 토의되는 모든 안건이 인간의 생각대로 처리되거나 결정되지 아니하도록 지켜주옵소서. 지난 달에도 지켜 주시고 함께하신 아버지! 이번 제직회 위에 축복하시사 결정되는 모든 사항이 놀라운 결실을 맺도록 인도하옵소서. 마음의 경영은 사람에게 있어도 그 걸음을 인도하시는 이는 하나님이라고 하였사오니, 하나님 아버지! 저희들을 통하여 역사하여 주시사 이 교회가 더욱 성장하며 부흥하도록 축복하여 주시기를 바랍니다.

모든 것을 하나님 아버지께 의탁하오며 우리 구주 예수님의 이름으로 기도드립니다. 아멘.

공동의회를 위하여 드리는 기도

전능하신 하나님! 감사드립니다.

지난 일 년 동안도 저희 제단을 지켜 주시고 또한 부흥하며 성장하도록 역사하신 하나님의 은총을 진심으로 감사드립니다.

오늘 주의 자녀들이 모여 금년 일 년 동안 교회의 사업을 위하여 공동의회로 모였습니다. 저희들의 마음과 생각을 주관하여 주시사 하나님이 기뻐하시는 사업, 하나님의 영광을 위한 사업, 교회 성장에 유익한 사업만을 상의하도록 도와주옵소서.

아버지 하나님!

마음의 경영은 사람에게 있어도 그 걸음을 인도하시는 분은 하나님이라고 하였사옵니다. 이처럼 지난 일 년 동안도 인도하시고 함께하신 하나님, 금년 일 년도 같이 하시고 인도하시사 부족함이 없도록 채워주옵소서.

"내 생각은 너희 생각과 다르다"라고 하였사오니, 저희들의 생각을 주관하여 주시사 아버지 하나님! 오늘 모인 이 회의에 하나님이 임재하시사 친히 의장이 되어 주셔서 처음부터 끝까지 은혜 속에 진행되고 마칠 수 있도록 도와주시옵소서.

오늘 의논되고 결정되는 모든 사항이 금년 동안 시행될 때 재정에 부족함이 없게 하시고 맡은 자가 충성함으로써 저희들이 세운 목표보다 더 좋은 결과의 열매를 주님 앞에 바칠 수 있게 하시옵소서.

이 모든 말씀을 우리 구주 예수님의 이름으로 기도드립니다. 아멘.

구역장 권찰회를 위하여 드리는 **기도**

한 사람의 영혼을 천하보다도 더 귀히 여기시는 하나님 아버지!

아버지께서 뜻이 계셔서 이곳에 하나님의 성전을 세워주시고 이 교회를 더욱 부흥케 하심을 진심으로 감사드립니다. 또한 몸의 지체와 같은 구역마다 충성스러운 종들을 세우시사 구역을 돌보며 성도들의 가정을 심방하고 봉사하게 해 주시니 감사합니다.

각 구역을 맡아서 수고하는 권찰(구역장)들에게 하나님께서 특별한 은총으로 함께하시사 저들이 사명을 잘 감당하도록 힘과 능력을 주시옵소서. 파수꾼과 같은 권찰(구역장)들이 교회의 울타리인 구역을 잘 돌보며 이리 떼로부터 양들을 잘 지키는 일들까지 소홀함이 없도록 지혜를 주시옵소서.

전능하신 아버지 하나님!

각 구역의 권찰들이 성령 충만한 종들이 되게 하시사 기도하며 전도하는 성실한 청지기가 되게 하시옵소서. 저들이 모일 때마다 성령님께서 함께하시사 은혜로운 모임이 되게 하시고, 교회의 유익과 성장을 가져오는 창조적인 모임이 되도록 성령께서 역사하여 주옵소서. 각 권찰들의 가정을 지켜주시고 그 생업 위에 축복하시사 주의 사역을 감당하기에 영육 간에 부족함이 없도록 인도하여 주시옵소서.

아버지 하나님! 일선의 권찰들이 살아 움직이는 만큼 비례해서 교회가 부흥하며 성장하겠사오니 저희들에게 굳센 믿음 주시사 행여나 저들의 발걸음이 멈추지 않게 하시고, 저들의 기도의 단이 허물어지지 않도록 인도하시옵소서.

말씀의 제단 앞에 모이기를 힘쓰며 구역 안의 성도들이 각별히 사랑을 돈독히 함으로써 구역의 성장과 함께 교회가 성장하도록 도와 주시옵소서.

예수님 이름으로 기도드립니다. 아멘.

교사회를 위하여 드리는 기도

우리를 사랑하시는 하나님 아버지!

십자가에서 흘리신 예수 그리스도의 보혈의 은총을 감사드립니다. 그뿐만 아니라 상한 갈대와 같이 꺼져 가는 불처럼 연약하고 보잘것 없지만 꺾지 아니하시고 끄지 아니하시고 천하와도 바꿀 수 없는 귀중한 생명을 주께로 인도하는 교사의 사명을 감당케 하여 주심을 진심으로 감사드립니다.

우리에게 그리스도의 마음처럼 진실로 영혼에 대한 끊이지 아니하는 사랑의 마음을 부어주시며, 가르치며 연구하는 일에 충성되게 임할 수 있도록 성령을 통하여 부어주시옵소서.

인간의 이성과 과학 그리고 합리적인 사고방식이 하나님의 말씀보다 우위에 서서 이 세상을 지배하려는 이 세대에 우리는 과연 어떻게 하나님의 말씀을 가르쳐야 하겠습니까?

우리는 무력하오며 다만 하나님의 전지전능하신 도움만을 필요로 하고 있사오니 우리의 심령을 붙드시사 하나님의 말씀에 대한 확신과 그리스도 예수에 대한 믿음으로 주의 어린 양들을 먹이며 돌볼 수 있도록 도와주시옵소서.

제자의 발을 씻기시어 스스로 섬기는 자의 본을 보여주시며 어린이들이 가까이 오는 것을 용납하시며 그들을 위해 기도하셨던 겸손하신 예수님처럼 먼저 자신이 교사라는 직분에 앞서 참된 인간으로서의 진실함을 소유할 수 있도록 도와주시옵소서.

내가 교사이니까 무엇인가를 나타내야겠다는 교만한 마음을 버리고 다만 예수님의 역사하심만을 나타낼 수 있게 하옵소서. 두렵고 떨리는 마음으로 항상 자신을 돌아보며 복음에 합당한 생활을 해 나갈 수 있게 하옵소서.

잃어버린 한 마리의 양을 찾아 갖은 고생을 하며 그 양을 찾은 우리의 목자이신 예수님처럼 나에게 맡겨진 영혼을 위하여 주님 앞에 끊임없이 기도하며 진실되게 사랑할 수 있는 마음을 허락하옵소서.

우리에게 이 사명을 주신 주께서 끝까지 감당할 힘을 주실 줄 믿사오며 예수님 이름으로 기도드립니다. 아멘.

성가대를 위하여 드리는 기도

할렐루야! 여호와 하나님을 찬양하나이다.

오늘도 우리에게 호흡을 허락하시고 찬양의 능력을 허락하신 하나님
께 감사드립니다. 무엇을 말하고 무엇을 노래해야 할지 모르던 우리
에게 찬양의 축복을 주심을 감사드립니다.

찬양을 받으시기에 합당하신 하나님 아버지!

항상 찬양하고자 원합니다. 어떤 환경에서도 끊임없이 찬양하기를 원
합니다. 저희들의 입술이 찬양을 하게 되었다는 감격 앞에 늘 찬양의
삶을 살기를 저희들은 원합니다. 간구하옵나니 이 일을 위하여 찬양
할 수 있는 힘을 주시옵소서.

아름다운 목소리, 쉼 없는 열심, 그리고 이 모든 것 위에 구원에 대

한 끝없는 감격을 주시옵소서. 세상 모든 사람들이 찬양을 잃은 삶을 산다고 할지라도 저희들의 형상은 오직 구원의 주님을 찬양하며 살 수 있도록 힘을 허락해 주시옵소서.

오늘도 우리의 입술과 목소리를 통하여 영광 받으신 하나님!
찬양하는 저희로써 입술의 아름다운 열매를 맺고자 원합니다. 순간의 생활 속에 더러운 샘물을 솟아내는 입술이 되지 않고자 원합니다. 기쁨을 노래하며 은혜를 즐거워 하는 오직 찬양의 샘물이고자 합니다.

비록 아름다운 목소리는 소유하지 못했다고 말할지라도 우리의 몸짓으로 찬양하며 우리의 호흡이 찬양하는 그 마음을 주께서 아시오니, 저희의 찬양을 통해 여호사밧과 같은 승리의 생활되게 하옵소서.

저희들에게 있는 찬양의 힘도 입술의 힘도 오직 여호와의 열심이 만들어 주시옵소서. 우리들의 입술의 찬양과 마음의 묵상이 주님께 열납되기를 바라며 하나님을 영화롭게 하는 즐거운 생활되게 하옵소서. 또한 어떠한 환란의 풍랑이 불어와도 주님이 함께하심을 믿으며 찬송할 수 있는 성령의 충만을 주시옵소서.

예수님의 이름으로 기도드립니다. 아멘.

교도소 위문 시 드리는 기도

사랑의 하나님 아버지!

저희가 오늘 이렇게 주님의 이름으로 이 교도소를 방문하게 되어서 주 이름으로 간구드리오니 자기도 함께 갇힌 것같이 갇힌 자를 생각하라고 하신 주님, 한때 잘못으로 인하여 담 안에 와 있는 형제들을 찾아왔나이다. 이 형제들이 이곳에서 신체적으로 제약이 많고 부자유스러운 생활을 하고 있으나 마음에는 평안이 있게 하소서.

저들에게 중요한 것은 어떤 일을 만났냐는 것이 아니고 그 일을 어떤 태도로 받아들이느냐는 사실을 알게 하소서. 그리스도께서는 십자가 위에서도 사랑을 시행하시며 축복을 베푸셨나이다. 담 밖에 있는 가족들을 지켜 주셔서 기쁨으로 만날 수 있는 날을 기다리며 위로를 나눌 수 있게 하소서.

사랑의 주님!

형제들이 저지른 잘못으로 인하여 이 자리에 와서 기도드리면서 십자가 대속의 은총을 다시 한 번 생각합니다. 영원히 죽을 수밖에 없는 저희를 살리시기 위해 십자가에서 돌아가신 주님의 그 사랑을 저희가 이곳에서 눈물로 찬양하나이다. 이제 저들이 담 안에서의 정해진 기간을 마치고 자유를 얻는 날까지 영육 간에 강건하게 지켜 주소서.

주님! 나사렛 회당에서 당신이 선포하신 말씀을 기억합니다. 특별히 포로된 자에게 자유를 주시기 위해서 오셨다고 하신 주님이시여! 이들의 마음속에 들어오셔서 육신은 자유를 잃었으나 마음은 자유롭게 하사 하나님과 교제하는 영적 기쁨을 맛보게 하옵소서. 바울과 실라가 옥에 갇혀 있어도 찬송하고 기도하는 중에 옥문이 열린 것처럼 이 형제들도 믿음 안에서 살면서 현재 처한 삶의 의미를 깨닫게 하옵소서.

주여! 이 형제들의 형편이 세상의 표준으로 불우하다고 할 수밖에 없으나 오히려 더 큰 유익이 있게 하소서. 다시는 과오를 범하지 않겠다는 다짐을 새롭게 하시며 자유의 소중함을 깨달아 이제 이곳에서 생활이 끝나면 육신의 자유를 잃은 일이 다시는 없게 하옵소서. 같이 고생하는 동료들의 사정에도 관심을 가질 수 있는 마음을 주소서. 넓은 의미에서 배우는 기회가 되게 하소서.

교화 업무에 종사하는 이들을 지키소서. 피곤함을 씻어 주시고 부드러운 마음을 주셔서 이 형제들을 친절함으로 대하게 하소서. 그 친절함에 감화되어 새롭게 되는 분들이 늘어나게 하소서. 주님! 이와 같

338

은 담 안의 장소들이 하나 둘씩 사라져서 이 장소가 학교나 그 밖의 좋은 목적을 위해 쓰일 수 있는 날이 속히 오도록 하시옵소서.

예수님의 이름으로 기도드립니다. 아멘.

장병 위문 시 드리는 기도

은혜로우신 하나님 아버지!

오늘 ○○부대 장병들을 위문 오도록 인도하시며 한자리에 모여서 주님께 감사의 예배를 드릴 수 있는 시간을 주심을 감사하옵나이다. 주님! 이 시간 이 자리에 모여 있는 장병들을 위로하시며 그 심령에 하나님을 모시는 귀한 시간이 되게 하여 주시옵소서. 후방에 있는 저희들은 이 젊은이들의 수고로 말미암아 자유와 평화를 누리고 있사옵나이다.

저희들이 잠자리에 들 때에도 이 젊은이들은 초소에서 매복지에서 뜬 눈으로 경계에 임하여야 합니다. 주님께서 특별히 이 젊은이들에게 은혜 베푸셔서 건강하게 군복무를 잘 감당케 하여 주시옵소서. 전우 간에 위로하며 뜨거운 사랑으로 맺어지게 하셔서 즐거운 병영생활이 되게 하여 주시옵소서.

하나님 아버지!

장병들을 지휘하는 군 지휘관들을 기억하시며 어렵고 힘든 일을 잘 감당할 수 있도록 건강과 지혜와 총명을 주시옵소서. 지혜로운 전술 전략을 개발케 하시며 부대 운영을 잘 감당하게 하여 주시옵소서. 특별히 부대장인 ○○○ 중령께 명석한 판단력과 지휘 통솔력을 풍성히 허락하여 주시옵소서. 주님! 군선교 사업에 종사하는 군목과 군종들에게도 은혜를 더하여 주시옵소서. 장병들에게 하나님의 사랑을 힘써 전하며 사명을 완수하게 하시옵소서.

하나님 아버지!

저희들이 이 시간 준비한 위문품과 위문 순서를 통하여 피곤을 씻고 위로를 얻는 시간이 되게 하여 주시옵소서. 저희들이 후방에서 이들의 수고를 전하며 계속 관계를 맺으며 위문 순서를 마련토록 도와주시옵소서.

하나님 아버지! 오늘 ○○부대 장병들과 간부들을 만나도록 인도하심을 감사합니다. 이 한 시간 모든 순서 위에 주의 영이 함께하여 주시옵소서.

예수님의 이름으로 기도드립니다. 아멘.

고아원 방문 시 드리는 기도

사랑의 하나님 아버지!

오늘 ○○○고아원을 찾아와 한자리에 모여서 하나님께 예배드리게 됨을 감사합니다. 하나님 아버지! 어린 시절부터 부모님을 떠나 아픔을 당하며 자라야 하는 어린 생명들을 기억하시며 긍휼을 베풀어 주시옵소서.

　이들의 심령에 굳센 의지를 주시며 강인한 생활력을 주시옵소서. 이들의 심령에 굳센 의지를 주시며 강인한 생활력을 주셔서 훌륭한 사회의 일꾼들로 자라게 해 주시옵소서. 부모가 없음을 인하여 슬퍼하지 않게 하시며 원장님을 아버지로 모시며 친구들을 형제자매같이 여기며 사랑 중에 자랄 수 있게 무엇보다 하나님 아버지께서 보호하시며 사랑으로 인도하여 주시옵소서.

은혜로우신 하나님 아버지!

특별히 ○○○원장님과 직원들을 위로하시며 힘을 더하여 주시옵소서. 주님께서는 고아와 간부들을 불쌍히 여기시며 돌보라고 하셨는데도 실제로 그 명령을 실천하는 이분들의 아름다운 마음과 손길을 축복하여 주시옵소서.

또한 이 고아원이 운영하고자 할 때에 필요한 모든 물질도 풍족히 허락하여 주시옵소서. 이 고아원이 사회에 알려져서 아직 우리 주위에 버림받아 고통하며 지내는 불쌍한 어린 생명들을 수용하여 돌보게 해 주시옵소서.

은혜로우신 아버지여! 오늘의 이 만남을 허락해 주신 하나님께 감사드리며 예수님의 이름으로 기도드립니다. 아멘.

양로원 위문 시 드리는 기도

은혜로우신 하나님 아버지!

오늘 ○○양로원으로 인도하여 주시고 험난한 인생길을 지나며 마지막 여생을 보내는 어른들을 만나도록 하심을 감사하옵니다. 하나님 아버지! 야곱이 험한 세월을 보냈다고 고백한 것처럼 이분들도 이 민족의 압박과 해방 후 혼란과 6.25전쟁 등의 많은 격변의 세월 속을 걸어왔습니다. 이제 남은 여생은 편히 보내도록 도와주시기를 기도합니다.

가족을 떠나 한 곳에 모여 지낼 때에 말벗도 있고 외로움도 달랠 수 있겠지만 한편으로는 외로움과 불편함도 많을 줄 압니다. 주님께서 위로하시며 무엇보다 하나님의 은혜를 더욱 깊이 생각하며 영원한 아버지의 나라를 더욱 사모하게 하여 주시옵소서. 육신의 장막은 쇠

약해져가고 낡아져가지만 속사람은 날마다 강건하여지고 소망이 충분한 가운데에 살게 하여 주시옵소서.

사랑의 아버지 하나님!

이 양로원을 운영하며 헌신 봉사하는 ○○○원장님과 직원들을 위로하시며 수고를 기억하여 주시옵소서. 경로사상이 사라져 가는 이 시대에 귀한 사업을 감당할 때에 어려움도 많을 줄 압니다. 우리 주님께서 필요한 물질과 인력과 자재들을 때에 따라 공급하시며 곤란을 당하지 않도록 도와주시기를 간절히 기도드리옵니다.

거룩하신 하나님 아버지!

오늘 이 자리에 함께 참여한 교우들을 기억하여 주시옵소서. 저희 교우들도 백발을 존경하며 사모하게 하시고 경로사상의 미풍양속을 전수하는 역할을 다하게 도와주시옵소서. 하나님 아버지! 이 한 시간 주님께서 임재하시어 기쁨이 충만한 시간이 되게 하시어 위로와 소망이 되게 하시옵소서. 예수님의 이름으로 기도드립니다. 아멘.

평안을 너희에게 끼치노니
곧 나의 평안을 너희에게 주노라
내가 너희에게 주는 것은 세상이 주는 것 같지 아니하리라
너희는 마음에 근심도 말고 두려워하지도 말라 (요 14:27)

제7장

직분 맡은 자를 위한 대표기도

목사를 위한 기도

사랑의 하나님 아버지!

이 시간도 사랑하는 주님의 양떼들을 위하여 수고하시며 말씀을 준비하시는 귀하신 주님의 사자들을 위하여 기도드리오니, 말씀을 선포하실 때마다 영역을 칠 배나 더하시고 사랑과 은혜로 더욱 충만케 하옵소서.

날이 갈수록 메마르고 강퍅해져 냉랭한 우리들의 영혼 속에 권능과 능력의 말씀 선포로 굳게 닫힌 마음의 빗장을 열어 이른 비와 늦은 비의 은혜를 충만케 하여 주시고, 무엇보다도 특별히 원하옵기는 기름부어 세우신 주님의 귀한 사자님들께 가정의 평안과 건강으로 함께하여 주옵시며 잃어버린 한 마리의 양을 위하여서도 참고 견디는 넉넉한 마음의 여유로 성령의 열매가 충만한 목회 여정이 되게 하시옵소서.

사랑과 은혜가 풍성하신 하나님 아버지!

한 생애를 오직 복음 전파를 위하여 희생과 봉사를 아끼지 않으시는 목사님들의 귀한 삶 속에 분명코 주님의 넘치는 위로와 축복이 함께 하시는 줄 믿사오니 이 땅 위에서도 윤택한 삶의 축복으로 영광 받아 주시옵소서.

상한 갈대를 꺾지도 않으시고 꺼져가는 등불도 끄지 아니하시는 아버지 하나님! 오늘도 상하고 주린 영혼들의 아픔을 치유하기 위해 말씀을 선포하시는 귀하신 목사님들의 가정과 교회 위에 놀라우신 주님의 사랑과 평안으로 충만하게 채워주소서.

예수님 이름으로 기도드립니다. 아멘.

장로를 위한 **기도**

거룩하시고 자비로우신 하나님 아버지!

부족하고 무능한 것을 아시면서도 부족한 종을 택하사 주의 피로 세운 몸된 교회를 위해 장로의 귀한 사명을 맡겨 주심을 감사드립니다. 맡은 자의 구할 것은 충성이라고 했사오니 충성할 수 있는 신실한 종되게 하옵시며 오직 주님의 영광만을 위해 일할 수 있는 모범된 종이 되게 하옵소서.

사랑하는 주님!

나로 하여금 내 자신만을 위한 삶이 되지 말게 하시고 나를 위해 십자가 지신 주님만을 위하여 살아가게 하옵소서.

무엇보다 이 종에게 필요한 것은 장로로서 참된 사랑을 실천하게 하옵소서. 말만 앞세우고 허세만 부리는 장로가 될까 두렵사오니, 책망할 것이 없고 가르치기를 잘하며 제 말과 행실이 깨끗한 종이 되게 하여 주옵소서.

성경으로 충만케 하사 주님의 뒤를 따르기에 부족함이 없게 하시고 항상 복음의 의를 행하게 하옵소서. 목사님을 잘 보필하여 초대교회와 같이 믿음이 충만하고 사랑이 넘치는 교회를 이루는 데 앞장서는 종이 되게 하옵소서.

선한 사업에도 힘쓰는 일꾼이 되게 하옵소서.

이 모든 말씀을 우리를 사랑하시는 예수 그리스도의 이름으로 기도하옵나이다. 아멘.

집사를 위한 기도

구원하시는 능력으로 도우시는 하나님 아버지!

은혜를 감사드립니다. 죽을 죄인들을 대속하시려고 이 땅 위에 오시어 지옥에서 천국으로 인도해 주신 예수님, 감사드립니다.

인류를 구속 사업을 완성하시고 다시 하나님 우편으로 승천하시면서 유언하신 말씀인 땅 끝까지 이르러 내 증인이 되라고 하신대로 우리들도 주의 복음을 증거하는 증인되게 해 주시기를 바라옵니다.

하나님! 저희에게 초대교회 집사들처럼 지혜와 성령이 충만한 자되게 하옵소서. 교회 살림을 맡은 청지기로서 충성을 다하게 하옵소서. 하나님께로부터 위임받은 직책에 마음을 다하고 기술과 기능을 다 동원하는 집사가 되게 하옵소서.

또한 집사로서 갖추어야 할 인격을 잘 갖추어 단정하고 일구이언을 하지 않고 술에 인박히지 아니하고 더러운 이를 탐하지 아니하고 깨끗한 양심에 믿음의 비밀을 가진 자가 되게 하시며 시험을 해본 후 책망할 것 없는 자가 되게 해 주옵소서.

사랑하는 가정에 충실할 수 있게 하옵소서. 내가 속해 있는 구역과 기관 그리고 교회의 모든 사업에 적극적인 참여를 할 수 있도록 인도해주옵소서.

맡은 자가 구할 것은 충성이라고 말씀하셨사오니 우리는 어떤 일이든 충성할 수 있도록 하옵소서. 그리하여 하나님의 칭찬만을 받을 수 있는 주님의 진실한 청지기가 되게 하옵소서. 하나님의 집사로서 마땅히 하여야 할 구제하는 일에도 인색하지 않게 하옵소서.

세상이 주는 평안만을 바라기보다 하나님께서 주시는 영원한 평안을 누릴 수 있는 진실한 믿음을 허락하여 주옵소서.

우리의 믿음을 더하시는 예수님의 이름으로 기도드립니다. 아멘.

권사를 위한 기도

은혜와 자비가 풍성하신 하나님 아버지!

이 부족하고 연약한 종을 택하사 주의 몸된 교회를 위하여 권사로서의 귀한 사명 맡겨 주심을 감사드립니다.

주께서 하나님의 비밀을 맡은 자로 여길 만하여 세워 주셨사오니, 믿음이 연약한 자와 병든 자와 굶주리고 헐벗은 고아와 과부들을 돌아보며 권위할 수 있는 종되게 하옵소서.

무엇보다 착한 종이 되게 하시고 성령과 믿음이 충만한 자가 되게 하시며 말씀을 잘 가르치는 자가 되게 하여 주옵소서. 항상 쉬지 않고 기도하는 권사가 되게 하시고 형제를 사랑하며 서로 우애하고 존경하기를 서로 먼저하며 부지런하여 게으르지 말고 열심을 품어 주는 섬기는 종이 되게 하옵소서.

주님의 몸된 교회를 위해 맡겨진 사명에 충성을 다하는 선한 청지기가 되게 하여 주옵소서. 목사님과 장로님을 잘 보필하여 은혜로운 교회, 생동하는 교회, 사랑이 넘치는 교회를 이룩해가는데 앞장서는 종이 되게 하옵소서.

맡겨진 달란트를 잘 활용해서 두 달란트, 다섯 달란트 받은 종이 많은 이익을 남긴 것같이 저희도 더욱 많은 이익을 남겨 착하고 진실한 종이라고 칭찬받을 수 있는 권사가 되게 하여 주옵소서.

이 모든 말씀을 우리를 사랑하시는 예수 그리스도의 이름으로 기도드립니다. 아멘.

구역장을 위한 기도

믿음의 식구를 주신 하나님께 감사를 드립니다.

복잡한 인생 속에서도 믿음을 붙들고 살 수 있게 하시며 더욱더 믿음의 어머니의 직분을 죽도록 충성하는 가운데 하나님의 뜻을 이룰 수 있게 되기를 원합니다.

저에게 주어진 시간과 환경 속에서 모든 일들을 열심히 하도록 강건함을 허락하여 주옵소서. 얼마 만큼의 달란트를 받았는가 신경 쓰기보다는 단 한 달란트를 받았다 하더라도 열심히 애쓰는 주의 일꾼이 될 수 있도록 힘을 주옵소서.

이 모든 일을 위하여 성령의 도우심이 필요합니다. 건강한 두 다리로 집집마다 찾아다닐 수 있도록 뼈마디에 힘을 허락하여 주옵시고, 가고 오는 교통 편의를 허락하여 주옵시되 ○○○ 님의 입술에 위로의 말씀을 주옵시고, 평강의 기도에 힘을 허락하여 주옵소서. 그러나 무엇보다도 구역장 자신이 먼저 구원의 감격을 잃지 않게 하여 주옵소서.

날이면 날마다 자신을 쳐서 복종시키며 순교의 삶을 살게 해 주셔서 믿음의 어머니의 모습을 갖게 해 주옵소서.

하나님! 구역의 성도들이 모든 일을 다툼과 허영 속에서 살지 않게 도와주옵소서. 오직 성령의 띠로 하나되게 도와주시고 서로를 사랑하며 위로하며 인내하는 믿음의 식구들이 되게 해 주옵소서. 아름다운 구역 선교자가 되어지도록 성령님의 권능을 주시옵소서.

착하고 신실된 작은 종이 되게 하옵소서.

예수님의 이름으로 기도드립니다. 아멘.

권찰을 위한 기도

은혜와 진리가 무궁하신 하나님 아버지!

영원히 죽어야 할 저희 죄인들을 예수 그리스도의 보혈로 속량해 주심으로 말미암아 값없이 의롭다함을 입게 해 주셨으니 참으로 감사드립니다.

만세 전부터 택하여 주신 그 은혜가 고마워 이 종은 주의 몸된 교회를 위해 권찰의 직분을 잘 감당코자 하오니 큰 능력과 지혜를 부어 주옵소서. 육신의 정욕과 안목과 이생의 자랑을 버리게 하여 주시고 나는 죽고 내 안에 그리스도께서 살아계심으로 주만 존귀케 하는 종이 되게 하옵소서. 주의 말씀이 내 발 앞에 등불이 되게 하시고 내 길에 빛이 되게 하여 주옵소서.

하나님을 경외하고 백성을 구제하며 항상 하나님께 기도하는 고넬

료와 같은 하나님 중심의 사람이 되게 하여 주시고, 말씀을 읽고 말씀을 듣고 말씀을 지켜 행함으로 복있는 자가 되게 하여 주옵소서. 무엇보다도 죽어가는 영혼을 위해 불쌍히 여길 수 있는 자비와 긍휼을 입혀 주시옵고 진정으로 그들을 주 앞으로 인도하기에 부족함이 없는 능력의 증인이 되게 하여 주옵소서.

상처입은 영혼들을 위로하고 싸매 줄 수 있는 착한 사마리아인의 사명을 잘 감당할 수 있도록 늘 성령께서 도와주옵소서.

언젠가 우리의 삶이 끝나게 될 터인데 선한 싸움 다 싸우고 나의 달려갈 길을 마치고 믿음을 지킴으로 의의 면류관과 상급을 받을 수 있는 귀한 일꾼이 되게 하여 주옵소서.

사랑과 긍휼이 풍성하신 우리 주 예수 그리스도의 이름으로 기도 드립니다. 아멘.

교사를 위한 기도

우리를 사랑하시는 하나님 아버지!

십자가에서 흘리신 예수 그리스도의 보혈의 은총을 감사드립니다. 그뿐만 아니라 상한 갈대와 같이 꺼져가는 불처럼 연약하고 보잘것 없지만 꺾지 아니하시고 끄지 아니하시고 천하와도 바꿀 수 없는 귀한 생명을 주님께로 인도하는 교사의 사명을 감당케 하여 주심을 진심으로 감사드립니다.

모든 교사의 모범이 되신 주님!

우리에게 예수님의 마음처럼 진실로 영혼에 대한 끊이지 아니하는 사랑의 마음을 부어주시며 가르치며 연구하는 일에 충성되이 임할 수 있도록 성령을 통하여 부어주옵소서. 인간의 이성과 과학 그리고 합리적인 사고방식이 하나님의 말씀보다 우위에 서서 이 세상을 지배하려는 이 세대에 우리는 과연 어떻게 하나님의 말씀을 가르쳐야 하겠습니까?

우리는 무력하기에 다만 하나님의 전지전능하신 도움만을 필요로 하고 있사오니 우리 심령을 붙드사 하나님의 말씀에 대한 확신과 그리스도 예수께 대한 믿음으로 주의 어린 양들을 먹이며 돌볼 수 있도록 도와주옵소서.

제자의 발을 친히 씻기시어 스스로 섬기는 자의 본을 보여주시며 어린이들이 가까이 옴을 용납하시며 그들을 위해 기도하셨던 겸손하신 예수님처럼 먼저 자신이 교사라는 직분에 앞서 참된 인간으로서의 진실함을 소유할 수 있도록 도와주옵소서.

내가 교사이니까 무엇인가를 나타내야 하겠다는 교만한 마음을 버리고 다만 예수님의 역사하심만을 나타낼 수 있게 하옵소서.

두렵고 떨리는 마음으로 항상 자신을 돌아보며 복음에 합당한 생활을 해 나갈 수 있게 하옵소서. 잃어버린 한 마리의 양을 찾아 갖은 고생을 하며 그 양을 찾은 우리의 목자이신 예수님처럼 나에게 맡겨진 영혼을 위하여 주님 앞에 끊임없이 기도하며 진실되게 사랑할 수 있는 마음을 허락하옵소서.

우리에게 이 사명을 주신 주께서 끝까지 감당할 힘을 주실 줄 믿사오며 예수님 이름으로 기도드립니다. 아멘.

성가대원을 위한 기도

우리의 찬양을 기뻐 받으시는 여호와 하나님!

찬양으로써 하나님께 영광 돌리게 하심을 감사드립니다. 하나님께서는 인간들의 감사의 찬양을 기뻐하시는 줄로 분명히 믿습니다.

불신과 불의로 오염된 현대사회 속에서 진실과 찬양을 행할 수 있는 우리의 문은 이미 닫혀졌으며 입과 귀도 역시 패쇄되었습니다. 그러나 하나님께서는 우리의 영혼을 주관해 주시어서 하나님의 성호를 찬양할 수 있게끔 하시는 줄로 믿습니다.

시편 기자는 "온 땅이여! 여호와께 즐거이 부를지어다. 기쁨으로 여호와를 섬기며 노래하면서 그 앞에 나아갈지어다"라고 여호와의 성호를 찬양하였습니다. 사도 바울도 "시와 찬미와 신령한 노래들로 서로 화답하며 너희의 마음으로 주께 노래하며"라고 증거하였습니다.

아버지 하나님!

우리는 여호와의 성호를 찬양할 만큼 진실하지도 거룩하지도 못합니다. 주님의 발자취를 온전히 뒤따르지도 못합니다. 주님의 영광을 드높이기보다는 주님의 영광을 얼마나 많이 가리웠습니까?

그러나 주님께서는 우리에게 찬양할 수 있는 사명을 허락하여 주셨으니 입술의 열매를 맺기 원합니다. 우리의 입술로만 하는 찬양이 아니라 우리의 믿음으로 마음속 깊숙한 곳에서 우러나오는 찬양이 되게 하옵소서. 세상을 기쁘게 하기보다는 하나님을 기쁘시게 해드리고 온 성도들에게 은혜를 끼칠 수 있는 감사의 찬양을 드리는 성가대원이 되게 하옵소서.

우리의 찬양을 기쁘게 받으시는 우리 주 예수 그리스도의 이름으로 기도드립니다. 아멘.

교회직원을 위한 기도

사랑과 은혜가 풍성하신 아버지 하나님!

하나님의 은혜를 감사드립니다. 하나님께서 이곳에 주님의 교회를 세우시고 주님의 사업을 위하여 일꾼들을 또한 세우심을 감사합니다.

세우신 일꾼들이 주의 몸된 제단을 위하여 봉사하며 부르신 하나님께 충성하며 맡겨진 바 하나님의 자녀로서의 사명을 감당하도록 힘과 능력과 지혜와 담대한 믿음을 주옵소서.

저희 교회에 세운 모든 직원들도 초대 예루살렘교회 일곱 집사와 같이 믿음과 지혜와 성령이 충만한 직원들이 되게 하여 주시고 교회의 모든 사업을 내 일같이 헌신 봉사함으로써 충성하게 도와주옵소서. 행여나 저희 교회 직원 가운데 니골라와 같은 직원이 나오지 않도록 인도하여 주옵소서.

하나님 아버지!

먼저 주님의 교회에 세운 직원들의 신원과 가정에 축복하여 주시사 몸된 제단을 위하여 봉사하는 일에 조금도 지장되는 일이 없도록 하여 주시고, 기쁨과 즐거움 가운데 죽도록 충성하는 일꾼으로 삼아 주시사 마지막 날에 생명의 면류관을 쓰고 주님을 만나는 축복을 허락하여 주옵소서.

부르신 자를 강하게 하시는 우리 구주 예수님의 이름으로 기도드립니다. 아멘.

사찰을 위한 기도

우리를 보호하시는 하나님 아버지!

"주의 궁정에서 한 날이 다른 곳에서 천 날보다 나은즉 악인의 장막에 거함보다 내 하나님 문지기로 있는 것이 좋사오니" 이 말씀을 ○○○ 님에게 주신 하나님의 복으로 무한 감사를 드립니다.

신실된 주님의 일꾼 ○○○ 님은 이제까지 하나님 앞에서 언제나 꾸밈이 없고 거짓이 없는 일꾼이었습니다. 보이지 아니하는 하나님을 눈앞에 모시고 섬기듯이 더러워진 교회당을 청소할 때마다 그의 속에 있는 성전도 깨끗하게 청소할 수 있게 믿음을 주셨사오니 감사합니다.

어느 청소부는 지구의 한 모퉁이를 깨끗하게 할 수 있으니 얼마나 자랑스럽냐고 자신 있게 말하기도 했습니다만 ○○○ 사찰님이 하나님의 집안 구석구석 남이 못 보는 먼지를 털어낼 때마다 성도들의 마음 구석에 있는 죄의 요소도 함께 사라지게 해 주옵소서.

교회의 미화를 위해 기물들을 정리할 때마다 우리의 복잡한 심령을 주 앞에 가지런히 정리하여 주님 보시기에 참으로 아름답고도 평온한 마음가짐이 되게 해 주옵소서. 그리하여 이 온화하고 정리된 마음으로 교회에 드나드는 교우들을 대하게 해 주옵소서.

슬픔과 고민거리를 안고 찾아온 성도들이 사찰님의 손에 의해 꾸며지고 정리된 교회에 들어와 기도할 때 모든 근심걱정이 사라지고 하늘에서 내려오는 주님의 평화를 맛볼 수 있게 해 주옵소서.

이 예배당을 떠나는 교우들의 얼굴은 기쁨과 평화로 가득 차게 해 주옵시고, 믿지 아니하는 사람들이 구경을 왔다가도 감동을 받을 수 있는 건물로 다듬어지게 하는 은총을 ○○○ 님에게 내리시옵소서.

남이 알게 모르게 구석에서 봉사하는 사찰님의 노고가 하늘나라에 상달되어 하늘나라 갈 때 영원한 상급이 저희들의 위로가 되게 해 주옵소서.

우리들의 대변자가 되셔서 악의 세력에서 구원하시는 예수님의 이름으로 기도드립니다. 아멘.

제 8 장

국가와 사회를 위한 대표기도

국가 평화를 위한 기도

평화의 주님!

구하옵기는 이 백성을 긍휼이 여기시고 구원하여 주옵소서. 모든 불의와 부정과 부패와 미신과 악에서 벗어나게 하옵소서. 이 나라에 사는 모든 백성들이 나라를 사랑하고 겨레를 아끼는 뜨거운 열정으로 가득차게 하여 주옵소서.

주님! 저희들이 서로 믿고 서로 도와주며, 마음과 뜻과 힘을 합하여 건설하는 민족이 되게 하옵소서. 아름다운 강토, 좋은 기후와 풍요한 자원을 허락하는 이 나라를 힘모아 지키고 가꾸어서 세계열강을 앞서가게 하옵소서. 이 나라 국방을 담당한 이들과 교육을 담당한 이들이 정의를 사랑하며 이 나라의 안전과 백년대계를 위해 노력하게 하옵소서. 특히 이 민족의 영혼을 책임진 기독교 지도자들에게 전능하신 하나님의 은총으로 함께 하옵소서. 이 민족이 위로 하나님을 사랑하게 하시고 저희들이 이웃을 내 몸과 같이 사랑하게 하옵소서.

저희들이 윤리 도덕적으로 바로 서고 바른 마음과 바른 생활과 바른 신앙을 갖게 하여 주시길 빕니다. 그리하여 이 민족이 죄의 사슬에서 벗어나게 하시고 각 분야에서 참된 부흥발전과 희망이 있는 민족이 되게 하옵소서.

여호와를 자기 하나님을 삼는 나라가 되게 하여 주옵소서. 그리고 더 나아가 이 세계의 모든 나라들에게 복음의 빛이 비추이는 주의 나라가 되게 하옵소서. 모든 나라로 하여금 주님의 평화를 배우게 하여 주시기를 빕니다.

주님은 이 땅에 평화를 건설하려고 오셨지만, 아직도 이 세계는 살상과 전쟁과 증오와 파탄으로 가득차 있고 강도와 살인무기가 인류를 위협하고 있나이다.

먼저 저희들이 정의와 평화를 사랑하고 평화를 만드는 데 앞장서서 평화의 건설자들이 되게 하여 주옵소서. 국제 간에 평화가 무너지는 것은 하나님과 원수되고 죄 때문인 것으로 압니다. 저희가 힘써 복음을 전하여 죄를 정복하고 세계 평화를 수립하게 하여 주옵소서.

주님! 평화를 위해 기도하게 하시고, 화평의 말을 하게 하시고, 평화의 분위기를 만들게 하옵소서.

하나님의 평화의 사절로서 온갖 노력을 다하게 하옵소서.

주님! 강물같은 평화가 내게만 아니라 이 민족과 온누리에 가득차게 하여 주옵소서.

이 세상 모든 사람들이 사랑과 화해의 정신을 갖게 하시며 모든 민족들이 한가족처럼 함께 살게 하시어 정의가 깃든 평화를 이루게 하옵소서. 그리하여 우리에게 주신 구원을 늘 찬양하게 하옵소서.

예수님의 이름으로 기도드립니다. 아멘.

남북통일을 위한 기도

역사적인 시련과 환란 속에서 늘 이 민족을 지켜주셔서 단일 민족으로 반만 년을 이어오게 하심을 감사드립니다.

주님은 저희에게 서로 화목하여 하나되라고 말씀하셨으나 이 한반도는 전쟁의 틈바구니에서 반으로 갈리워 지금까지도 통일을 이루지 못한 채 민족적 아픔을 당하고 있습니다. 정치적 장벽으로 민족의 복음화가 막혀 있으며 과다한 군사력 경쟁으로 심각한 경제적 손실을 겪고 있고 사상과 이념의 대립은 정의와 민주화의 걸림돌이 되고 있습니다. 또한 생사도 모르는 가족과 고향을 그리는 천만 이산가족의 슬픔이 치유되지 못하고 상처로 남아 있습니다.

주님! 이 시대 이 민족에게 소명으로 주신 민족의 통일을 위해 일할 수 있는 지혜와 용기를 주옵소서. 단절 속에서 벌어진 차이를 보기보다는 한 핏줄을 나눈 형제임을 기억케 하시고 이념과 사상의 차이를 고집하기보다는 정치적, 경제적 어려움을 함께 극복해야 할 공동운명체임을 기억케 하옵소서.

인간의 능력으로는 불가능한 일들이 전능하신 하나님을 통해 이루어지고 있음을 역사를 통해 깨닫게 하시고 강건한 믿음으로 통일을 이루어갈 수 있도록 인도하여 주옵소서.

십자가로써 원수된 것을 소멸하시고 하나님과 우리 사이의 막힌 담을 허무신 주님! 우리도 당신의 본을 따라서 어떠한 인간의 적개심이라도 그리스도의 속죄의 사랑을 녹여내는 참 사랑의 사도가 되게 하옵소서.

38선이 무너지는 날 우리는 비파와 소고와 거문고로 하나님을 찬양하며 이 땅에서 주의 이름을 높이는 백성이 되겠나이다.

주여! 이 백성을 인도하옵소서.

역사의 심판주가 되시는 예수님의 이름으로 기도드립니다. 아멘.

대통령을 위한 기도

만백성의 지배자이신 하나님 아버지!

주님의 백성들을 장차 올 하나님 나라의 시민으로 훈련시키시기 위하여 예로부터 지금까지 여러 가지 방법을 쓰시는 것을 저희는 잘 압니다. 힘이 행세하는 시대에는 사사가 있었고, 국가를 조직한 후에는 왕을 택해 세우셔서 주님의 백성들을 가르치고 인도하셨나이다.

그들은 다 하나님이 보내신 종들로서 주님께서 부여하신 권리의 한도 안에 주님의 사신으로서 그 사명을 다하여 온 것을 저희는 잘 아옵니다. 이처럼 하나님은 우리를 목자없는 양같이 버려두지 아니하시고 시대를 따라서 적당한 지도자들을 보내주셔서 우리에게 주님의 뜻을 전달하여 주었음을 감사합니다.

전능하시고 자비로우신 하나님 아버지!

376

이 시간 특별히 주님께서 세우신 이 나라의 대통령을 위해 기도합니다. 대한민국을 주님께 맡기오니 온전하신 섭리 가운데서 안정과 평화를 누리며 살게 하여 주시옵소서. 이 나라의 대표자요 최고 통치권자인 대통령에게 복을 주시사 명철을 주시고 지혜를 주셔서 하나님의 뜻과 섭리를 깨달아 항상 모든 일에 주의 뜻만 이루어 나라에 복이 되게 하시고 주님을 경외하며 국가와 민족을 위해 봉사하게 하시옵소서.

대통령의 재임기간의 치적이 하나님의 의하여 심판되어진다는 것을 깨닫게 하시고 그에게 겸손과 인자를 주시어 가난하고 약한 소외계층의 백성들을 더욱 사랑하게 하시고, 백성들의 진실된 소리에 귀기울여 시대의 상황과 백성들의 요구를 재빨리 파악해서 평등과 공의의 선정을 베푸는 훌륭한 통치자가 되게 붙잡아 주시옵소서. 대외적으로는 온 세계에 이 민족의 우수성과 영광을 드러내는 위대한 대통령이 되게 은혜를 내려주시옵소서. 집무 중에도 건강을 주시고 모든 가족들도 지켜주소서.

이 모든 말씀을 예수 그리스도의 이름으로 기도드리옵나이다. 아멘.

국회를 위한 기도

우리의 생사화복을 주장하시는 하나님!

이제 우리는 당신 앞에서 우리의 마음을 엽니다. 들어오셔서 우리 마음의 중심에 좌정하시고 우리의 모든 생각을 주장하여 주옵소서. 여호와 하나님은 우리와 같은 미련한 인생을 당신의 친교의 대상으로 삼으시고 같이 의논하고자 하셨습니다.

우리에게 혼자서 어려운 문제를 가지고 스스로 고민하는 대신에 우리의 모든 비밀을 아시는 하나님께 가지고 와서 주님의 도움을 구하는 용기를 주옵소서. 성경에 정치가 없으면 백성이 망하되 모사가 많으면 평안함을 누린다고 하셨습니다.

때로 저희 민족은 정치가 과열되어서 나라를 혼란케 하는 일도 가끔 있었습니다. 하나님께서 각 인간에게 주시는 권리를 최대한으로 행사는 것이 민주 시민의 특권인 줄 아오나 우리에게는 법도가 부족하였습니다. 지혜도 모자랐습니다. 그래서 때로는 무정부 상태를 가져오는 실수도 저질렀습니다.

이제 우리는 몇 차례의 정치적 위기를 겪고 나서 조금씩 교훈을 얻고 있습니다. "사공이 많으면 배가 산 위에 오른다"라는 말처럼 우리는 자제를 모르는 백성으로서 굴레벗은 말처럼 살아왔습니다. 이제 우리는 우리가 세운 선량들이 국회에서 국정을 논의하게 된 것을 감사드립니다.

바라는 것은 입법부에 속한 국회 의원들이 여당이든 야당이든 자기 당만을 위하는 자들이 되지 않고, 온 국민과 오고 오는 역사와 후손을 위한 사명자들이 되어 법을 기초하고 결의할 때마다 참으로 공의에 온전히 서도록 하시고, 하나님 앞에 오류를 범하지 않는 바른 입법을 하고 온 국민에게 공익이 되며 잘 살고 안전하게 사는 나라가 되도록 그 임무를 다하게 하시옵소서. 특정인을 위해서가 아니라 전체 국민을 위한 공정한 대변자가 되게 하옵소서.

특히 국회를 이끌어 가는 국회의장에게 지혜를 주시고 강한 지도력을 주셔서 명실 공히 국민을 위한 입법부가 되게 하옵소서. 주께서 친히 국회의원들을 주장하사 주께서 영광이 되고, 교회와 국민에게는 안전과 영예와 복지를 누리게 하옵시고, 평화와 진리와 정의가 확립되어 영구히 축복받는 나라가 되게 하여 주시옵소서.

예수 그리스도의 이름으로 기도드리옵니다. 아멘.

법관을 위한 기도

온 우주를 주관하시되 우리의 머리털까지 세시는 하나님!

이 넓은 우주와 엉클어진 인생사에서 하나님의 법도를 벗어난 것은 하나도 없음을 저희들은 알고 있습니다. 우리가 아무리 하나님의 품을 빠져 나가려고 하여도 하나님은 우리의 길을 가로 막으시며 우리를 이끄사 의의 길로 인도하심을 진심으로 감사드립니다.

우리는 하나님의 법을 즐거워하며 살아야 할 터인데 탕자처럼 아버지의 품을 벗어나려고 하는 못된 습성을 가지고 있습니다. 바라옵기는 우리를 경책하여 주시고 우리의 그릇된 길을 버릴 수 있는 용기를 주옵소서.

의와 공의의 하나님!

민주국가에서 국민의 권리와 주권을 공평하게 다스리는 사법부를 주시고 온 국민을 보호하여 주심을 감사합니다.

우리의 권리와 안녕을 위하여 법을 좀더 공정히 집행하여서 보다 밝고 명랑한 사회를 건설코자 수고하는 사법부에 속한 모든 공무원들에게 민첩한 판단력과 명철을 주시어 어느 누구도 억울한 일을 당치 않게 공정한 판결을 하도록 은총을 내려주시옵소서. 뇌물이나 권력이 개입하여 공의를 굽힐 수 있사오니 공의의 하나님께서 이를 지키시고 주관하여 주옵소서.

법을 맡은 자들이 모두 공의의 하나님을 두려워하며 편법과 사리사욕으로 스스로 법을 짓밟는 자들이 되지 않도록 하시고 항상 바로 감당하게 하여 주셔서 국민의 국가법에 대한 신임도가 하락되지 않도록 공의의 손으로 그들을 붙잡아 주시옵소서. 그리하여 온 국민이 사회질서가 확립된 명랑한 가운데 안심하고 자유로이 권리를 누리며 화평한 삶을 갖게 하옵소서.

주예! 유능한 법관들이 많이 배출하여 솔로몬과 같은 지혜를 주셔서 그들로 하여금 거짓이 참으로 둔갑해서 진실이 거짓에게 짓밟힘을 당하는 억울한 일이 없게 하시고 그들의 과중한 업무도 감당할 수 있게 건강도 허락해주시옵소서.

우리 주 예수님의 이름으로 기도드립니다. 아멘.

공무원을 위한 기도

자비로우신 아버지 하나님!

우리는 주님의 은총이 아니면 단 하루도 이 세상에 존재할 수 없는 연약한 인간들입니다. 당신은 우리의 허물을 사하시며 우리의 상처를 싸매 주시는 주님이십니다. 우리가 있는 그대로 주 앞에 나올 때에도 우리를 용납하시고, 우리는 의롭지 못할지라도 그리스도의 공로로 우리를 의롭다 하시는 너그러우신 사랑을 인하여 감사드립니다.

우리의 마음은 탐욕으로 가득찼으며 우리의 손은 무고한 자의 피로써 더렵혀졌나이다. 우리는 우리의 생활에서 공과 사를 분간하지 못하며 남의 손해를 나의 유익으로 삼은 불충한 청지기들입니다. 더욱더 국가의 공직을 맡고 있으면서도 사사로운 친분이나 연고 관계로서 정직한 행동을 하지 못하는 가장된 죄인들입니다.

우리는 세례 요한의 전도를 들은 세리와 군인들이 가슴을 치며 "우리가 무엇을 하리이까?" 하고 묻던 그런 회개와 반성의 자세를 가지게 하옵소서. 정한 세 외에는 녹징하고 말고 사람들에게 강포하지 말며 무소하지 말고 받는 녹봉을 족한 줄로 아는 정직하고 청렴한 공무원이 되게 하옵소서.

국민을 위한 정책을 결정하고 집행해 나갈 때 모든 부처가 한 마음으로 일치되게 하시고 위로는 하나님의 뜻에 합당하고 아래로는 국민의 뜻에 맞는 정부가 되게 하여 주옵소서.

국가와 흥망성쇠가 자신들의 손에 달려 있음을 자각케 하시사 개인의 사소한 허영심과 사리사욕으로 인하여 민족 중흥을 위한 전진에 멈춤이 없게 하시고 조국 번영을 위하여 성실히 일하도록 도와주옵소서.

모든 공무원들이 투철한 국가관을 가지고 국민 앞에 봉사하는 자세를 갖게 하옵소서. 정직하고 청렴한 공무원상을 확립함으로써 국민으로부터 신뢰받는 공무원이 되게 하옵소서.

맡은 자에게 구할 것은 충성이라 하였사오니 저들이 참으로 국가와 민족을 위하여 충성하는 공무원이 되게 하옵소서. 국민에게 군림하는 자가 아니라 봉사하는 자가 되게 하옵소서.

예수님의 이름으로 기도드립니다. 아멘.

민족 복음화를 위한 기도

이 땅에 복음의 씨를 주시고 자라게 하신 하나님 아버지!

한국 교회를 크게 성장시켜 주신 은혜를 진심으로 감사드립니다.

주여! 이 민족을 기억하여 주옵소서. 이 민족이 하나님의 축복 속에서 구원받는 민족이 되게 하여 주옵소서. "여호와를 자기 하나님으로 삼는 백성은 복이 있다"고 하신 말씀을 기억하오니, 우리 민족을 바로 이런 민족으로 삼아주옵소서. 불의와 폭력이 끊이지 않고 죽음의 세력이 난무하는 이 땅에 복음화 운동이 크게 일어나기 위해서 온 교회가 복음의 깃발을 높이 들게 하소서. 모든 주의 종들이 삶을 통해 복음을 증거하게 하옵소서. 모든 성도들이 근신과 절제와 순종의 생활로 어두운 이 땅에 복음의 밝은 빛이 비추게 하사 그리스도의 사랑을 전파하게 하옵소서.

옛날 요나의 외침을 들은 니느웨 성이 왕으로부터 어린 아이에 이르기까지 모든 남녀노소가 재를 뒤집어 쓰고 회개했던 것처럼 이 나라의

384

최고 지도자를 위시해서 온 백성 한 사람 한 사람이 눈물로 회개하고 하나님 앞에 돌아와서 하나님을 찬양하며 하늘의 시민이 되게 하옵소서.

그리하여 이 민족이 하나님의 돌보심과 인도하심을 받아 하나님 나라의 참 백성이 되게 하옵소서. 온 세계가 이 민족으로 인하여 하나님의 평화를 누리게 하소서.

우리 주 예수 그리스도의 이름으로 기도드립니다. 아멘.

정의 구현을 위한 기도

공의로써 세상을 다스리시는 하나님 아버지!

저희들에게 주신 이 아름다운 금수강산과 주님께 예배드릴 수 있는 자유와 함께 생활할 수 있는 사회를 주시니 감사하옵나이다.

살아계신 하나님!

어찌하여 이 땅에 사랑과 정의와 진리가 그 자취를 감추어가나이까? 진리와 정의를 사랑하시는 하나님께서 주신 이 나라에 정의가 구현되기를 간구하나이다. 이 땅에 정의를 다시 베푸시고 각 사람 마음이 정의를 사랑하고 그를 따라 살게 하시옵소서.

지금 이 사회는 골골마다 억울한 소리가 하늘에 사무치고 의인들이 자취를 감추며 진리가 비진리에, 정의가 불의에 구축을 당하며 빛이 어둠에 삼키워 가고 있습니다. 하나님 아버지! 진리가 승하고 정의가 강하며 빛이 그 능력을 다하는 땅이 되도록 다시 빛을 밝혀 주시옵소서. 악이 머리를 들지 못하게 하시고 뇌물을 무능하게 하시고 정직한 자가 힘을 얻고 의인이 일어나 영화를 누르게 하시옵소서.

아직도 이 사회에는 인간들이 만들어낸 잘못된 제도들로 인해서 많은 사람들이 응당받아야 할 자기의 몫을 받지 못하고 억울함을 당하고 있습니다. 그러면서도 입을 열어 말하지 못하는 침묵의 대중들이 이 땅 위에 너무도 많이 있습니다. 그리고 아직도 이 사회에는 부정부패가 많고 허영과 이기적인 사치가 많으며 폭력과 범죄와 인신매매와 음란행위가 난무하고 있사오니, 주님께서 추해져가는 이 금수강산과 이 사회를 지켜주시고 주께서 허락하신 순결한 신앙의 빛과 사랑이 넘치는 정의 구현의 사회가 되게 역사하여 주시옵소서.

영광을 주께 돌리오며 예수님의 이름으로 기도드리옵나이다. 아멘.

전군 신자화를 위한 기도

우리의 영원한 산성이시오 피난처가 되시는 여호와 하나님!

우리나라를 사랑하사 아름다운 금수강산을 주셨고 이 땅을 수호하기 위하여 국군 장병을 허락하시니 감사와 영광을 드리나이다.

자비하신 주님이시여! 특별히 이 나라의 국방을 담당하고 있는 젊은 군인들과 각급 지휘관을 위하여 기도하오니 우리에게 믿음을 주시고 능력으로 저들을 사로잡아 주옵소서.

주님이시여, 저들에게 하나님을 의지하는 믿음을 갖게 하옵소서. 인간의 지혜나 무력이나 힘이 아니라 당신을 의지하며 주님의 복음으로 무장하게 하옵소서. 전군이 한 사람도 빠짐없이 주님을 믿고 영생을 얻게 하시며 당신을 대장으로 모시고 사는 귀한 믿음을 갖게 하시옵소서. 복음의 군대와 믿음의 군대가 되게 하시며, 저들이 들고 있는 총칼 외에 믿음의 방패를 들게 하시고 소망의 투구와 진리의 검을 들게 하옵소서. 믿음으로 미디안 대군을 물리쳤던 기드온 300명의 용사가 되게 하옵소서.

주님, 군복음화를 위하여 군목들에게 백배의 지혜와 능력을 더하시어 이 일을 효과적으로 수행하게 하옵소서. 모든 성도들이 전군 신자화를 위해 기도로 물질로 군목님들을 돕게 하여 주시옵소서.

예수님의 이름으로 기도드립니다. 아멘.

북한동포를 위한 기도

자애로우신 하나님 아버지!

예수 그리스도 안에서 우리들을 거듭나게 하사 산 소망으로 살게 하시는 아버지의 그 풍성한 긍휼과 자비에 감사드립니다. 우리를 지나간 반만 년 동안 환란 가운데서도 지켜주시고 얽매인 가운데서도 자유하는 백성으로 살게 하시고 풍요로운 조국으로 축복하여 주셨사오나 저희들이 미련해서 하나님의 축복을 도리어 색욕거리로 바꾸는 어리석음을 범하고 말았습니다.

자비하신 주님!

우리 남한은 자유함 속에 있지만, 잘라진 저 휴전선 너머에는 2,000만의 우리 동포들이 눈물과 한숨 속에서 조국의 통일과 자유를 간절히 기다리고 있습니다. 창살없는 감옥과 같은 수용소 군도에서 자유와 통일을 애타게 소원하는 북한동포들을 구원하여 주옵소서. 신음과 빈궁과 고통 속에서 하루 속히 건져내어 주옵소서. 마음놓고 찬송과 기도하지 못하고 토굴 속에서 혹은 산에서 풀뿌리를 잡고 간구하는 지하교회 성도들의 기도를 응답하옵소서.

막혀진 휴전선의 높은 장벽을 주님의 권능으로 무너뜨려 주시고, 북한 땅 전역이 복음의 빛으로 밝아지게 하옵소서.

자유를 억압하는 모든 어두운 세력들을 주님의 능력으로 소멸해 주옵시고 북한의 동포들로 하여금 자유의 노래를 부르게 하옵소서.

우리가 궁핍할 때에 여호와께 아뢰면 우리를 넓은 곳에 세우신다고 약속하신 주 하나님! 지금 저희가 진심으로 주님께 간구하는 기도를 들으사 응답하여 주옵소서. 비록 제한된 자유나마 자유를 누리고 있는 우리 남한의 성도들은 기도의 제단을 쌓을 때마다 북한에 남아 있는 우리의 동포들을 위해서 끓는 기도를 드립니다.

북한에 있던 성전들은 이미 황폐된 지 오래고 주님을 믿는 자녀들은 옛날 로마의 가타콤으로 들어갔던 신도들처럼 땅 속이나 토굴 속에서 소리없이 주님의 이름을 부르고 있는 줄로 압니다. 육체의 자유는 물론이요 신앙의 자유까지 빼앗긴 그들이 이제 호소할 데는 하나님밖에는 없을 것입니다.

그들은 마치 바벨론에 포로가 되어 갔던 이스라엘 민족처럼 예루살렘을 향하여 눈물지으며 그들의 거문고를 나뭇가지에 걸어놓고 노래마저 잊어버린 상태에서 절망과 싸우고 있을 것입니다. 그들은 죽지 않고 살아서 여호와의 능력이 나타나실 날을 학수고대하고 있을 것입니다. 하나님에게 버림받지나 않았나 하는 생각에서 깊은 회의에 빠져 있을지도 모르는 북한의 동포들을 건져주옵소서.

저들로 하여금 끝까지 절망하지 않고 참고 견디는 믿음을 주옵소서. 희망을 잃지 않게 하소서. 언젠가는 우리의 고토로 돌아가서 무너진 주님의 제단을 개축케 하소서.

예수님의 이름으로 기도드립니다. 아멘.

국민 화합을 위한 기도

패역한 인간들에게 화해의 사자로 임하신 하나님!

우리 민족의 단결과 화합을 위하여 기도합니다. 이 나라가 오천년의 유구한 역사 속에서 하나의 배달민족으로 살아왔으나 각기 이념과 사상을 달리하여 이 작은 땅덩이는 두 개의 나라로 나뉘었으며, 여기에 지역적인 감정과 배운 자와 배우지 못한 자 간에 또다른 분열과 분쟁이 있음은 슬픈 현실이 아닐 수 없습니다.

그러나 이같은 슬픈 현실일지라도 피할 수 없는 조국이기에 아버지께 기도하오니, 온 민족의 가슴 속에 화합의 영을 창조하시고 단결의 영을 새롭게 하옵소서.

역사를 지배하시는 주님!

죄 가운데서 이 나라를 불러주신 그 부름에 합당한 민족이 되게 하시고, 모든 백성이 겸손과 온유와 오래 참음으로 사랑 가운데서 서로 용납하고 평안의 매는 줄로 성령의 하나되게 하신 것을 힘써 지키게 하옵소서.

주님! 나라가 하나인데 국민이 어찌 둘이 될 수 있으며, 조국이 하나인데 겨레의 마음이 어찌 둘이 될 수 있겠습니까?

주님, 이 백성이 주님을 영접함으로써 서로 사랑하며 이해하며 양보하는 순결한 마음을 갖게 하시고, 화해자이신 주님만을 생각하는 백성이 되게 하옵소서. 그리하여 나누어진 민족이 하나가 되고 온 백성이 한 뜻으로 화합하는 축복을 허락하셔서 주님 보시기에 아름다운 백성들이 되게 하옵소서.

예수 그리스도의 이름으로 기도드립니다. 아멘.

국가 안보를 위한 기도

전능하신 하나님 아버지!

인류의 모든 역사의 주인되시며 한 나라를 세우기도 하시고 폐하기도 하시며 모든 민족 위에 그 이름을 뛰어나게도 하시고 사라지게도 하시는 여호와 하나님의 능력과 권능을 찬양합니다. 주님의 크신 뜻과 은총으로 이 나라를 지금까지 지켜주시고 역사를 이끌어 주심을 생각할 때 진정 감사드립니다.

이 땅에 수많은 나라와 민족이 있었지만, 그 민족들 중에 특별히 우리 민족을 사랑하사 이 땅과 역사를 위협하고 무너뜨리려는 많은 악의 세력과 불의한 무력 앞에서도 지금까지 현존하는 것은 온전한 주님의 은총과 사랑이오니, 온 백성이 감사하며 찬양하게 하옵소서.

주님! 바라옵기는 이 나라의 안보를 주님께서 굳건히 붙잡아 주옵소서. 아직까지 이 땅에는 악한 세력과 전쟁의 위협이 사라지지 않고 있는 실정입니다. 주여! 그 모든 환란에서 지켜주시고 이 나라의 방패와 피난성이 되어 주시옵소서. 시온의 대로로 걸어가는 이 민족 앞에는 광명한 불기둥으로 인도하여 주옵소서. 155마일 휴전선 너머에서 호시탐탐 남침의 기회를 노리고 있는 저 붉은 세력과 강대국들의 위협들을 주님이 돌담되시어서 막아주시옵소서.

미디안을 치사 이김을 주신 여호와여!

저들이 하나님의 횃불과 우렁찬 말씀 앞에 놀라게 하시고 아버지의 말씀 앞에 무릎을 꿇게 하소서. 나라의 안보를 해치는 내부의 분열과 사리사욕과 불평들이 없게 하시고 온전히 한 마음 한 뜻으로 뭉치는 백성이 되게 하옵소서.

   예수님 이름으로 기도드립니다. 아멘.

국가 번영을 위한 기도

모든 번영과 축복의 근원이신 하나님 아버지여!

황무지에서도 장미꽃을 피게 하시고 마른 막대기에도 잎을 돋게 하시는 아버지의 능력을 찬양합니다. 이 나라를 과거 수없는 어려움 속에서도 보전하시고 지켜 주심을 감사드립니다.

하나님 아버지시여!

바라옵기는 이 조국을 더욱 번영케 하시고 부강케 하여 주옵소서. 이 나라를 레바논의 영광으로 충만케 하시고 갈멜과 샤론의 아름다움으로 다함이 없게 하옵소서. 광야의 메마른 땅이 기뻐하듯 온 민족이 아버지의 번영케 하심으로 즐거워하게 하시며 뛰노는 사슴같이 기뻐하게 하소서. 아직도 이 나라는 연약하고 부족하며 어두운 곳이 많이 있사오니 약한 것을 일으켜 세우사 더욱 강하게 하시고 부족한 것은 차고 넘치게 축복하시고 어두운 곳을 밝은 빛으로만 충만케 하시옵소서.

전능하신 하나님 아버지! 나라의 안녕과 번영을 저해하는 악의 요소들을 멸하여 주옵소서. 이 나라에 베풀어 주신 모든 은혜와 번영이 아버지의 영광을 위하여 제 사용되게 하옵소서. 물질, 강력한 힘으로써 만의 번영뿐만 아니라 하나님의 말씀과 선하신 뜻과 사랑이 풍요로워지며 번영하고 발전하게 하옵소서.

예수 그리스도의 이름으로 기도드립니다. 아멘.

제9장

환난 중에 드리는 대표기도

환난 날에 드리는 기도

말씀 한 마디로 천지를 지으신 전능하신 하나님 아버지!

오늘도 이렇게 건강한 모습으로 주님 앞에 찬양을 드리게 됨을 진심으로 감사드리오니, 존귀와 영광을 받으시옵소서. 간절히 구하옵기는 이 어려운 현실 속에서도 주님이 허락하신 환경에 자족하며 감사드리는 진정한 그리스도인의 모범적 삶을 살기 원하오니, 주님의 능력으로 인내하며 견디는 굳건한 믿음의 열매를 맺게 하옵시고 오직 성령의 사람으로서 이 나라와 민족의 앞날을 위하여 기도하게 하옵소서.

하나님 아버지!

이 세상은 이렇게 어려운 경제 위기의 한파 속에서 실직과 부도의 거센 물결에 밀려서 신음하는 많은 이들을 위로의 손길로 도와주시옵시며, 이 환난을 계기로 저들이 하나님께로 돌아오는 큰 은총의 시간이 되게 하여 주시옵시고 또한 장차 다가올 지상 최대의 마지막 환난 날의 큰 시험을 대비하여 믿음으로 견디며 기도로써 피할 도피성을 찾을 수 있는 놀라운 지혜로 주시옵소서.

살아계신 하나님 아버지!

하나님을 섬기지 않는 애굽 땅에는 흉년이 들어도 하나님의 선택된 백성들의 땅 고센에는 풍년이 오는 놀라운 기적의 축복이 있사오니, 오늘도 이 어려운 경제 위기 속에서 하나님의 백성들이 보호받는 구별된 기적의 축복을 부어주시옵소서. 또한 오늘 하나님의 백성들은 하나님의 은혜로만 살아가는 진정한 삶의 지혜를 주시옵소서.

예수님 이름으로 기도드립니다. 아멘.

입원환자를 위한 기도

거룩하신 하나님!

풀은 마르고 꽃은 떨어진다고 말씀하신 것처럼 육신의 장막 집은 낡아갑니다. 그러나 존귀하신 주님 은혜를 감사 하옵는 것은 늙고 병들기 쉬운 육체 속에 성령으로 거하게 하셔서 존귀하신 창조의 법칙을 깨닫게 하시고 감사하게 하심을 찬송 드리옵니다.

"인간 칠십 고래희"라는 옛말처럼 인간은 연륜을 기피하려고 합니다. 하나님! 그러니 ○○○ 님은 육신의 장막보다 하늘의 영원한 집을 사모하고 있사오며 늙어가는 육체보다 늙어도 결실하며 진액이 풍부한 하나님의 자녀된 영원한 희열을 더욱 그리워하고 있사옵니다.

믿음으로 영원을 동경하도록 마음과 영의 눈을 뜨게 하여 주신 하나님!

주님이 강림하시는 그 때까지 영육이 온전히 보존되게 해 주옵소서. 그리하여 비록 육신의 눈은 그 시력이 약해져도 하늘 보좌를 바라볼 수 있는 깨끗한 마음씨는 흐리지 않게 해 주시고 가난한 마음씨 속에 담겨진 천국의 이상을 세상이 어떻게 변하든지 변치 않게 해 주옵소서.

시간은 물같이 흐르고 젊었던 육체도 덧없이 쇠약해지면 주님의 말씀을 묵상하던 사고력도 그 기력을 잃어가고 있사오나 젊은 독수리에게 주셨던 새 힘은 오늘도 내일도 동일하게 하소서. 새 역사 밑거름이 되는 ○○○ 님이 되게 하옵소서.

많은 공기를 마시면서 눈을 들어 산을 바라볼 때 희망차게 넘치는 꿈을 보게 하시고 걷고 뛸 때마다 관절 마디마디에 공급되는 새 힘을 깨닫게 하옵소서.

사랑하는 자녀들에게 단잠을 주시겠다고 약속하신 하나님의 위로와 건강의 회복이 레바논의 백향목 같게 하옵소서. 남은 여생이 하나님을 위한 줄기찬 전진의 생애가 될지언정 주의 영광을 가리우는 나약한 존재가 되지 않게 하옵소서.

이 일을 위해 효성의 기도로 하나님께 아뢰는 자손들의 소원을 들어주옵소서.

예수님의 이름으로 기도드립니다. 아멘.

수술 앞둔 성도를
위하여 드리는 기도

만왕의 왕이시며 만인의 의원이신 전능하신 하나님 아버지!

오늘 이 산에는 큰 병 중에서 신음하던 주님의 귀한 자녀가 수술을 앞두고 기도드리오니, 주께서 치료의 손길로 함께하여 주시옵시고 수술을 담당하시는 모든 의료진들에게도 권능의 손길로 함께하여 주시옵소서. 또한 생명을 다루는 이 세미한 수술을 한 점의 실수없이 완벽하게 해낼 수 있도록 능력의 손길로 함께하여 주시옵소서.

사랑과 은혜가 풍성하신 하나님 아버지!

원하옵기는 주님께서 사랑하시는 우리 형제의 마음에 큰 위로와 평안으로 충만히 채워주시옵시며 또한 지난 날 주님 앞에서의 크고 작은 선행들을 기억하여 주시옵시사 옛적의 히스기야처럼 크신 은혜를 입게 하여 주시옵소서. 죽은 자도 살리시며 영원한 생명을 주신 하나님 아버지! 히스기야가 죽을 병에서 고침을 받고 십오 년이나 생명을 연장해 주시는 주님의 사랑을 체험하였사오니 오늘 더 강건하게 살게 하여 주시옵시고, 더욱더 주님을 의지하며 사랑하며 겸허한 마음으로 주님을 섬기는 전화위복의 계기가 되게 하여 주시옵소서.

오늘도 살아 계셔서 인간의 생사화복을 주관하시는 능력의 하나님 아버지!
오늘 이 수술을 위하여서 수고하시는 이 병원의 모든 의사들과 많은 간호사들에게 십자가의 평안과 사랑으로 함께하여 주시옵시고 귀한 달란트로 주님께 영광을 돌리며 살아가게 하여 주시옵소서.
　예수님 이름으로 기도드립니다. 아멘.

수술 받는 이를 위한 기도

치료의 능력이 무한하신 하나님 아버지!

사랑하시는 ○○○ 님을 의사의 손에 육신을 맡기기 전에 하나님께 도움을 요청하오니, 저희들의 기도를 받아주옵소서. 먼저 집도할 의사와 간호원들에게 지혜와 은혜를 베풀어 주시고 하나님의 성령이 집도하게 하옵소서.

치료의 광선을 비추이시는 하나님 아버지!

하나님께서는 언제나 우리의 마음을 감찰하고 필요한 덕과 지혜로 모든 일을 합력하여 선을 이루게 해 주심을 믿습니다. 사람의 손이 움직일 때마다 하나님의 손이 움직이고 있는 것을 바라보면서 마음의 평안과 기쁨을 얻게 하옵소서.

이제 조금 후면 수술실로 자리를 옮기게 됩니다. 마취사로 하여금 일의 시작부터 순조롭게 하시고 모든 과정이 주님의 기계처럼 움직이게 하옵소서. 이제 구하옵나니, 우리의 눈으로 보여지는 곳과 손댈 수 있는 병든 곳만이 아니라 우리의 눈에 보이지 않는 곳까지 깨끗하게 살피시게 하시고 수술하게 하소서. 온몸이 성별함을 받도록 신령한 은혜의 역사가 일어나게 해 주옵소서.

거듭난 자만이 하나님을 바라본다고 말씀하신 것처럼 마음의 수술대 위에서 ○○○ 님의 영혼까지 맑고 신령하게 고쳐 주옵소서. 지루한 병실에서의 하루가 능력 있는 주님의 손을 통해서 감격과 희망의 삶이 되게 해 주옵소서.

사랑의 하나님!

네가 나를 사랑한즉 모든 환난 가운데서 건져주시겠다고 약속하셨습니다. 네가 내 이름을 안즉 내가 높이고 네 소원을 모두 들어 응답하겠다고 말씀하셨습니다. 만병의 대의사가 되시는 주 하나님이시여! 오늘의 수술은 영혼과 육신 모두가 새롭게 탄생되는 축복의 시간이 되게 하옵소서.

예수님의 이름으로 기도드립니다. 아멘.

가정에 있는 환자 심방 때의 기도

치료의 능력이 무한하신 하나님 아버지!

간절히 바라오니 질병으로 고통 받고 있는 ○○○ 성도를 위하여 기도하오니 하나님의 긍휼과 자비를 베푸시사 질병의 고통으로부터 구원하여 주셔서 강건케 하여 주시옵소서.

주님께서는 삼십 팔년 된 병자를 일어나 걷도록 하셨으며 열두 해를 혈루증으로 앓던 여인도 온전케 하셨습니다.

오늘 ○○○ 성도의 아픈 부위에 안수하여 깨끗함과 건강을 얻게 하옵소서. 연약한 곳에 강한 능력을 베푸시는 주님! 병 중에 심령이 연약하여져서 낙심할까 하오니 겉사람은 후패하나 속사람은 날로 새롭게 하여 주시옵소서.

전능하신 주님의 손으로 심령을 붙드셔서 위로하시고 지금 곧 능력을 나타내사 영광을 보여주심으로 ○○○ 성도가 주의 사랑과 능력을 친히 체험하고 주를 향해 감사와 찬송을 하게 하시고 그의 평생을 통하여 하나님께 영광을 돌리는 삶을 살게 하옵소서.

하나님 아버지! 질병에서 고통하는 ○○○ 성도를 간호하는 가족 위에도 은혜와 긍휼을 베풀어주시옵소서. 오늘 저희들의 발걸음도 헛되지 않게 하여 주시옵소서.

예수 그리스도의 이름으로 기도드립니다. 아멘.

병든 어린이를 위한 기도

사랑의 하나님 아버지!

누구든지 어린 아이처럼 낮아지고 순수해지지 않으면 결단코 천국에 들어가지 못하리라고 어린 아이들을 중앙에 세우시고 훈계해 주시던 주님의 말씀을 기억하면서 어린이의 친구이신 예수 그리스도의 이름을 받들어 병상 곁에서 뜨거운 마음으로 무릎 꿇었나이다.

예수님이 세상에 계실 때 어린이를 사랑하사 그 크신 사랑의 품에 안으시고 축복해 주심같이 이 어린 생명도 당신의 품에 품어주시옵소서. 주님께 나온 어린 아이의 머리에 안수하시던 그 능력의 오른손으로 여기 병들어 아픔을 호소하는 이 어린이 머리에 안수하사 깨끗하게 고쳐주옵소서.

주님이 세상에 보내신 어린이오니 주께서 보호하사 장래 좋은 사람이 되어 하나님께 영광을 돌리게 하옵소서. 주님이 자라나실 때에 건강하셨습니다. 이 생명도 주님처럼 몸에 건강의 복을 내리소서. 예수님이 어렸을 때에 지혜로우셨던 것처럼 이 아이도 지혜있게 자라게 하소서.

그리고 하나님의 은총으로 이 귀한 생명을 감싸주옵소서. 치료하는 의사들의 머리와 손에 재능을 더하셔서 아직 좌우도 분별치 못하는 이 어린이의 몸에서 병의 근원을 확실히 찾아내게 하시고 완전히 치료하게 하소서. 이 병든 아들과 딸을 붙드시고 기도하는 부모들의 간구를 들어주시며 위로하소서.

먼저 자신들의 생활 속에서 아직 해결하지 못한 잘못이 없는가를 철저하게 찾아내는 믿음이 아픔을 통하여 하나님 앞에 바로 서게 하시고, 이 어린 것을 위하여 힘있게 무릎 꿇을 수 있게 하옵소서.

아버지의 긍휼하심이 크십니다. 이 어린이로 온전케 하사 온 가정의 기쁨이 되게 하시고 교회의 큰 일꾼이 되게 하시기를 원하며, 나라의 초석이 되게 하시기를 바라는 우리의 간절한 소망을 이루어주옵소서.

어린이의 친구이신 예수 그리스도의 이름으로 기도드립니다. 아멘.

고통 중에 있는 환자를 위한 기도

위로의 근원이신 하나님!

고통 중에 신음하며 아파하는 형제를 위하여 함께 무릎을 꿇었습니다. 거룩하신 하나님 아버지! 이 형제가 사업에 실패하고 심령에 심한 고통을 겪다가 육신의 병까지 얻어 고통당하고 있사오니, 거룩하신 사랑의 손을 펼치사 형제의 병든 몸에 얹으사 고통에서 벗어나게 하옵소서.

건강했을 때에 주님과 가까이 하지 못한 잘못을 용서하여 주옵소서. 힘이 넘칠 때, 사업이 형통하였을 때에 주님의 교회를 위하여 바치기를 더디했던 죄를 용서하여 주옵소서. 자유하던 때에 스스로의 만족을 위하여 시간과 믿음을 허비하면서도 하나님 앞에서는 안식했던 모든 허물들을 너그럽게 보시사 긍휼을 베푸소서.

주예! 이 형제가 당하는 고통에서부터 평안을 주실 이는 주님 한 분 뿐이오니, 지난 날의 저질렀던 죄를 회개하며 눈물 흘리는 형제를 용서하여 주시옵소서. 12년을 혈루증의 고통에서 절망하던 여인처럼 주님의 옷자락을 만질 손을 내밀게 하옵소서.

이제 형제로 하여금 주님의 십자가를 바라보게 하시고 결코 주님께서 나를 외면하지 아니하신다는 확신을 가슴에 새기게 하옵소서.

주예! 이 고통의 시간을 단축시켜 주옵소서. 신음의 소리를 거두시고, 찬송하게 하시고, 고통 중에라도 주님의 긍휼을 구하는 형제의 뜨거운 눈물의 기도를 들으소서.

병든 자를 향하여 "내 죄를 사하였으니 평안히 가라"고 말씀하시던 자비로우신 예수님! 그 음성을 이 형제도 듣게 하옵소서. 그리하여 이 형제의 마음과 육신을 평안케 하사 주를 영화롭게 하는 자가 되게 하옵소서.

예수 그리스도의 이름으로 기도드립니다. 아멘.

병 중에서
나음을 받고 난 후의 기도

우리들의 작은 신음의 기도를 잊지 않으시고 들으시는 하나님 아버지!

"환난 날에 나를 부르라. 내가 너를 건지리라"고 하신대로 하나님이 사랑하시는 ○○ 성도를 고통으로부터 구하여 주시고 새로운 건강으로 회복시켜 주신 은혜를 무한 감사드립니다.

생명을 창조하신 이도 하나님이시며 오늘까지 살게 하신 이도 하나님이시요 앞날을 섭리하실 이도 하나님이시오니, 병마와 싸워 담대한 믿음으로 승리한 그에게 함께하셔서 더욱 감사한 마음으로 충실히 주님을 봉사하며 거룩한 몸된 교회에 헌신하도록 더욱 새 힘과 능력을 허락하셔서 가정과 사업을 위하여 활동하는 데 부족함 없게 하시고 더욱 풍성한 열매를 맺는 생활이 되게 하옵소서. 이제 남은 생애

동안은 ○○ 성도에게 병마가 없게 하시고 이 가정을 지켜주셔서 더욱 하나님 아버지께 영광 돌리며 주의 말씀에 순종하며 축복과 은혜가 넘치는 가정이 되게 하옵소서.

회복하기까지 치료와 간호에 힘쓰며 염려한 모든 사람들에게 주님의 위로와 사랑이 항상 넘치게 하시고 축복해 주시옵소서.

만병의 의사이신 예수님의 이름으로 기도드립니다. 아멘.

사업에 실패한 형제를 위한 기도

영원하신 아버지 하나님!

큰 뜻을 품고 사업을 경영하던 형제가 경제의 어려움 속에서 많은 불황을 겪어오던 중 실패의 쓴 잔을 마실 수밖에 없는 슬픔에 빠지게 되었습니다. 모든 것을 가지신 부요하신 주여! 형제가 이 난국을 헤쳐나가도록 지혜를 더하여 주시옵소서. 적지 않은 물질의 손해를 보았으되 결코 하나님을 향하여 원망하지 않게 하시고 믿음의 손해를 보는 일이 없도록 강한 오른손으로 붙들어 주옵소서.

자비하신 하나님 아버지! 사랑하는 형제에게 보다 더 큰 은총을 베푸시고자 하시는 높은 뜻이 계시는 줄 믿게 하옵소서. 실패의 원인이 어디에 있는 가를 알게 하셔서 재기할 수 있는 용기와 능력을 주옵소서. 자비하신 아버지여! 사랑하는 자식에게 채찍을 가하는 것처럼 형제를 하나님의 사랑하심으로 어려운 징계를 받는 줄 알고 겸허하게 받아들일 수 있게 하옵소서. 징계가 고통스러운 일이지만 우리에게 유익을 위한 채찍으로 알고 참을 수 있게 하옵소서.

거룩하신 하나님 아버지!

사랑하는 형제의 실패가 계획을 세움에 잘못 때문이라면 수학적인 지식을 더하소서. 경험 부족에서 이런 고통이 온 것이라면 이 한 번의 실패가 도약의 디딤돌이 되게 하옵소서. 욥이 실망할 수밖에 없는 환난을 당했으나 하나님의 능력을 바라보고 재기한 것처럼 이 형제도 전능하신 하나님께 힘입어 다시 일어나 주의 영광을 나타내는 사업이 되게 하옵소서. 형제에게 욥같은 믿음과 용기와 지혜를 더하여 주옵소서.

우리 주 되신 예수 그리스도의 이름으로 기도드립니다. 아멘.

절망 중에 있는 형제를 위한 기도

소망의 주가 되시는 하나님!

지금 가슴 깊은 곳에서부터 "예수는 나의 힘, 나의 생명(나의 소망), 나의 친구, 나의 기쁨이 됩니다."라고 고백하면서 사랑하는 성도와 함께 무릎 꿇었습니다. 우리들의 기도에 귀를 기울이시사 응답하여 주옵소서. 주님의 은혜와 사랑 속에 살아온 형제가 실망의 깊은 수렁에 빠졌사오니 그를 건져주시옵소서. 이제 이 형제에게 주님의 말씀을 들려주시고 주님께서 우리들을 위하여 이미 이루어 놓으신 그 모든 것들을 영의 눈을 밝히 떠서 바라볼 수 있게 하옵소서.

오, 하나님 아버지시여! "내 영혼아 네가 어찌하여 낙망하며 불안하여 하는고 너는 하나님을 바라라 나는 내 얼굴을 도우시는 내 하나님을 오히려 찬송하리로다." 이렇게 고백하며 노래할 마음을 주옵소서. 주님이시여! 주님만이 소망의 빛이 되십니다. 주님만이 눌린 자를 자유케 하십니다. 주님만이 사망의 음침한 골짜기에서 절망하는 자들의 목자가 되십니다. 주님만이 어둠에서 헤매는 죄인들의 소망의 길이 되십니다.

주님만이 요동하며 불안한 악의 세력들을 물리쳐 주시고 고요한 평화를 주십니다. 멸망한 이스라엘 백성에게도 소망의 왕이 되신 아버지께서 이제 이 형제로 하여금 지난 날에 주의 도우심으로 살아온 것을 기억케 하사 형제로 하여금 어려운 자리에 있을 때 하나님을 더욱 의지하게 하사 다시 일어나는 용기를 주옵소서.

고독의 절망 중에서는 주님이 내 곁에 계심을 믿음으로 확인하고 새 소망으로 넘치게 하시며, 노년으로 실의에 빠진 이에게는 눈을 들어 새 하늘과 새 땅을 바라보고 희열에 넘치게 하옵소서. 병으로 실망 중에 있는 이에게는 "믿음대로 되리라" 말씀하여 주셔서 큰 소망 중에 믿음이 흔들리지 않게 하옵소서.

땅의 것을 보고 실망치 않게 하시고 지금 눈을 들어 하나님의 나라를 바라보고 위로받게 하옵소서. 소망의 하나님이 모든 기쁨과 평화를 믿음 안에서 충만케 하옵소서. 사방으로 우겨쌈을 당하여 답답한 일을 당하여도 낙심하지 않은 바울을 본받아 새로운 희망을 가지게 하옵소서. 주여! 이 믿음으로 새로운 소망이 되게 하시사 큰 기쁨으로 가슴을 가득히 채우소서.

소망의 주 예수 그리스도의 이름으로 기도드립니다. 아멘.

실직한 형제와
가정을 위한 기도

들길에 핀 백합화를 입히시고 공중의 새를 먹이시는 하나님 아버지!

이 시간 ○○○ 성도의 가정에 심방을 와서 자비하신 손길을 겸허하게 기다리며 무릎 꿇게 하시니 감사드립니다.

하나님 아버지! ○○○ 성도와 이 가정을 기억하여 주시옵소서. ○○○ 성도가 일터를 잃은 이후로 온 가족이 근심에 싸여 있나이다. 지금 비록 실직한 중에 있사오나 하나님께서 형제에게 일할 수 있는 적당한 터전을 주옵소서. 예수 그리스도 안에서 기업을 주실 줄 믿습니다. 이런 때에 믿음을 배우며 살아계신 하나님을 만나는 귀한 계기가 되게 도와주시옵소서.

하나님께서는 한 창문을 닫으실 때에는 다른 창문을 여실 준비를 하고 계심을 믿음으로 너무 상심치 않게 도와주시옵소서. 또한 직장을 잃게 된 때에는 하나님의 뜻과 섭리가 있음을 생각하며 혹 과거의 직업을 가지고 있을 때 맡은 일에 소홀히 했다거나 지은 죄가 있다면 회개케 성령으로 깨달음을 주시옵소서.

자신의 육신생활만을 위해 초조한 마음으로 직업을 구하려 하지 말게 하옵시고, 하나님의 소명을 따라 국가와 사회와 주님을 위해 봉사할 수 있는 목표를 가지고 새로운 직업을 구하게 하옵소서.

직업 중에는 불건전한 직업도 많사오니 하나님께 영광이 되는 직업으로 인도해주옵소서. 또한 직장을 주실 때 주일성수할 수 있는 곳으로 인도해주시길 원합니다. 그리고 건강한 몸을 주시사 아끼지 않고 일할 수 있게도 하옵소서. 예수 그리스도의 이름으로 기도드립니다. 아멘.

시험에 빠진 성도를 위한 기도

사랑이 풍성하신 하나님 아버지!

시험당할 즈음에 피할 길이 열으사 승리케 하시는 그 능력을 믿고 기도하게 하시니 감사합니다. 인간은 연약하기에 시험을 당하면 번민하게 되오니, 전능하신 손을 펴사 여기 연약해지고 피곤해진 심령을 강하게 붙들어 주옵소서.

아버지 하나님!

이 형제로 하여금 당하는 시험을 통해 주시는 뜻이 어디 있는 가를 깨닫는 지혜를 주옵소서. 허물과 그릇된 판단 때문에 이 시험이 왔다고 할 것이면 겸손하게 회개하는 심령을 주시고, 지나친 욕심 때문에 시험에 빠져 있다면 욕심을 버리게 하옵소서. 자비의 아버지시여, 때때로

선 줄로 생각하며 자고하는 우리들을 낮추고 단련하고자 이런 시험을 주시는 하나님이신 줄 깨닫게 하옵소서.

시험을 이기신 주님!

반드시 이 시험에서 승리케 해 주실 줄 믿사오니 사랑하는 형제에게 이길 힘을 주옵소서. 시험을 참는 자는 복이 있다고 하신 주님! 당하고 있는 시험 때문에 낙심하거나 하나님을 원망하는 죄를 범하지 않게 하옵소서. 시험에서 승리한 욥에게 갑절의 복을 허락하셨던 하나님께서 무릎꿇고 엎드린 이 형제에게도 욥처럼 복되게 하시고, 요셉으로 하여금 시험을 이기고 큰 일꾼이 되게 하신 아버지께서 이 형제에게 불을 통과한 정금같이 되게 하사 하나님의 손에 붙드시고 필요한 곳에서 크게 쓰실 귀한 그릇으로 새롭게 하옵소서.

시험을 말씀으로 이기시는 예수님의 이름으로 기도드립니다. 아멘.

마음이 괴로울 때
드리는 기도

자애로우신 하나님 아버지!

오늘도 주 안에서 쉼을 얻기 원하여 괴로운 마음으로 주님 앞에 왔사
오니, 이 괴로운 마음을 받아주시옵시고 권능의 말씀으로 위로하여
주시옵소서.

전능하시고 살아계신 하나님 아버지!

주님께서는 무에서 유를 창조하시고 말씀으로 천지를 지으신 전능
하신 하나님이심을 믿사오니, 주님께서 이 시간도 함께하여 주시옵시
사 상하고 찢긴 영혼의 상처를 치유하여 주시옵시고 괴롭고 답답한
우리들이 심령을 시원하게 하여 주실 줄로 믿습니다.

사랑의 아버지 하나님!

어렵고 힘든 환경 속에서 좌절과 실망으로 쓰러져가는 우리의 영혼 속에 걸어가도 피곤치 않고 뛰어가도 고단치 않는 독수리의 날개침과 같은 새로운 힘과 능력으로 역사하여 주시옵시고 이 괴로움의 날들을 면케 하여 주시옵소서.

영원토록 영광과 존귀와 찬양을 받으시기에 합당하신 하나님 아버지!

저희들에게 많은 시련과 연단을 주심은 진정으로 저희들을 사랑하시는 주님께서 저희들을 크게 쓰시기 위하여 훈련하시는 과정인 줄로 믿사오니, 이 연단과 고통의 날들을 이길 수 있는 놀라운 은혜를 베풀어주시옵소서.

　예수님 이름으로 기도드립니다. 아멘.

빈곤에 처한 가정을 위한 기도

복의 근원이신 하나님 아버지!

이 가정을 복주셔서 영적으로 부요하게 하시며 주님을 의지하는 마음으로 살아가게 하시오니 감사합니다.

이 가정이 육신생활에 주님께 소원하는 바가 있습니다. 영적으로 부요하게 하신 주님께서 이 가정에 필요한 물질과 일용할 양식을 허락하셔서 주님의 백성으로 부끄럼 없이 살아가게 하옵소서.

아버지시여! 이 가정이 너무 가난하여 하나님의 이름을 욕되게 할까 두렵사오니 오직 필요한 양식으로 공급하시옵소서. 광야에서 만나와 메추라기로 이스라엘을 먹이시던 긍휼의 아버지시여! 하늘 문을 여시사 일용할 만나를 내리시옵소서.

"손이 수고한 대로 먹을 것이라"고 약속하셨사오니 일할 수 있도록 건강을 주시옵시고 또한 일터를 주옵소서. 공중의 새를 먹이시며 들의 백합화를 입히시는 자비의 아버지께서 힘쓰며 애써서 일하기를 원하는 가정에 은총을 내리시옵소서.

결단코 나태하거나 최선을 다하지 못하는 어리석음과 한 순간도 머물지 않게 하옵소서. 주님이시여, 주님께 구하는 자마다 얻으리라고 말씀하셨사오니 이 가정의 간구하는 기도를 들으사 구하는 모든 것들이 온전히 주님 뜻 안에서 이루어지는 축복을 내려주옵소서. 이 가정에 육신의 만나와 영의 양식을 주셔서 더욱 아버지의 말씀대로 살아가는 데 부족함이 없는 환경으로 이끌어주옵소서. 온 가족의 건강도 보호하여 주시고 지혜로 이끄시옵소서.

예수님 이름으로 기도드립니다. 아멘.

임종을 맞이한 자리에서 드리는 기도

부활이요 생명이 되시는 하나님 아버지!

지금 이 시간 믿음의 달음질을 다하고 이제는 하나님의 부르심과 상을 기다리는 사랑하는 ○○○ 성도를 위하여 기도할 수 있도록 인도하심을 감사드리옵니다.

이 시간에 이르기까지 ○○○ 성도의 삶을 돌아보아 주심을 감사드립니다.

주님께서 정해 주신 연륜이 다하게 될 때 아무 원망없이 주님 앞에 바로 설 수 있도록 반석이 되어 주옵소서. 거룩하신 하나님 아버지! 나를 따르려거든 자기 십자가를 지고 따르라고 할지라도 ○○○ 성도에겐 끝까지 찬송을 잊어버리지 않은 채 주님을 따르게 하옵소서.

천국의 소망을 갖게 하시는 하나님!

천성에 가는 길이 험하고 힘이 든다 할지라도 생명의 길이 그 한 길 뿐인 줄 믿고 나아가 은혜의 길, 소망의 길이 되게 해 주옵소서.

영원한 생명이 되시는 거룩하신 하나님! ○○○ 성도를 일찍 택하사 주님을 위해 일생 헌신 봉사토록 하신 은혜를 감사하옵고 이제는 맡겨 주신 사명을 다하고 본향의 거룩한 집으로 가게 되었사오니, 천성문을 여셔서 천사들의 손으로 인도하시며 주님의 품에 안으사 위로하여 주옵소서. 사랑하는 교우들과 가족을 뒤에 두고 먼저 가야 하는 그 마음이 서운하고 아프겠지만 부활의 소망 중에 기쁨으로 다시 만날 것을 기약하며 서운함과 아픔을 이기게 하시옵소서.

천성문을 열어 주시는 하나님 아버지!

임종을 앞두고 회개의 눈물을 흘리는 ○○○ 성도의 죄를 말해 주시고 그 심령을 흰 눈처럼 맑고 깨끗하게 씻어 주시사 그 성결한 영이 천국을 기업으로 얻게 하옵소서. 미처 깨닫지 못해 회개하지 못한 죄와 주님 앞에 바로 설 수 없는 죄가 혹시라도 있으면 십자가 보혈로 깨끗게 씻어 주옵소서.

주여! ○○○ 성도의 가족들의 안타깝고 슬픈 마음을 위로하여 주시기를 간절히 원합니다. ○○○ 성도는 아버지의 품으로 가는 것을 마음의 위로를 삼게 하시고 부활의 영광 중에 다시 만날 것을 소망하며 위로를 얻게 하시옵소서. 또한 ○○○ 성도처럼 일생토록 믿음의 삶을 살도록 은혜 베풀어주시옵소서.

영원한 생명이 되시는 하나님 아버지! 온 천하를 얻고도 자기 목숨을 구원하지 못하면 아무 소용이 없사오니 ○○○ 성도의 천성을 향한 길을 지치지 않게 하시고 주님을 뵙게 될 시간에 슬기롭게 주님을 맞은 열 처녀 중 다섯 처녀처럼 견고하여 졸지 않게 하셔서 주님의 사랑의 품에 안아주시옵소서.

예수님의 이름 받들어 기도드리옵니다. 아멘.

입관예배 시의 대표기도

생명의 원천이신 하나님 아버지!

아버지 하나님의 섭리를 따라 이 생명이 세상에 출생하게 되었습니다. 그 하나님의 정하신 수한을 따라 오늘날까지 인생이 겪는 모든 여정을 아버지 모시고 살다가 이제 그 정하신 수한이 다하여 아버지께 돌아갔습니다.

흙으로 된 몸, 흙으로 돌아가는 절차를 밟기 위하여 아버지 앞에 이렇게 입관예배를 드리고 있습니다. 아버지여, 이런 시간에 위로는 아버지만이 주실 수 있습니다.

주여! 이 유족들이 사랑하는 성도를 먼저 보내고 애통하는 저희들의 심령 속에 하늘의 빛을 비추어 주옵소서.

아버지여! 이 시간 성령님으로 조명하여 주셔서 한 생명이 끝나고 그

몸이 이제는 흙으로 돌아가려고 나무관 속을 들어가는 이 시간, 저희들에게 위로와 격려와 권면을 새롭게 하여 주옵소서. 그리고 이 시간 지나면 저 시신도 다시 볼 수 없고 이 관마저도 이 땅에서 떠나고 그가 앓고 눕던 자리는 텅 빈 자리로 남을 뿐입니다.

주여! 저희들에게 영안을 열어 주시어서 잠깐 보이다가 없어지는 몸보다 영원한 영광의 나라를 볼 수 있게 해 주옵소서. 주여, 저희들은 시신 저 너머의 화려하고 빛나는 영광의 집을 바라볼 수 있게 해 주시옵소서. 그리하여 유족들의 눈물을 닦아 주시고 절망을 소망으로 바꾸어 주시며, 비통을 위로로 채워주옵소서.

아버지 하나님!

우리들에게도 언젠가 저렇게 될 시간이 불가항력적으로 오고야 만다는 사실을 새삼 다시 기억하면서 살아있는 동안에 할 일이 무엇이며 살아가야 할 방향을 각성할 수 있게 해 주시옵소서. 아버지 하나님! 위로와 격려를 이 가정에 채워주시고 이제 발인에서부터 모든 장례절차를 아버지께서 주장하셔서 어렵지 않게 마치도록 도와주옵소서. 이 일이 지난 뒤에 이 가정에 신앙이 부흥되게 하시고 하늘이 열리게 하시고 하나님과의 거리가 가까워지게 하시고 교제가 더 깊어질 수 있도록 축복하옵소서.

예수님의 이름 의지하여 기도하옵나이다. 아멘.

사망 시 드리는
예배의 대표기도

자비하신 하나님 아버지!

주는 곧 부활과 생명과 진리이심을 믿고 간구드립니다. 오늘 이 땅에서 주의 일에 충성하다가 주님의 부름을 받아 소천하신 ○○○ 님을 위하여 기도하도록 인도하심을 감사하옵니다.

거룩하신 하나님 아버지! 이제 믿음의 경주를 다하고 주님의 품 안에 안긴 ○○○ 님을 주님의 사랑과 위로의 손길로 안아주시고 이 땅에서 겪은 아픔과 환난과 외로움을 위로하여 주시옵기를 간구하옵나이다. 고인은 하나님의 섭리를 따라 ○○년 전에 이 땅에서 후손과 우리들에게 신앙과 생애의 큰 복을 보여주셨나이다.

자비하신 하나님 아버지! 사랑하는 ○○○ 님을 이별하고 슬픔과 안타까움에 잠겨 있는 유족들을 위로하여 주시옵소서. 지금은 말할 수 없이 슬프고 안타깝지만 마지막 나팔소리에 부활하여 다시 만나 볼 소망을 인하여 위로받게 하옵소서.

○○○ 님은 지금 하나님 품에 있음을 기억나게 하시고 마음을 안위하게 하옵소서. 지금은 고인의 시신을 어느 곳에 모실 것인가를 생각게 하시고 안장하기까지의 모든 형식 절차와 그 준비를 형통케 하여 주시옵기를 간구합니다.

사망 권세를 이기시고 부활 승천하사 천국의 소망을 갖게 하시는 하나님께서 이 모든 것을 주관하실 줄 믿사옵고 부활의 첫 열매가 되시고 믿는 자에게 영생의 보증이 되시는 우리 주 예수 그리스도의 이름으로 비옵나이다. 아멘.

발인 때의 대표기도

사랑의 하나님 아버지!

슬픈 가슴을 안고 머리 숙인 온 회중에 하늘의 광명으로 조명하여 주옵소서. 성령님의 뜨거운 역사로써 마음 마음속에 감동 감화하여 주옵소서. 그리고 이 장례식이 우리에게 주는 위로와 격려와 진리를 깨달을 수 있게 해 주옵소서.

"지금 이후 주 안에서 죽은 자들은 복이 있도다 하심에 성령이 가라사대 그리하다 저희의 수고를 그치고 쉬리니 이는 저희 행한 일이 따름이라 하시더라"

"너희는 마음에 근심하지 말라 하나님을 믿으니 또 나를 믿으라 내 아버지 집에 있을 것이 많으니 그렇지 아니하면 너희에게 일렀으리라"

주여! 이 말씀의 오묘한 진리가 햇빛보다 더 밝게 우리 심령들을 조명하여 주셔서 세상 사람들과 같이 울지 말게 하옵시고, 한숨 쉬지 말게 하옵시고, 허탈감에 빠져 절망하지 않게 해 주시옵소서.

이 진리 안에 인정을 초월하여 저 위에 열린 하늘을 통하여 비쳐오는 소망의 빛을 보게 하시며 위로와 격려를 그곳에 받게 해 주옵소서. 특별히 유족들의 심령 속에 이 은혜와 축복이 충만하게 해 주옵소서.

지금 우리들이 적막한 관 앞에 둘러섰다고 하는 생각보다 아버지 보좌 앞에 위로 받고 의의 면류관, 생명의 면류관, 사랑의 면류관 받아 쓰고 영광의 미소를 짓는 앞서간 식구의 모습을 바라볼 수 있게 해 주시며 오히려 적막한 우리의 가슴을 향하여 내가 여기에 이렇게 있지 않느냐고 위로와 격려해 주는 모습을 바라볼 수 있게 해 주옵소서.

그리하여 우리들도 이런 시간에서만이 받을 수 있는 신앙의 격려와 권면과 인생의 새로운 방향을 위한 결단을 얻을 수 있게 해 주옵소서. 온 가족에게 이 축복이 분명 새로워지게 해 주옵소서.

아버지 하나님!

이제 하나님의 사랑하는 식구는 갔지만 그가 땅에 남기고 간 아름다운 모습을 기억합니다. 우리 모두 다 주 앞에 서는 그 날까지 선한 싸움 잘 싸우고 달려갈 길을 다 가고, 믿음 지키며 살다가 의의 면류관 받아쓰는 최후의 영광을 누릴 수 있는 삶을 살도록 격려하시고 권면하시며 용기와 능력을 더하여 주옵소서. 오늘 장례의 모든 절차를 주님이 주장하사 영광은 아버지께, 위로는 유족들과 온 교우들에게 있게 하옵소서.

　예수님 이름으로 기도드립니다. 아멘.

하관 예배 때 드리는 기도

만물과 인생의 주인이신 하나님 아버지!

"육신은 흙으로 돌아갈지니라"고 정하신 아버지의 뜻대로 이제 고 ○ ○○ 성도의 육신을 안장하도록 정한 장소까지 무사히 운구하게 하심을 감사하옵니다.

자비하신 하나님 아버지! 사람이 흙으로 지어졌으므로 흙으로 돌아가오나 이곳에 안장되는 것은 고인의 육신뿐이요 그의 영혼은 이미 하나님 아버지의 품 안에 안식하고 있음을 저희들은 분명히 믿사옵나이다. 마지막 나팔소리가 울리고 주님께서 권능과 영광으로 재림하실 때 생명의 부활에 동참하여 이곳의 무덤이 열리고 육신은 영광스러운 몸으로 부활하여 다시 만나게 될 것을 믿사옵나이다.

전능하시고 거룩하신 하나님 아버지! 이제 ○○○ 성도를 안장함으로 유족들이 너무 슬퍼하지 않게 부활의 소망을 더하여 주시옵소서. "나는 부활이요 생명이니 나를 믿는 자는 죽어도 살겠고"라고 말씀하신 것을 기억케 하여 주시며 소망없는 자들처럼 울지 않게 하시옵소서. 고인의 죽음만 생각하며 슬퍼할 것이 아니라 주님 다시 오실 때 부활할 것을 믿고 소망과 위로를 받게 하시고 고인처럼 신앙의 생활을 하다가 주 안에서 서로 만나게 하여 주시옵소서.

오늘 이곳에 유족들과 더불어 자리를 같이 한 모든 조문객들의 심령에 죽음을 통한 생의 교훈을 받게 하셔서 부활의 소망을 간직하게 하시며, 슬픔을 이기게 하여 주시고 믿음으로 봉사하여 아름다운 생을 누리게 하시옵소서.

거룩하신 하나님 아버지! 이제 안장하기까지의 모든 형식과 절차를 주관하시고 형통케 하신 주님의 은혜를 감사하옵나이다. 이 일을 도운 모든 손길 위에 위로와 축복으로 갚아주시옵소서.

우리 주 예수 그리스도의 이름으로 기도드리옵나이다. 아멘.

유족 위로 예배 시
드리는 기도

주는 자비의 아버지시요 모든 위로의 하나님이신 줄 믿습니다.

오늘 슬픔의 그늘에서 위로를 필요로 하는 유족들에게 환난 중에 위로의 능력을 베풀어 주시는 하나님의 은혜를 보여주옵소서. 아무리 심한 환난이 닥쳐온다고 할지라도 하나님께서 주시는 위로로써 모든 환난을 이길 줄 믿습니다. 그 누구도 손 댈 수 없는 고난이 넘친다고 할지라도 주님의 위로하심은 더욱더 넘쳐 흐를 것을 믿고 기도드리옵니다.

위로의 근원이 되시는 사랑의 하나님! 혹 죽음과 같이 힘에 지나도록 심한 고통과 슬픔을 당한다고 할지라도 죽은 자를 다시 살리시는 하나님만 의지하고 기도드립니다. 주님께서는 분명히 의뢰하는 자녀들을 사랑하셔서 큰 사랑 중에서 우리를 건져내셨고 또 건져내실 줄 믿습니다. 이 시간 유족들의 눈에 괸 눈물에 거두어 주시고 가슴 속에 맺힌 답답한 아픔을 제하여 주옵소서. 신령한 하나님의 나라를 똑똑히 바라보게 하옵소서.

위로의 하나님! 우리가 슬픔 가운데서도 힘을 얻어 기도하게 되는 것은 주님께서 새 하늘과 새 땅을 주셨음입니다. 주 안에서 잠들 때 흰옷 입고 주님과 함께 영원한 나라를 소유하게 되오며 생명책에 그 이름이 기록되어질 뿐만 아니라 "너는 이겼다"라는 승리의 반열에 서게 해 주심을 믿는 까닭이옵니다.

슬픔 가운데 다시 일어날 희망을 주시는 하나님!

비록 짧은 우리의 삶이 슬픔을 보이지 못할까봐 염려하는 사람들도 있는 것이 사실이오나 낙심치 아니하는 까닭은 주의 위로하심이 이 모든 것을 이기게 해 주심을 알고 믿고 또 감사할 수 있기 때문입니다. 다시 만날 수 있는 재회의 약속은 유족들에게 들려주시는 하늘로부터의 위로의 약속이요 음성인 줄 믿습니다.

신령하신 부활의 주님이시여! 이 소망이 큰 힘이 되게 하시고 그리스도인이 된 우리의 능력이 되게 하옵소서.

예수님 이름으로 기도하옵나이다. 아멘.

추도식 때 드리는 기도

인간의 생사화복을 주관하시는 거룩하신 하나님 아버지!

오늘이 가정에서 고 ○○○ 성도의 ○주기 추도예배를 드리도록 허락하여 주심을 감사하옵니다.

자비로우신 하나님! 오늘 ○○○ 성도의 추도일을 맞아 하나님께서 하늘나라에 예비해 두신 영원히 계실 곳을 ○년 전에 하나님의 부르심을 받아 먼저 가신 고○○○ 성도의 생애를 생각할 때에 참으로 감사하옵나이다.

고인이 생전에 주를 심히 사랑하고 주의 몸된 교회를 충성스럽게 섬겼으며 교우와 이웃에게 많은 덕을 끼치었사오니, 자손들도 고인의 이러한 좋은 점을 본받아 살게 하시고 더욱더 믿음의 사람으로 성장케 하옵소서.

저희들이 오늘 모여서 교인의 믿음과 덕을 생각하여 하나님께 영광 돌리며 은혜가 되게 하여 주시옵기를 간절히 비옵나이다.

거룩하신 위로의 하나님 아버지! 이 자리에 머리 숙여 예배하는 가족들과 성도들의 심령에도 은혜를 베푸셔서 고인의 생애를 생각하며 주님의 은혜를 기억케 하여 주시옵소서. 저희들도 이 땅에 살 동안 ○○ 성도의 주님께 충성했듯이 하나님을 부지런히 섬기며 아름다운 믿음의 발자취를 남기도록 결단하는 시간이 되게 하여 주시옵소서.

아버지여! "우리의 연수가 칠십이요 강건하면 팔십이라도 그 연수의 자랑은 수고와 슬픔 뿐이요 신속히 가니 우리가 날아서 가나이다" 오늘 고 ○○○ 성도의 추도예배를 드리며 우리가 우리 인생이 무엇인가 생각게 도와주시옵소서.

그리하여 우리의 남은 생애를 하나님 앞에서 믿음과 덕을 쌓으며 살겠다는 결단의 귀한 시간이 되게 하여 주시고, 고인의 믿음과 덕행을 본받는 귀한 시간이 되게 하여 주시옵소서.

특별히 고인을 생각할 때의 유족들의 안타까움과 섭섭함이 클 줄로 아옵나이다. 주님께서 위로하시며 머지않아 천국에서 또 부활 시에 만날 소망으로 슬픔을 이기게 하시옵소서.

추도예배의 시종을 주님께서 주장해 주시옵기를 바라오며 우리 주 예수 그리스도의 이름으로 기도드리옵나이다. 아멘.

화장터에서 드리는 대표기도

인간의 생사화복을 주관하시는 거룩하신 하나님 아버지!

오늘 이렇게 저희들 고 ○○○ 성도의 장례식 순서를 따라서 화장을 하기 전 하나님 앞에 예배를 드리오니 함께하옵시며 특별히 고인을 떠나 보내고 큰 슬픔에 쌓인 유족들에게 언젠가는 하나님의 나라에서 다시 만나게 되는 새로운 희망과 믿음으로 새롭게 일어날 수 있도록 굳건히 붙들어 주시옵소서.

살아계신 아버지 하나님!

무엇보다도 고인이 생존해 계실 때에 사랑하는 가족들을 위하여 눈물로 기도하셨던 모든 기도의 소원들이 이제 고인이 세상을 하직한 이 시간 이후라도 속히 이루어지는 은혜를 주시옵시며, 또한 매장을 하시지 않고 화장을 함으로써 더욱더 마음에 아픔과 섭섭함을 느끼시는 유족들에게 영혼은 이미 천국으로 가시고 육신만 이렇게 불에 태워서 그 뼛가루가 하늘에 있을지라도 땅에 있을지라도 언젠가는 천사들이 마지막 나팔 소리에 다 한곳에 모여들게 되며 또한 영원히 썩지 아니할 황홀한 부활의 몸으로 다시 살아나게 되오니, 큰 위로를 받게 하여 주시옵소서.

생명의 근원이신 아버지 하나님!
오늘 이 화장터에서 저희들이 다시 한 번 더 하나님의 깊고 크신 은혜를 깨달아 남은 생애 오직 하나님의 귀한 사역을 위하여 힘쓰고 애쓰게 하옵시며, 또한 남은 유족들이 더욱더 고인의 귀한 뜻을 받들어 하나님을 의지하며 믿음으로 살아가는 귀한 계기가 되게 하옵소서.
　　예수님의 이름으로 기도드립니다. 아멘.

제10장

심방 대표 기도

출생한 가정을 위한 기도

인간의 생사화복을 주관하시며 생명의 주인이신 하나님 아버지!
이 가정에 하나님의 귀한 뜻이 있어서 태에 열매인 하나님의 선물을 주셨음을 감사하옵니다. 주여! 간절히 바라옵기는 이 어린 생명을 축복하셔서 아기 예수와 같이 그 지혜와 그 키가 자라가며 하나님과 사람에게 더욱 사랑스러워 가도록 인도하여 주옵소서. 그리하여 이 사회와 하나님의 역사에 귀하게 쓰임 받게 하옵소서.

또한 이 어린 생명이 이 가정의 희망이 되게 하시고 기쁨이 되게 하시고 행복의 근원이 되게 하옵소서. 사무엘의 어린 시절처럼 하나님의 말씀 중에서 자라게 하옵소서. 모든 병마와 재난으로부터 구원하여 주시고 주님의 손길 아래서 무럭무럭 자라게 하옵소서.

은혜로우신 하나님 아버지!

귀한 산모를 돌보아 주셔서 건강한 모습으로 출산하게 하심을 감사하옵니다. 오늘 해산에 이르기까지 온갖 수고와 아픔을 이겨낸 아기의 어머니를 축복하여 주시고 산후 몸조리가 잘 되어 강건케 하시옵소서. 또한 아기를 주신 하나님의 뜻을 깊이 깨달아 하나님 앞에서 어머니의 역할을 다하게 도와주시옵소서.

이 아기를 양육할 엄마는 한나와 같은 믿음을 주시고 모세를 양육한 요겟벳 같은 지혜를 주시옵소서. 거룩하신 하나님! 산모와 아기와 귀한 이 가정위에 함께하시며 영광 거두어 주시옵소서. 예수님의 이름으로 기도드립니다. 아멘.

아기 출산을 앞두고 하는 기도

생명의 주인이신 하나님!

거룩하신 하나님의 뜻으로 이 딸에게 새 생명을 선물로 허락하시고 해산을 기다리게 하심을 감사하옵니다.

자비하신 하나님! 아기를 낳는 것은 인간에게 주어진 신성한 의무인 동시에 하나님께서 주시는 큰 축복임을 깨닫게 하시사 임신 중에는 흉하고 악한 것을 생각지 말게 하시고, 오직 주님의 말씀을 묵상하며 주의 은혜를 입게 하시옵소서. 그 심령이 복중에서 은혜 입은 구별된 자로 잘 자라게 하셨다가 순산하게 하시옵소서.

주의 딸은 기도하며 경건한 생활을 하여 새로 태어날 아기에게 좋은 영향을 끼치게 하시며, 건강도 조심하고 언행 심사 일거수 일투족의 전 생활이 깨끗하여 복중의 심령에게 복이 되게 하여 주시옵소서.

그 생명이 이 땅에서 태어날 때에 순산함으로 고통을 잊게 하시고, 아기는 하나님 앞에 큰 자가 되게 하시어 이 가정에 기쁨이 되게 하시고, 그로 말미암아 세상에 영광이 되게 하여 주시옵소서.

예수 그리스도의 이름으로 기도합니다. 아멘.

돌잔치 때의 기도

"생육하면서 번성하라" 하신 은혜가 풍성하신 하나님 아버지!
1년 전 오늘에는 건강한 ○○○ 아기를 출산함으로 기쁨을 나누었
고 그동안 튼튼히 무럭무럭 자라게 하여 주시고 지금 이 시간에는 하
나님의 축복 안에서 온 가족과 친지와 이웃을 모아 돌잔치로 기쁨을
나누게 하심을 더욱 감사하오며 "자식은 여호와의 기업이요 태의 열
매는 그의 상급이라" 하신 주님께 오늘의 영광을 돌립니다.

　자비로우신 하나님 아버지! 이 복되고 기쁜 날 주님께 간절히 바라
옵기는 지난 날 이 아기를 심히 사랑하사 보호하시며 키워 주심과 같
이 앞으로도 온갖 병마와 재난으로부터 눈동자와 같이 보호하여 주
시옵소서. 이 아기의 몸이 자라감에 따라 지혜와 믿음도 자라가게 하
시옵소서. 아무리 악하고 패역한 이 세대라 할지라도 욕심으로 더러워

지고 시기로 추하여지기 쉬운 인간의 마음이라지만 ○○○ 아기는 깨끗하고 어진 마음을 지니고 사람들과 하나님 앞에 사랑스러운 인물로 자라나서 하나님의 영광을 세상 중에 드러내는 하나님의 귀한 종이 되게 하여 주시옵소서.

은혜로우신 하나님 아버지! 이 아기를 낳고 지금까지 모든 수고를 감당하며 믿음으로 길러온 부모를 축복하여 주시옵소서. 한나가 사무엘을 눈물의 기도로 키웠듯이, 사가랴와 엘리사벳이 세례 요한을 말씀과 경건한 삶을 본보이며 키웠듯이, 모세를 낳은 요게벳이 유모 자격으로 어려움 속에서 키웠듯이 계속하여 이 ○○○ 아기를 믿음으로 양육하며 하나님의 귀한 일꾼이 되기까지 수고와 희생을 기쁨으로 감당케 하여 주시옵소서.

주여! 이 자리에 함께한 ○○○ 아기의 가족과 하객 여러분의 심령에도 기쁨이 충만케 하시며 축복하여 주시옵소서. 오늘이 귀한 ○○○ 아기의 돌잔치를 허락하여 주신 하나님께 감사하오며 우리 주 예수 그리스도의 이름으로 기도드리옵나이다. 아멘.

생일 기도

성도의 삶의 여정을 돌아보시는 하나님이시여!

여기 당신의 인도하심을 따라 이제까지 살아오신 분이 생신을 맞이하여 주님께 예배하게 하시니 감사드리옵니다. 광야 같은 세상에서 만나와 메추라기로 먹이시며 불과 구름기둥으로 이끌어 주시오니 감사드리옵니다.

오늘 이후로 더욱 강건케 하시고 이 가정은 더욱 평화롭게 하옵소서. 마지막 날까지 주님과 동행하는 삶이 되게 하옵소서. 원하옵기는 주께서 허락하시는 길로 인도해주옵소서.

은혜의 줄로 묶어주신 하나님 아버지! 비록 육체의 연약함으로 우리 연수의 자랑이 수고와 슬픔으로 험악한 세월을 보냈지만 그래도 주님의 그 크신 은혜로 지켜 주심을 감사하나이다.

우리 인생은 연약하오니 우리의 남은 생애 중에 욥과 같은 환란이 없게 하옵소서.

사랑의 줄로 묶어주신 하나님 아버지! 하나님의 보호로 둘러싸여서 빛 가운데 걷게 하시고 해마다 맞는 생일이 보다 주님을 바라보고 또 위하는 날들로 가득 쌓여지게 하옵소서. 다시 시작하는 한날 한날을 아름답게 채워 기도하게 하시고 보다 경건한 삶의 계절을 맞이하게 하옵소서. 하나님과 ○○○ 과의 사이에 사랑의 띠가 견고하게 매여져 어떠한 바람에도 넘어지지 않게 하옵소서. 다같이 기뻐하며 축하하는 오늘의 생일이 오직 우리 주님께만 영광과 존귀가 되게 하옵소서.

주 예수 그리스도의 이름으로 기도드리옵니다. 아멘.

수연(회갑) 때의 기도

모든 산자의 입술을 통하여 찬양을 받으실 하나님 아버지!

오늘 ○○○ 성도의 회갑을 맞이하여 온 무리가 마음을 모아 회갑축하 예배를 드리게 하시니 감사드립니다.

특별히 오늘 회갑을 맞이한 ○○○ 성도에게 갑절의 은혜를 더하여 주시옵소서. 그의 지나온 삶의 여정에 많은 고난과 역경과 풍파 속에서도 굴하지 않고 정도를 걸으시며 위로하며 주님의 믿음을 가지고 주님의 축복 가운데 건강하게 살게 하셨고 슬하에 훌륭한 자녀들을 주셨고 생활에 물질의 축복도 주셔서 오늘 회갑을 기쁨으로 맞게 하시니, 하나님의 은혜에 감사할 뿐입니다.

사랑의 하나님 아버지! 야곱의 말년처럼 이분의 말년이 더욱 복되게 하시고 더욱 건강하게 하시고 더욱 신령하게 하시어 독수리 날개 치며 올라감같이 그의 믿음과 건강과 용기가 용솟음치게 하셔서 지금까지 한 일에 갑절의 업적을 남겨서 좋은 열매를 드리게 하옵소서.

은혜가 많으신 하나님 아버지! 지금까지도 교회에 헌신 봉사하며 주님으로부터 받은 사랑을 이웃을 위해 베풀었지만 남은 여생도 주님을 위해 사는 삶이 되게 하시고 이웃을 위해 봉사하며 살게 하옵소서. 살 같이 빠른 세월 살아온 것보다 남은 여생은 더욱 값지게 더욱 보람 있게 더욱 빛나는 삶이 되게 도와주시옵소서.

"주께서 부르시는 그 날까지 주님의 말씀에 의지하고 순종하며 살겠노라" 다짐한 그 결심을 변치 않게 붙들어 주시고 영육 간에 강건케 은혜 내려주셔서 주님을 맞는 심판의 날에 "참 장한 종아, 잘했다" 칭찬받을 수 있는 삶이 되게 인도하여 주시길 비옵니다.

이 회갑 축하예배 자리를 마련한 이 가정 위에 축복하사 화평주시고 물질로도 넘치게 채워주시며 ○○○ 성도의 내조자 ○○○ 집사와 그의 자제들 그리고 이 자리에 함께 하신 모든 내빈 여러분들 머리 위에 주께서 축복하여 주시기를 간절히 비옵나이다.

이 모든 말씀을 존귀하신 예수님의 이름으로 기도하옵니다. 아멘.

집을 마련한
가정에서 드리는 기도

인간의 생사화복을 주관하시는 하나님 아버지!

저희 가족들을 사랑하셔서 이제껏 지켜주시고 필요한 것들을 아낌없이 허락해 주시니 감사합니다. 더욱 감사한 것은 삶의 보금자리인 새 집을 마련하도록 하시니 저 혼자만 만 가지 축복을 다 받은 것 같아 송구스러우며 모든 영광을 주님께 돌리나이다.

주님이시여! 이 집이 굳건한 믿음이 반석 위에 서는 집이 되게 하시고 모래 위에 세워져서 바람이 불고 비가 올 때 힘없이 쓰러지는 집이 되지 않도록 하옵소서. 특별히 이 세상의 장막에 만족하여 영원한 하늘의 장막을 망각하는 어리석음을 범하지 않도록 이끌어주옵소서.

이 집의 주인은 제가 아니고 주님이오니 주께서 늘 거주하셔서 항상 주님께로 향하는 찬송과 기도소리가 그치지 않으며 사랑과 평화가 가득찬 주의 가정으로 축복해 주시옵소서. 이 집을 폐쇄된 공간으로 두지 않고 주님의 선하신 뜻을 이루는 일에 개방시키오니 주여, 이 집을 귀중한 선교센터로 이용해 주시고 저희 영혼에 커다란 기쁨을 허락하옵소서.

주님이시여! 간절히 기도드리오니 이 땅에는 삶의 보금자리가 없어 애태우며 고통당하는 이웃들이 있사오니 그들에게 임하셔서 하루 속히 원하는 것들을 얻을 수 있도록 응답해 주옵소서.

언제나 믿음의 반석이 되시는 예수님 이름으로 기도드립니다. 아멘.

이사한 가정에 가서 드리는 기도

사랑과 은혜가 풍성하신 하나님 아버지!

하나님의 은혜로 오늘까지 건강한 모습으로 무사히 지켜주시고 축복하여 주셔서 이렇게 좋은 주택으로 이사하게 하여 주셨음을 진심으로 감사드립니다.

특별히 오늘은 주님의 사랑 가운데 귀하신 목사님을 모시고 사랑하는 믿음의 형제들과 함께 이사 예배로 영광 돌려 드리오니 받아주시옵시고 함께하여 주시옵소서.

하나님 아버지! 믿음의 조상 아브라함이 가는 곳마다 먼저 하나님께 예배를 드림으로 하나님을 기쁘시게 하고 또한 놀라운 축복의 사람이 되었사오니 저희들도 먼저 하나님을 기쁘시게 하는 믿음의 산제사로 영광 돌리길 원합니다.

살아계신 하나님 아버지! 이 한 가정이 이곳에 거주하면서 하나님을 섬겨 나갈 때에 날마다 물가에 심겨진 푸른 나무처럼 번성하는 복으로 채워 주시옵시고 이웃과 교회에도 날마다 즐거운 소식이 오가는 복을 더하여 주시옵시며 형제의 우애가 날마다 돈독해지는 복을 주시옵소서.

능력의 하나님 아버지! 신명기 28장에 약속된 축복의 잔이 이 한 가정에 넘쳐 날로 번창하며 이웃과 손 대접하기에 부족함 없는 사랑의 가정이 되게 하여 주시옵소서.

사랑의 하나님 아버지! 오늘 이 한 가정에 둘러앉아 예배드리는 사랑하는 형제자매님께 크신 은혜와 축복으로 함께하여 주시옵시며 하늘나라의 영원한 황금 집으로 이사하는 그 날까지 이 땅 위에서 윤택함으로 누리고 사는 믿음의 축복을 주시옵소서.

예수님 이름으로 기도드립니다. 아멘.

사업축복에 대한 **감사 기도**

만물의 주인 되시며 인간의 삶을 섭리하시는 하나님 아버지!

부족하고 패역 하여 죽을 수밖에 없는 이 죄인을 사랑하사 주님의 백성으로 삼아주시고 지켜 주신 은혜를 감사드리나이다.

더욱 감사하옵기는 생업에 축복하셔서 번창하게 하시고 궁핍함이 없이 살아가게 하시니 감사합니다. 원컨대 이 사업을 통하여 주님께서 이루고자 하시는 뜻을 이루어주옵소서.

하나님 아버지! 이 사업을 통하여 많은 사람에게 이로움을 주며 사회에 이바지하게 하시옵소서. 모든 일과 계획이 주님을 영화롭게 하는 것이 되게 하시고 인간의 욕심과 재물로 여호와의 이름을 더럽히지 않게 하시며 물질로 인하여 시험에 들지 않도록 늘 지켜주옵소서.

이 사업의 주체와 주인은 제가 아니라 주님이시오니 이 점을 늘 잊지 않고 주께서 합당하게 여기시는 바에 따라 운영해 나갈 수 있도록 붙들어 주옵소서. 모든 것에 감사하는 마음을 허락하시며 온갖 일과 재물의 주인이 주님임을 고백하는 태도를 주셔서 겸손히 절제하며 생활하게 하옵소서.

주 예수 그리스도의 이름으로 기도드립니다. 아멘.

개업을 하고서 드리는 기도

은혜로우신 하나님 아버지!

주께서 "너희 행사를 여호와께 맡기라. 그리하면 너희 경영하는 것이 이루리라"(잠언 16-3)고 하신 말씀을 기억합니다. 이제 그 말씀에 의지하여 기도하오니 새로 시작한 이 사업이 하나님의 축복 없이는 성공할 수 없다는 엄연한 사실을 알도록 인도하옵소서.

그리하여 사람의 생각대로 계획하며 설계할 것이 아니라 먼저 여호와 하나님의 도우심과 말씀에 의지하여 경영하는 지혜를 허락하옵소서. 또한 세상의 경영전략을 무조건 따를 것이 아니라 그리스도인의 경영원리를 바로 알아 덕으로 경영하게 하옵소서.

주님이시여! 이 사업을 통하여 하나님의 영광을 드러내며 주님께 더욱 봉사하기 위한 기반이 되도록 하옵소서. 많은 것, 좋은 것, 번창만을 의지하지 않게 하시고 옳은 것, 부끄럼 없는 것을 취할 수 있게 하옵소서. 적든지 많든지 간에 아버지께서 온전한 십일조 생활을 하는 데 거리낌 없는 신앙을 허락하옵소서. 새로 시작하는 사업이오니 지켜 주시고 주님을 향한 사랑도 새롭게 시작하게 하옵소서.

예수님 이름으로 기도합니다. 아멘.

개업한 가정에서 드리는 기도

만복의 근원되시는 하나님 아버지!

귀한 이 가정을 축복하여 주셔서 사업을 시작하도록 인도하시며 오늘 믿음의 권속들을 초청하여 감사 예배를 드릴 수 있도록 하심을 감사드리옵나이다.

하나님 아버지! 요셉의 손길 위에 복주시사 그 하는 모든 일이 형통하였고 아브라함이 경영하는 모든 일에 함께하사 창대케 하신 것처럼 오늘 개업하는 ○○○ 성도와 그 가정 위에와 사업 위에 복 주시사 형통케 하시옵소서. 경영의 성패가 인간의 꾀에 있지 아니하고 하나님의 방도에 따라 행하는 데에 있음을 기억하여 정직과 성실과 기도로 시종일관 이 사업을 경영함으로 "네 시작은 미약하였으나 네 나중은 심히 창대하리라" 하신 말씀 따라 유수한 사업체가 되어서 하나님께 영광을 돌리게 하시옵소서. 그리고 사업 중이라도 주일을 성수하며 주님을 열심히 섬기며 십일조의 의무를 다하여 모든 성도들의 모범이 되게 하여 주시옵소서.

하나님 아버지! 때로 어려움과 고통을 만날지라도 그 때마다 주께서 도와주시며 더욱 믿음으로 살게 하여 주시옵소서. "눈물을 흘리며 씨 뿌리는 자는 기쁨으로 거두리라" 하신 말씀을 항상 기억하게 하셔서 힘써 노력하며 지금은 눈물로 사업의 씨를 뿌린다 할지라도 기쁨으로 많은 열매를 거두게 축복하여 주시옵소서. 그리하여 재물이 창고에 가득함 같이 하나님의 창고에도 신앙의 알곡으로 가득 채우게 도와주시옵소서.

귀한 가정의 새로운 사업 위에 주님의 축복의 손길이 늘 함께하시기를 간절히 원하오며 우리 주 예수님의 이름으로 기도드리옵나이다. 아멘.

입학하는 자녀를 둔 가정을 위한 기도

인간의 모든 지식과 지혜의 근본이 되시는 거룩하신 하나님 아버지!
당신의 뜻을 이 땅 위에서 실현하며 살기를 원하는 이 젊은(어린) 영
혼을 굽어 살피시기를 바라나이다.

오늘 이 가정의 귀한 자녀 ○○○ 군 ○○○ 양이 ○○○학교에 입
학하게 됨을 진심으로 감사드리옵나이다. 이 입학의 시간부터 졸업
의 그날까지 저와 동행하시며 선한 경쟁의 마당에서 승리하게 하옵소
서. 육적인 지식과 세상을 아는 지혜에만 힘쓰지 않게 하시고 하나님
의 지혜를 알며 깨닫는 지혜에도 부지런한 믿음의 자녀가 되게 하옵
소서.

그리하여 그가 속한 모든 곳에서 하나님의 영광을 드러내며 주님의
향기로 많은 사람을 감화시키게 하옵기를 바라고 원하옵니다. 그의

지식의 폭이 넓어 갈수록 하나님을 아는 지식이 깊어지게 하옵시며 그의 총명이 밝아짐과 함께 하늘의 지혜를 터득하게 하옵소서.

학업을 계속하는 동안에 느끼는 사상이나 친구와 사귀는 교제에 있어서 남이 알아 주지 못하는 고통이 온다해도 그 가운데서 성숙해지며 예수님을 묵상할 수 있게 하옵소서. 이 가정의 자녀들이 배우는 학업이 주님의 평화를 이 땅에 이루게 하는 일에 쓰임 받게 하옵소서. 이 가정을 축복하시고 부모님에게도 함께 하셔서 당신의 택함 받은 가정으로서 부족함 없는 은총을 내려주옵소서. 사업과 학업과 신앙이 날로 부해지며 더 크게 주님께 영광 돌리는 귀한 가정이 되게 축복하시옵소서.

우리 주 예수 그리스도 이름으로 간절히 기도드립니다. 아멘.

졸업하는 자녀를 둔 가정을 위한 기도

지혜와 명철의 근본이요 선한 길이신 하나님 아버지!

당신의 선한 손길을 찬양합니다. 갖은 역경과 시련 속에서도 입학한 날부터 졸업하는 날까지 수개 성상을 하루같이 모든 어려움을 극복하고 학업에 열중한 이 가정의 귀한 ○○○ 군과 ○○○ 양(자녀)이 소정의 학업을 마치고 졸업하게 하시니 감사드리옵나이다.

주님께서 사랑하시는 자녀들을 위하여 간구하오니 그의 앞길을 바른 길로만 인도하여 주시며 그가 배운 학문과 지식을 가지고 하나님을 영화롭게 하며 이 사회와 나라를 위해 큰 일을 감당하는 능력의 사람으로 축복하여 주시옵소서.

교육을 바로 받은 사람은 무엇보다도 인생의 근본 문제가 무엇인지를 알아야 하겠사오니 인간 생활을 보다 행복하게 사는 일에 섬김의 본이 되시는 예수님처럼 봉사하게 하옵소서.

새로운 일을 준비하고 계획하고 있사오니 혼자 내버려두지 마시고 주께서 같이 하시며 주님의 지혜를 힘입고 나아가는 훌륭한 믿음을 허락하옵소서. 만사는 시작이 있으며 끝이 있고 끝이 났는가 싶으면 새로운 일이 전개되게 마련인 줄 아오니 이 새로운 일에 주님이 함께 하셔야만 성공하겠나이다.

주께서 이 자녀들의 보호막이 되어 주시고 지혜와 총명과 모략을 선하게 사용할 수 있게 하옵소서.

인도하시는 예수님의 이름으로 기도드립니다. 아멘.

공부하는 자녀를 위하여 드리는 기도

유에서 무를 창조하신 전능하신 아버지 하나님!

주님의 사랑 안에서 귀한 선물로 주신 주의 자녀들을 위하여 기도합니다. 이 땅 위에서 "생육하고 번성하라." 하신 주님의 말씀 안에서 이 귀한 선물들을 저희 부부에게 허락하여 주셨사오니 저들의 성장 과정을 주께서 전적으로 책임져 주실 줄 믿고 먼저 하나님께 감사와 영광을 드립니다.

어제나 오늘이나 동일하게 역사하시는 하나님 아버지! 저희들을 위하여 하나뿐인 독생자 예수님까지도 내어 주신 그 사랑 안에서 온전히 주님께 드려지는 귀한 자녀들이 삶이 될 수 있도록 늘 사랑으로 훈계하여 주시고 이 악한 세파 속에서 굳건한 믿음으로 승리 할 수 있도록 저들의 눈으로 보는 것 듣는 것 말하는 모든 언행 심사가 주 앞에 구별된 귀한 자녀들이 되기를 원합니다.

특별히 하나님의 지혜와 명철로 주님의 도를 깊이 깨달을 수 있도록 성령의 기이한 눈을 열어 주옵시고 그리하여 세상에서도 늘 지혜로운 하나님의 아들과 딸들로 주의 영광 드러내며 살아갈 수 있도록 주님께서 함께하여 주시옵소서.

살아계신 하나님 아버지!

세상의 학업에 지치고 피곤한 주님의 자녀들에게 진정한 평안과 기쁨을 주옵시고 온전히 주님의 아늑한 품 속에서 참된 쉼을 얻어 학교의 친구들과 이웃의 친구에게 복음을 전하는 증인이 되게 하시고 오늘날 거리에서 방황하는 수많은 십대들의 허전한 가슴을 오직 복음으로 채워 진정한 삶의 목표를 찾게 하여 주시옵소서.

예수님 이름으로 기도합니다. 아멘.

자녀의 시험을 앞두고 드리는 기도

지혜와 지식의 근본이 되시는 전능하신 하나님 아버지!

택함을 받은 이 아들, 딸이 귀중한 시험을 치를 수 있기까지 지켜 주신 은총을 진심으로 감사드립니다. 이제 시험을 치르게 되었사오니 시종을 주님께서 주장하시고 보호해 주시옵소서. 주님, 시험을 위해서 최선의 노력을 다하며 애쓴 정성이 좋은 열매를 맺게 하셔서 주님의 자녀들로서 부족함이 없게 하옵소서.

하나님 아버지! 간절히 바라옵기는 시험을 통하여 마음에 상처를 받지 않게 하시고 신앙의 동요를 일으키지 않게 지켜주옵소서. 노력 없는 결과를 추구하지 않게 하시고 땀이 없는 결실을 바라는 어리석음이 없게 하시며 뿌린대로 열매를 거두는 정직한 마음을 주시옵소서.

추호라도 노력 없이 좋은 결과를 보는 것을 축복이라고 생각하는 일이 없게 하시며 오직 땀 흘려 애쓴 결과를 정직하게 취하고 기쁨으로 받아들이며 하나님께 감사할 줄 아는 자들이 되게 하옵소서. 시험의 시작부터 끝까지 주님께서 함께하셔서 당황하거나 실수하지 않게 하옵소서.

주님의 뜻대로 사는 백성을 축복하시는 예수님의 이름으로 기도합니다. 아멘.

거룩하시고 자비로우신 하나님 아버지!

주님의 영광과 부요하신 지식과 지혜를 찬양합니다. 오래 전부터 계획하고 준비해 왔던 시험에 영광스러운 합격을 하게 하시니 감사합니다. 그 수많은 경쟁자들 속에서 합격의 기쁨을 받는 것은 주님의 도우심 인줄 믿습니다.

사랑이 많으신 주님, 솔로몬에게 지혜를 주시고 다니엘과 그의 세 친구에게 이방 사람보다 십 배나 되는 지혜를 주셨던 주님께 더욱 겸손히 순종하면서 더 깊은 지혜와 더 높은 명철을 주시기를 기도합니다.

주님을 경외하므로 모든 교만과 불의에서 떠나게 하옵소서. 행여라도 방심하거나 자만하거나 자랑하지 않게 하시고 새로운 시작이라 생각하고 생활하며 아버지의 몸된 교회와 선한 사업에 앞장서서 당신께서 출제하시는 시험에도 거뜬히 합격하는 영광을 맛보게 하옵소서.

우리에게 은혜를 베푸시는 구주 예수 그리스도의 이름으로 기도 드립니다. 아멘.

군에 입대할 젊은이를 위하여 드리는 기도

선택받은 백성들의 힘이 되시며 보호자가 되시는 여호와 하나님 아버지!

이 가정에 하나님께서 선물로 주신 귀한 아들은 이제까지 건강과 믿음으로 성장하게 하시니 감사합니다.

이제 국가의 부름을 받고 군대에 입대하여 생활할 ○○○ 군을 위하여 간절히 기도하오니 모든 훈련과 임무를 충실하게 수행할 수 있는 튼튼한 육체와 건전한 정신을 허락하옵소서. 그리하여 주어진 과업을 능히 감당하며 모범된 생활을 주님의 사랑으로 하는 자들이 되게 하옵소서.

주여, 바라옵기는 투철한 사명과 믿음을 주셔서 그의 땀과 충성이 나라를 지키는 초석이 된다는 것을 언제나 명심하게 하시며 믿음으로 무장시켜서 어려운 일이나 감당키 힘든 시련들도 주님께서 함께 하심을 깨달아 이겨내게 하옵소서. 그리하여 제대할 때에는 몸도 마음도 성장하여 주님께 칭찬받는 신실한 용사가 되게 하옵소서. 유혹과 시험에 빠지기 쉬운 때에 늘 여호와를 경외하게 하시고 정결한 생활로 인도해주옵소서.

주님께서 지켜 주실 것을 믿사옵고 예수 그리스도의 이름 받들어 기도드립니다. 아멘.

자녀가 군입대한 가정 심방 시의 기도

오늘 사랑하는 ○○○ 군이 장성하여 나라와 민족을 위하여 국토방위에 나가게 되어 온 가족과 교우들이 모여 가정예배를 드리게 됨을 감사드리옵니다.

하나님 아버지! 이제 군대로 나설 ○○○ 군의 앞길을 주님께서 동행하여 주시옵소서. 고된 훈련 중에서도 믿음의 순결을 지키며 애국심으로 맡은 일에 충성하게 하시고 다윗처럼 신앙의 용사가 되게 하시어 군생활을 마치고 돌아올 때에는 정금같은 믿음을 지닌 하나님의 용사가 되게 하여 주시옵소서. 외롭고 힘들 때마다 하나님이 함께하심을 기억하며 요셉과 같이 꿋꿋하게 믿음의 길을 가게 하시옵소서. 일심으로 군무에 집념하게 하시고 사심을 가지거나 비겁하거나 그의 마음이 약해지지 않게 하시고 건강한 몸을 주시고 어떠한 실수도 범하지 않게 항상 도와주시옵소서.

하나님 아버지! 아들을 군으로 보내며 염려와 근심하며 기도하는 부모님을 기억하여 주시옵소서. 아들을 바라보면서 어리고 부족하여 염려되고 근심하는 것이 부모의 마음이오나 하나님께 의뢰하고 안심하며 보내는 믿음을 더하여 주시옵소서. 주님께서 그 안타까운 마음을 위로하시며 그 간절한 기도를 기억하여 주시옵소서.

하나님 아버지! 이 나라와 이 민족을 긍휼히 여겨주시옵소서. 북쪽의 공산 무리들이 잔악한 책동과 야망을 부수어 주시고 민족끼리 총부리를 겨누고 사는 이 비극을 하루 속히 해결하여 주시옵소서. 오늘 군에 입대하는 ○○○ 군이 이러한 현실을 직감하며 민족과 하나님의 교회를 위하여서 군생활을 할 수 있게 도와주시옵소서. 주님께서 ○○○ 군을 인도하시며 건강으로 지켜주시며 이 가족을 위로하여 주시기를 간절히 바라오며 예수님의 이름으로 기도드립니다. 아멘.

군에서 제대한 자를 위한 기도

사랑과 은혜가 풍성하신 하나님 아버지!

당신이 아들을 보호하사 군복무를 무사히 마치고 제대하여 건강한 모습으로 귀가케 하신 것을 감사드립니다. 이제 이 젊은이가 새로운 계획을 설계하고 준비 중에 있는 줄로 아오니 이 젊은이를 축복하시고 주님께서 이끌어주옵소서.

그의 모든 계획이 육신의 유익과 세상 것만을 따르는 어리석은 자가 되지 않게 하시고 주님께서 원하시는 바를 알고 그 뜻대로 행하는 지혜 있는 사람이 되게 하옵소서.

하나님 아버지!

이 아들이 이 가정의 기둥이요 희망이오니, 부모님께 효도하며 자랑스러운 아들이 되도록 축복하여 주옵소서. 그가 계획하는 학업이나 직장이나 원하는 모든 소원들이 주님 뜻 안에서 성취되게 하옵소서.

주 예수님의 이름으로 기도드립니다. 아멘.

NEW 대표기도 종합핸드북

초판 2쇄 2017년 6월 10일
초판 3쇄 2020년 9월 10일

지은이 | 배유달, 이다선 함께 씀

펴낸이 | 채주희

펴낸곳 | 엘맨

등록번호 | 제13-1562호(1985.10.29)

주소 | 서울시 마포구 신수동 448-6

전화 | 02-323-4060, 6401-7004

팩스 | 02-323-6416

이메일 | elman1985@hanmail.net

ISBN 978-89-5515-438-2 03230

가격 13,000원